초간단!
고등국어
출제어휘
총정리

2판 2쇄 2023년 11월 20일

지은이 큰숲국어연구회(이현호 · 변정아 · 김은지 · 김병규)
펴낸이 유인생
편집인 우정아 · 김명진
마케팅 박성하 · 심혜영
디자인 NAMIJIN DESIGN
편집·조판 김미수
펴낸곳 (주) 쏠티북스
주소 (04037) 서울시 마포구 양화로 7길 20 (서교동, 남경빌딩 2층)
대표전화 070-8615-7800
팩스 02-322-7732
홈페이지 www.saltybooks.com
이메일 saltybooks@naver.com
출판등록 제313-2009-140호

ISBN 979-11-980343-0-4

국어시험 대비 필수어휘   스피드하게 끝내자!

초간단!

고등국어 출제어휘 총정리

쏠티북스

초간단!
고등국어
출제어휘
총정리

차례

Ⅰ 고등국어 출제어휘

Ⅱ 고등국어 필수어휘

Ⅲ 헷갈리는 어휘

찾아보기

이 책의 활용법

이 책은 국어 시험(발문, 선지)에 나왔던 어휘를 중심으로 문학·독서·문법(언어)·매체·화법·작문 용어, 속담과 한자성어 및 관용어, 헷갈리기 쉬운 말 등을 총정리하였습니다.

① 문학/독서/문법(언어)/매체/화법/작문 용어
국어 공부를 할 때 자주 만나게 되는 어휘들입니다. 문제를 풀다가 헷갈리는 어휘를 만나면 바로바로 찾아보세요.

② 속담/한자성어/관용어/다의어/유의어
문제를 풀면서 모르는 어휘를 확인하는 것은 기본. 매일 한두 주제의 속담, 한자성어를 익히고 다의어, 유의어까지 섭렵하여 어휘 실력을 키워 보세요.

③ 혼동하기 쉬운 말/잘못 적기 쉬운 말
일단 내용을 쭉 훑어보면서 잘못 알고 있었던 어휘가 없는지 확인해 보세요. 그런 다음 이 책을 옆에 두고 헷갈리는 어휘가 있을 때마다 찾아보세요. 작문, 어휘 관련 문제에 자연스럽게 대비할 수 있습니다.

일러두기

│ 문학/독서 용어와 관용어, 혼동하기 쉬운 말과 잘못 적기 쉬운 말은 가나다순으로, 문법(언어)/매체/화법/작문 용어와 속담, 한자성어는 주제별로 제시했습니다.
│ 예는 어휘의 용례, 윤는 유사한 의미의 어휘, 반은 반대되는 의미의 어휘입니다.

Ⅰ

고등국어
출제어휘

1 문학 출제어휘

ㄱ

□ **감각적 이미지**
(感覺的 image)
인간의 감각 기관으로 느낄 수 있는 표현 참고 심상

□ **감정 이입(感情移入)**
시적 화자의 감정이 어떠한 사물(주로 자연물)에 같은 감정으로 나타나 있는 것. 객관적 상관물에 화자의 감정을 옮겨 넣어, 대상과 화자가 같은 처지에서 같은 감정이나 정서를 느끼는 것처럼 표현하는 방법

□ **강호가도(江湖歌道)**
조선 시대 시가 문학의 주된 경향 중 하나. 자연 속에 묻혀 살면서 자연을 예찬하고 유교적 관념(충, 효)을 노래한 작품 경향

□ **개연성(蓋然性)**
어떤 현상이 발생할 만한 것. 실제로 일어날 법한 인생의 문제를 다루는 문학의 성격
참고 필연성(必然性) : 어떤 상황이 그렇게 될 수밖에 없는 성질. 반드시 그렇게 될 것으로 정해져 있는 것 반 우연성(偶然性) : 사건이 인과 관계 없이 우연히 일어나는 것

□ **객관적 상관물**
(客觀的相關物)
시적 화자의 감정을 환기하기 위해 사용된 사물. 화자 밖에 존재하는 객관적 대상(소재)으로서, 화자의 정서나 사상(생각)을 표현하는 데 활용되는 사물이나 정황, 사건 등

□ **고사(故事)**
유래가 있는 옛날의 일. 또는 그런 일을 표현한 어구

□ **골계미(滑稽美)**
익살을 부리는 가운데 느껴지는 아름다움. 기존의 권위나 이치를 존중하지 않고 추락시킬 때 발생하는 미의식으로, 그 추락시키는 방법이 대상을 우스꽝스럽게 만드는 것이기 때문에 웃음을 유발함

☐ **공감각적 심상**	한 종류의 감각을 다른 종류의 감각으로 옮겨서 표현하는 것 ⑩ 푸른 종소리 참고 복합 감각 : 두 개의 감각이 전이 없이 함께 나타나는 것
☐ **관습적(慣習的) 표현**	습관처럼 쓰이는 표현. 속담이나 한자성어 같은 관용어구, 고사 (故事), 관습적인 상징의 활용 등으로 나타남
☐ **극적 긴장감**	인물 간의 갈등 또는 위기 상황이 심화되어 사건의 긴장감을 느낄 수 있는 것
☐ **기승전결(起承轉結)**	'시상 제시(기)-시상의 반복 및 심화(승)-전환(전)-중심 생각 또 는 정서 제시(결)'로 시상이 전개되는 방식

ㄴ

☐ **내레이션(narration)**	영화, 방송극, 연극 따위에서, 장면에 나타나지 않으면서 장면의 진행에 따라 그 내용이나 줄거리를 장외(場外)에서 해설하는 일
☐ **내재적(內在的) 접근 방법**	작품을 그 자체만으로 분석, 비평, 감상하는 방법. 절대주의적 관 점, 구조론적 관점이라고도 부름 참고 외재적 접근 방법

ㄷ

☐ **대구(對句)**	비슷한 어조나 가락을 지닌 어구를 짝 지어서 표현하는 방법
☐ **대유(代喩)**	사물의 일부나 특징을 들어서 그 자체나 전체를 나타내는 비유법. 환유와 제유로 나뉨
☐ **도치(倒置)**	정상적인 언어 배열 순서를 뒤바꾸는 방법

ㅁ

□ **문어체(文語體)** 일상적인 대화에서 쓰는 말투가 아닌, 글에서만 쓰는 말투를 사용한 문체. 어려운 한자 어구, '−느니라, −도다, −러라'와 같은 어미가 나타남
⑫ 구어체(口語體) : 보통의 대화에서 쓰는 말투

□ **미의식(美意識)** 미를 느끼거나 이해하는 감각과 경험. 창작하거나 감상할 때의 미에 대한 개인적인 의식 ⑪ 우아미, 숭고미, 비장미, 골계미

ㅂ

□ **반어(反語)** 겉으로 표현된 의미와 속에 숨어 있는 참 의미가 서로 반대되게 나타내는 방법. 아이러니(irony) ⑪ 역설(逆說)

□ **반전(反轉)** ❶ 위치, 방향, 순서 따위가 반대로 됨 ❷ '일의 형세가 뒤바뀜'이란 뜻으로, 문학 작품에서 사건의 흐름이 전혀 예기치 않은 방향으로 급박하게 변화하여 보는 이를 놀라게 만들며 주제를 부각시키는 기법

□ **방백(傍白)** 극에서 등장인물이 하는 대사가 관객에게는 들리지만 무대 위의 다른 배우에게는 들리지 않는 것으로 약속한 것
⑪ 독백(獨白) : 배우가 상대역 없이 혼자 말하는 행위

□ **복선(伏線)** 소설이나 극에서 앞으로 일어날 사건에 대하여 미리 독자에게 넌지시 암시하는 기법

□ **비유법(比喩法)** 비유를 활용하는 표현 기교. 직유, 은유, 활유, 의인, 대유, 제유법 등이 있음
⑪ 수사법(修辭法) : 비유법, 강조법, 변화법으로 나뉨

□ **비장미(悲壯美)** 자연을 인식하는 '나'의 실현 의지가 현실적 여건 때문에 좌절될 때 나타나는 미의식으로, 슬픈 느낌을 줌

☐	**삽화(插話)**	어떤 이야기나 사건의 줄거리에 끼인 짤막한 토막 이야기. 에피소드

☐ **상승(上昇) 이미지** 낮은 데서 위로 올라가는 느낌을 주는 이미지 ⓓ 하늘, 태양, 날다 등
ⓑ 하강(下降) 이미지 : 높은 데서 아래로 떨어지는 느낌을 주는
이미지 ⓓ 죽음, 떨어짐, 낙엽 등

☐ **상징(象徵)** 추상적인 개념이나 사상을 구체적이고 감각적인 사물로 표현하는 것
참고 • 개인적 상징 : 시인이나 작가가 개인적으로 창조해 낸 상징
• 관습적 상징 : 오랜 세월 동안 사회적 관습에 의해 보편적
으로 사용되는 상징
• 원형적 상징 → p.15 원형적 심상 참조

☐ **색채 대비(色彩對比)** 색깔을 대비해서 선명하게 보여 주는 것. 시각적 이미지와 연결됨

☐ **서사 구조(敍事構造)** 신화나 민담, 소설 같은 서사물에서 사건들이 결합하는 방식이나
서로 맺고 있는 연관 관계 또는 질서

☐ **서술자의 개입(介入)** 전지적 서술자가 인물의 행위와 동기에 대한 자신의 평가를 작품
속에 직접 남기거나, 인간 생활에 대한 자신의 견해 등을 자유롭
게 털어놓는 것
참고 편집자적 논평 : 서술자가 전지전능한 입장(전지적 시점)에서
이야기 속의 인물이나 사건에 대해 자신의 판단이나 생각을 이야
기하는 것

☐ **서정적 자아** 시에 형상화되어 있는 사상이나 감정 따위의 주인공. 시적 자아,
(抒情的自我) 시적 화자

☐ **선경후정(先景後情)** 먼저 풍경을 묘사한 후 화자의 정서나 뜻을 제시하는 방식

☐ **설의(設疑)** 일반적인 표현을 의문문의 형식으로 표현하는 방법. 이때 질문은
답을 듣기 위한 것이 아니라 의도를 강조하기 위한 것임 ⓓ 배우고
때로 익히면 이 또한 즐겁지 아니한가.

□ 수미 상관(首尾相關)	시의 처음과 끝을 동일하거나 유사한 시구로 구성하는 방법. 수미 상응
□ 숭고미(崇高美)	자연을 인식하는 '나'가 자연의 조화를 현실에서 추구하고 실현하고자 하는 태도를 보임으로써 나타나는 미의식. 인간의 보통 이해력으로는 알 수 없는 경이(驚異), 외경(畏敬), 위대함 따위의 느낌을 줌
□ 시상(詩想)	❶ 시를 짓기 위해 떠올린 발상 ❷ 시에 나타난 생각 또는 감정
□ 시상의 구체화 (具體化)	시상을 구체적인 것으로 표현함. 시상을 시 속에서 표현하는 것으로 주로 수사법과 관련됨
□ 시상의 전환(轉換)	시상의 방향이 바뀜. 부정적이던 정서나 태도가 긍정적으로 전환되는 것 등과 같이, 분위기나 정서가 바뀌는 것. 시의 흐름이 급작스럽게 바뀌는 경우 시상이 극적으로 전환된다고 말함
□ 시상의 집약(集約)	시상의 전개 과정에서 주제를 구현하는 소재의 배열이 일정한 질서에서 벗어나지 않게 하는 것
□ 시상의 확산(擴散)	시상이 전개되는 과정에서 그 내용이 확산되는 것
□ 시상 전개 방식	시에서 화자가 말하려고 하는 생각이나 감정, 주제를 펼쳐 나가는 방식. 시상의 흐름이라고도 표현하며, 시간의 흐름(순행적, 역순행적), 공간의 이동, 시선의 이동, 반복과 점층, 연상, 전환, 대비, 기승전결, 수미 상관, 선경후정 등의 방식으로 나타남
□ 시적 공간(空間)	시에서 어떤 사건이나 상황이 벌어지는 장소. 단순한 배경일 때도 있고, 함축적인 의미를 띠고 주제 형성에 기여할 때도 있음
□ 시적 긴장(緊張)	표현법이나 운율 등의 요소를 통해 시에서 느껴지는 매력. 시를 시로서 존재하게 하는 특징적인 요소가 잘 드러날 때 시적 긴장감이 고조되어 있다고 평가함

☐ **시적 대상(對象)**	시에서 화자가 노래하는 대상
☐ **시적 허용(許容)**	문법적으로는 틀린 것일지라도 시적인 효과를 위해서 허용하는 표현
☐ **시적 현실(現實)**	시 속에 그려진 현실의 모습이나 상황. 시적 공간(배경)을 포함함. 시적 화자가 인식하는 모습으로서의 현실로, 시적 화자에 의해 주관적으로 선택되고 해석됨
☐ **시점(視點)**	소설에서 서술자가 이야기를 서술하는 위치. 서술자가 소설 내부에서 '나'로 등장하는 1인칭과, 작품 밖에 존재하는 3인칭으로 나뉨 참고 • 1인칭 주인공 시점 : 작품 속의 '나'가 주인공이자 서술자인 경우로, 주인공이 자신의 이야기를 직접 서술 • 1인칭 관찰자 시점 : 작품 속의 '나'가 서술자이기는 하지만 주인공은 아닌 경우. 주변 인물이 주인공에 대해 서술 • 전지적 작가 시점 : 서술자가 마치 신처럼 모든 것을 알고 서술 • 작가 관찰자 시점 : 서술자가 외부 관찰자의 위치에서 이야기를 서술
☐ **심리적 갈등**	한 인물의 마음속에 있는 대립이 원인이 되어 일어나는 갈등. 한 인물의 내면에 존재하는 상반된 두 심리로 인해 생기는 내적 갈등 반 외적 갈등 : 인물과 그를 둘러싼 외부적인 요인이 대립하여 나타나는 갈등. 개인과 개인 사이의 갈등, 개인과 사회 사이의 갈등, 개인과 운명과의 갈등, 개인과 자연과의 갈등 등으로 나타남
☐ **심리적 거리**	사람과 사람 사이에서 느껴지는 심리적인 간격. 문학 작품 속 인물들(서술자와 인물, 서술자와 독자, 인물과 독자 사이의 거리) 사이의 거리를 나타냄
☐ **심상(心象)**	❶ 구체적인 감각과 관련된 표현을 통해 마음속에 떠오르는 느낌이나 모습. (감각적) 이미지. 시각, 청각, 미각, 후각, 촉각적 심상과 공감각적 심상이 있음 ❷ 좀 더 확장된 의미로 사용되어 분위기나 느낌 등의 의미를 나타내기도 함 예 역동적 심상, 소멸의 이미지

☐ **액자식 구성**　액자처럼 하나의 이야기 안에 또 다른 이야기가 들어 있는 구성. 서술자가 남의 체험이나 사건을 대신 서술해 주는 형식을 취하며 서술자의 이야기인 외부 이야기와 서술자가 전해 주는 이야기인 내부 이야기로 나뉨

☐ **어조(語調)**　시에서 시적 화자의 상황과 그에 대한 태도를 드러내는 목소리. 주로 종결 어미를 통해 형성됨. 예찬적, 고백적, 관조적, 사색적, 해학적 어조 등이 있음

☐ **역동적(力動的) 심상**　힘차고 활발하게 움직이는 듯한 느낌을 주는 심상

☐ **역설(逆說)**　얼핏 보기에는 이치에 어긋난 것처럼 보이지만 그 속에 진실을 담고 있는 표현. 패러독스

☐ **영탄(詠嘆)**　슬픔, 놀라움 등의 감정을 강조하여 나타내는 방법. 감탄사나 감탄 조사(나, 그려), 감탄형 어미(−구나) 등을 활용하여 표현함

☐ **옴니버스식 구성**　각기 다른 주인공을 가진 독자적인 이야기를 모아 커다란 하나의 주제로 엮는 방식
　　비교 피카레스크식 구성 : 독립된 여러 개의 사건들을 개별적으로 나열해 가는 구성으로, 동일한 주인공이 등장하는 여러 개의 이야기를 모아 전체적으로 보다 큰 통일성을 갖도록 구성하는 방식

☐ **외재적(外在的) 접근 방법**　작품 바깥의 관점으로 작품을 감상하는 것. 작가에 초점을 맞춘 표현론, 작품이 독자에게 미치는 효용을 중시하는 효용론, 현실과의 관계 속에서 해석하는 반영론이 있음 **반대** 내재적 접근 방법

☐ **우아미(優雅美)**　자연을 바라보는 '나'가 자연의 조화라는 가치에 순응하는 태도를 보임으로써 나타나는 미의식

☐ **우의(寓意)**　추상적인 개념이나 사상을 사람이나 동물과 같은 구체적인 형상으로 바꾸어 암시하는 표현 방법. 겉으로는 엉뚱하고 딴 말인 듯하면서도 그 말 속에 본래 의도를 드러냄

☐ 우화(寓話)		우의적 방식으로 꾸민 이야기. 인격화한 동식물이나 기타 사물을 주인공으로 하여 그들의 행동 속에 풍자와 교훈의 뜻을 나타냄. '이솝 이야기'가 대표적임
☐ 원형적(原型的) 심상		고대부터 현대까지 되풀이되어 내려오는 보편적인 이미지. 먼 옛날부터 인류가 삶의 경험 속에서 공통적 의미로 인식해 온 것임. 원형적 상징이라고도 부름 ⓓ 달 : 광명, 기원의 대상
☐ 은유(隱喩)		직유법과는 달리 원관념과 보조 관념을 직접 연결하지 않으면서 원관념을 설명하거나 묘사하는 방법. 'A(원관념)는 B(보조 관념)다'의 형태로 나타남 ⓓ 내 마음은 호수요.
☐ 음보(音步)		시에 있어서 운율을 이루는 기본 단위. 시조의 경우 대체로 휴지(休止)의 주기라고 할 수 있는 3음절이나 4음절이 한 음보를 이룸 ⓓ 이 몸이∨죽고 죽어∨일백 번∨고쳐 죽어 → 4음보
☐ 의인(擬人)		사람에 비겨 표현하는 방법. 사람이 아닌 것을 마치 사람이 느끼거나 행동하는 것처럼 표현함

ㅈ		
☐ 자연 친화(親和)		자연을 친하게 생각하고 자연과 화합하려는 태도 참고 물아일체(物我一體) → p.172 참조
☐ 장면 전환(轉換)		시간 또는 공간의 이동으로 하나의 장면에서 다음 장면으로 넘어가는 것. 장면을 자주 전환하면 호흡이 빨라지고 사건 전개에 속도가 붙으면서 긴장감을 고조시키게 됨
☐ 전형적(典型的) 인물		어떤 무리가 지니고 있는 특징을 가장 잘 나타내는 인물. 그가 속한 집단이나 계층의 보편적인 성격을 보여 줌 ⓫ 개성적(個性的) 인물 : 개인으로서의 독자적 성격을 가진 인물

□ 점층(漸層)	점점 강도를 높이는 방법. 문장의 뜻을 점차로 강하게, 크게, 높게 함 ⑭ 점강(漸降) : 점점 강도를 낮추는 방법. 크고 높고 강한 것에서부터 점차 작고 낮고 약한 것으로 끌어내려 표현함
□ 제유(提喩)	대유의 한 종류. 사물의 한 부분으로 전체를 나타내는 표현법 ⑩ 빼앗긴 들에도 봄은 오는가 → 들 : 영토(국토)를 의미
□ 주관적 변용(變容)	'변용'은 사물의 형태나 모습이 바뀌는 것을 뜻하는 말로, '주관적 변용'은 작가가 문학적 발상이나 자유로운 상상력을 활용하여 객관적 사물을 자신의 주관에 맞게 변형시키는 것을 말함 ⑩ 동짓달 기나긴 밤을 한 허리를 베어 내어 / 춘풍 이불 아래 서리서리 넣었다가 / 얼운 님 오신 날 밤이어든 굽이굽이 펴리라.
□ 주동(主動) 인물	작품 속에서 주인이 되어 움직이는 인물. 작가가 의도하는 주제의 방향에 따르는 인물 ⑭ 반동(反動) 인물 : 작품 속에서 주인공과 대립하는 인물
□ 직유(直喩)	비슷한 성질이나 모양을 가진 두 대상을 '같이', '처럼'과 같은 연결어로 결합하여 직접 비유하는 방법 ⑩ 눈처럼 창백한 얼굴
□ 직접적(直接的) 제시	인물의 특성을 직접적으로 제시하는 방법. 서술자가 인물의 성격이나 심리 상태에 대해 직접적으로 분석, 요약, 해설함. 해설적 방법, 말해 주기(telling) ⑭ 간접적(間接的) 제시 : 인물의 특성을 서술자가 직접 말하지 않고 그들의 대화와 행동을 보여 줌으로써 간접적으로 드러나게 하는 방법. 묘사 위주로 구체적, 감각적으로 제시되기 때문에 인물의 성격이 생생하게 드러남. 극적 방법, 보여 주기(showing)

ㅊ	
□ 초점화(焦點化)	소설의 화자 또는 서술자의 위치와 시각의 문제를 명확하게 구분하기 위해 필요한 일종의 기법상의 개념으로 '누가 이야기하느냐'

라는 질문이 서술자와 관련된 것이라면 초점화는 '누가 보느냐'와
관련됨. 소설에서 서술자는 등장인물의 시각에서 보면서 이야기할
수도 있고 그렇지 않을 수도 있음

E

☐ **통사(統辭) 구조**   구나 문장의 짜임. 통사는 단어가 결합하여 형성되는 구, 절, 문장
의 구조나 기능을 가리킴
참고 통사 구조의 반복 : 동일한 짜임의 문장이 반복 배치되는 것
으로, 시에서 운율감을 살리고 의미를 강조하는 효과를 가져옴

ㅍ

☐ **패러디(parody)**   특정 작품이나 작가의 스타일을 흉내 내어 표현하는 방법

☐ **평면적(平面的) 인물**   작품 속에서 처음부터 끝까지 성격이 변하지 않는 인물. 정적 인
물 ㉫ 입체적(立體的) 인물 : 작품 속에서 성격이 변화, 발전하는
인물. 극적 인물

☐ **풍유(諷諭)**   본뜻은 숨기고 비유하는 말만으로 숨겨진 뜻을 암시하는 방법. 속
담이나 격언 등을 활용한 표현법

☐ **풍자(諷刺)**   정치적 현실이나 세태, 인간 생활의 결함이나 불합리, 허위 등을
꼬집어 웃음을 자아내며 공격하는 방법. 부조리의 고발, 모순의 비
판, 오류의 수정 등을 목적으로 대상을 조롱, 멸시, 농락함

ㅎ

☐ **한문투(漢文-)**   낯선 한자어를 많이 사용하거나 한문을 우리말로 번역한 듯한 문
체. 고전 소설에서 자주 나타남

☐ 해학(諧謔)	웃음을 유발하는 익살. 풍자와 달리 공격성을 지니지 않으며, 오히려 선의를 가지고 대상을 묘사함. 즉 대상의 약점이나 실수, 부족함을 익살스럽게 표현하면서 즐기는 태도가 나타남
☐ 현실 대응(現實對應)	글쓴이나 작품 속의 등장인물이 자신이 처한 현실에 대해 보이는 반응. 적극적, 소극적, 의지적, 체념적 등으로 나타남
☐ 현실 인식(現實認識)	글쓴이나 작품 속 등장인물이 자신이 처한 현실을 바라보는 자세. 긍정적, 부정적, 낙관적, 비관적 등으로 나타남
☐ 환유(換喩)	대유의 한 종류. 나타내고자 하는 관념이나 사물의 특징, 속성으로 전체를 나타내는 표현법 ⓓ 펜은 칼보다 강하다. → 펜 : 글 또는 문화의 힘, 칼 : 무력
☐ 활유(活喩)	살아 있는 것처럼 표현하는 방법. 무생물을 생물인 것처럼, 감정이 없는 것을 감정이 있는 것처럼 표현함 ⓓ 모든 산맥들이 / 바다를 연모해 휘달릴 때도
☐ 희화화(戱畵化)	어떤 인물의 외모나 행동, 성격 등을 의도적으로 과장하여 우스꽝스럽게 묘사하는 것

2 독서 출제어휘

ㄱ

□ **가변성(可變性)**   변화가 일어날 수 있는 성질 🕮 불변성(不變性)

□ **가설(假說)**   ❶ 실험에 의하여 확정된 사실을 설명하기 위하여 설정한 가정적인 학설 ❷ 실제로는 아직 타당성이 증명되지 아니하였으나, 여러 경험적 사실들을 통일적으로 설명하기 위하여 임시로 세운 이론

□ **가식(假飾)**   말이나 행동을 거짓으로 꾸밈
      🕮 허위(虛僞) : 진실이 아닌 것을 진실인 것처럼 꾸밈

□ **가정(假定)**   사실이 아니거나 또는 사실인지 아닌지 분명하지 않은 것을 임시로 인정함

□ **간과(看過)**   예사로이 보아 넘김. 대충 보아 빠뜨리고 넘어감

□ **간접적(間接的)**   바로 대하지 않고 매개를 통하여 연결하거나 그렇게 되는 것
      🕮 직접적(直接的)

□ **간주(看做)**   상태, 모양, 성질 따위가 그와 같다고 여김

□ **간파(看破)**   속내를 꿰뚫어 알아차림

□ **감성적(感性的)**   자극에 의해 민감하게 반응하는 것 🕮 이성적(理性的)

□ **감수성(感受性)**   외부 세계의 자극을 받아들이고 느끼는 성질
      🕮 예민한 감수성 : 외부 세계의 자극을 민감하게 받아들이는 성향

□ **감안(勘案)** ❶ 여러 가지 사정을 참고하여 생각함 ❷ 살피어 생각함

□ **감정적(感情的)** 희로애락(喜怒哀樂) 등에 민감하게 반응하는 것 ⑪ 이성적

□ **감지(感知)** 느끼어 앎

□ **감화(感化)** 좋은 영향을 받아 생각이나 감정이 바람직하게 변화함

□ **감흥(感興)** 마음속 깊이 감동받아 일어나는 흥취 ⑩ (가)는 주관적 감흥을 중심으로 하고 있는 데 비해, (나)는 객관적 지식을 토대로 하고 있다. (수능)

□ **강구(講究)** 좋은 대책과 방법을 궁리하여 찾아내거나 좋은 대책을 세움

□ **강화(強化)** ❶ 세력이나 힘을 더 강하고 튼튼하게 함 ❷ 수준이나 정도를 더 높임 ⑩ 전문가의 의견을 인용하여 자신의 주장을 강화하고 있다. (수능)

□ **개괄(槪括)** ❶ 중요한 내용이나 줄거리를 대강 추려 냄 ❷ 어떤 개념의 외연을 확대하여, 보다 많은 사물을 포괄하는 개념으로 만드는 일 ⑪ 포괄

□ **개념적(槪念的)** 대상을 개념에 의해 파악하는 것. 일상에서 쓰일 때에는 현실에서 동떨어진 것이라는 비난의 뜻을 포함하기도 함 ⑪ 이론적(理論的) : 실증성이 희박하고 순 관념적으로 조직된 것 ⑪ 직관적, 표상적

□ **개방적(開放的)** 태도나 생각 따위가 거리낌 없고 열려 있는 것

□ **개별성(個別性)** 사물이나 사람 또는 어떤 상황이나 현상이 각각 따로 지니고 있는 특성 참고 개별적(個別的) : 여럿 중에서 하나씩 따로 나뉘어 있는 것

□ **객관적(客觀的)** ❶ 자기와의 관계에서 벗어나 제삼자의 입장에서 사물을 보거나 생각하는 것 ❷ 세계나 자연 따위가 주관의 작용과는 독립하여 존재한다고 생각되는 것 ⑪ 주관적

☐	객관화(客觀化)	자기에게 직접 관련되는 사항을 제삼자의 입장에서 보거나 생각하는 일
☐	거시적(巨視的)	❶ 사람의 감각으로 식별할 수 있을 정도의 것 ❷ 사물이나 현상을 전체적으로 분석·파악하는 것 ⑪ 미시적
☐	검증(檢證)	어떤 명제의 참, 거짓을 사실에 비추어 검사하는 일 참고 실증(實證) : ① 확실한 증거 ② 실제로 증명함
☐	격동(激動)	❶ 정세 따위가 급격하게 움직임 ❷ 감정 따위가 몹시 흥분하여 어떤 충동이 느껴짐
☐	격앙(激昂)	기운, 감정 따위가 세차게 일어나 높아짐
☐	격정(激情)	강렬하고 갑작스러워 억누르기 힘든 감정 ⑪ 절제
☐	견지(堅持)	❶ 어떤 견해나 입장 따위를 굳게 지니거나 지킴 ❷ 굳게 지지함
☐	결부(結付)	일정한 사물이나 현상을 서로 연관시킴
☐	겸양(謙讓)	겸손한 태도로 남에게 양보하거나 사양함 ⑩ 극진한 겸양 표현을 통해서 청혼 자리의 분위기를 드러낸다. (수능)
☐	경각심(警覺心)	정신을 차리고 주의 깊게 살피어 경계하는 마음
☐	경건(敬虔)	공경하며 엄숙함
☐	경계(警戒)	❶ 뜻밖의 사고가 생기지 않도록 조심하여 단속함 ❷ 옳지 않은 일이나 잘못된 일들을 하지 않도록 타일러서 주의하게 함
☐	경과(經過)	❶ 시간이 지나감 ❷ 어떤 단계나 시기, 장소를 거침 ❸ 일이 되어가는 과정

☐ **경륜(經綸)**	일정한 포부를 가지고 일을 조직적으로 계획함 **예** 풍부한 <u>경륜</u>과 해박한 지식을 내세워 상대방의 공감을 유도한다. (수능)
☐ **경세적(警世的)**	세상 사람들에게 경각심을 불러일으키는 것 **비교** 교훈적
☐ **경시(輕視)**	대수롭지 않게 보거나 업신여김
☐ **경지(境地)**	❶ 일정한 경계 안의 땅 ❷ 학문, 예술, 인품 따위에서 일정한 특성과 체계를 갖춘 독자적인 범주나 부분 ❸ 몸이나 마음, 기술 따위가 어떤 단계에 도달해 있는 상태
☐ **경험적(經驗的)**	경험에 기초한 것. 또는 관찰이나 실험에 의해 도출된 것
☐ **계몽(啓蒙)**	❶ 어린아이나 지식적 수준이 낮은 사람을 일깨워 줌 ❷ 인습에 젖거나 바른 지식을 가지지 못한 사람을 일깨워, 새롭고 바른 지식을 가지도록 함
☐ **고답적(高踏的)**	현실 사회와 동떨어진 것을 고상하게 여기는 경향의 것
☐ **고루하다(固陋-)**	낡은 관념이나 습관에 젖어 고집이 세고 새로운 것을 잘 받아들이지 아니하다. **예** 최근에 나타난 기예를 밖에 나가서 배워 오지 않고서는 몽매함과 <u>고루함</u>을 타파하여 편리와 혜택을 가져올 수가 없을 것이다. (수능)
☐ **고백적(告白的)**	자신만의 비밀이나 생각하는 바를 사실대로 솔직하게 말하는 것
☐ **고안(考案)**	연구하여 새로운 안을 생각해 냄 **예** 분젠은 두 종류 이상의 금속이 섞인 물질에서 나오는 각각의 불꽃색이 겹치는 현상을 막아 주는 버너를 <u>고안</u>하였다. (수능)
☐ **고양(高揚)**	정신이나 기분 따위를 드높임
☐ **고전적(古典的)**	❶ 예로부터 내려오는 조화, 전통, 형식 등을 중히 여기는 것 ❷ 예술 작품에서 고전주의의 입장을 취하는 것

☐ **고조(高調)**	어떤 분위기나 감정 같은 것이 한창 무르익거나 높아짐 **예** 사설의 운율과 자진모리 장단이 어울려 분위기를 고조시킨다. (수능)
☐ **고증(考證)**	예전에 있던 사물들의 시대, 가치, 내용 따위를 옛 문헌이나 물건에 기초하여 증거를 세워 이론적으로 밝힘
☐ **고착(固着)**	❶ 물건 같은 것이 굳게 들러붙어 있음 ❷ 어떤 상황이나 현상이 굳어져 변하지 않음
☐ **고찰(考察)**	사물의 특징이나 의미를 뚜렷이 밝히기 위하여, 깊이 생각하여 살핌
☐ **고취(鼓吹)**	사상 따위를 열렬히 주장하여 널리 알림 **예** 괴테는 민족의식을 고취하기 위하여 진정한 인간성을 활용하였다. (수능)
☐ **고풍(古風)**	예스러운 풍취나 모습
☐ **공간적(空間的)**	공간에 관계되거나 공간의 성질을 띤 것 **반** 시간적
☐ **공감적(共感的)**	남의 감정, 의견, 주장 따위에 대하여 자기도 그렇다고 느끼는 것
☐ **공고히(鞏固-)**	단단하고 튼튼하게
☐ **공동체적(共同體的)**	생활이나 행동 또는 목적 따위를 같이하는 집단의 것
☐ **공리적(功利的)**	어떤 행위가 이로울 것인가 아닌가를 먼저 생각하는 것
☐ **공상적(空想的)**	현실적이 아니거나 실현될 가망이 없는 상상의 것
☐ **공시적(共時的)**	대상을 같은 시간대에 존재하는 양상으로 파악하는 것 **반** 통시적
☐ **과도적(過渡的)**	한 단계에서 다른 단계로 옮아가는 것
☐ **관건(關鍵)**	어떤 사물이나 문제 해결의 가장 중요한 부분

☐ **관념(觀念)**	❶ 어떤 일에 대한 견해나 생각 ❷ 현실에 의하지 않는 추상적이고 공상적인 생각 ❸ 대상에 대한 인식이나 의식 내용
☐ **관념적(觀念的)**	현실과 동떨어진 추상적인 생각에만 사로잡혀 있는 것
☐ **관능적(官能的)**	육체적, 성적 쾌감을 자극하는 것
☐ **관습(慣習)**	어떤 사회에서 오랫동안 지켜 내려와 그 사회 성원들이 널리 인정하는 질서나 풍습 참고 관습적 : 관습에 따르는 것, 관습화 : 관습이 됨
☐ **관점(觀點)**	사물을 관찰할 때, 그것을 바라보는 방법이나 입장 예 〈보기〉의 관점에서 윗글의 화진과 화춘에게 해 줄 말로 적절한 것은? (수능)
☐ **관조적(觀照的)**	고요한 마음으로 대상을 관찰하고 음미하는 것
☐ **괴리(乖離)**	서로 조화나 일치를 이루지 못하고 동떨어진 상태가 되는 것 예 이상과 현실의 괴리가 해소된 조화로운 상태가 구현되어 있다. (수능)
☐ **교감(交感)**	서로 접촉하여 따라 움직이는 느낌
☐ **교섭(交涉)**	어떤 일을 이루기 위하여 서로 의논하고 절충함
☐ **교술적(敎述的)**	사물을 객관적으로 묘사하고 설명하는 것
☐ **교조적(敎條的)**	역사적 환경이나 구체적 현실과 관계없이 어떠한 상황에서도 절대로 변하지 않는 진리인 듯 믿고 따르는 것
☐ **교차(交叉)**	서로 엇갈리거나 마주침 예 현재와 과거를 교차 서술하여 주제를 부각하고 있다. (수능)
☐ **교화적(敎化的)**	가르치고 이끌어서 좋은 방향으로 나아가게 하는 것

□ **교훈적(教訓的)**	세상 사람들에게 선과 악, 진실과 거짓 등을 일깨우는 것 🔁 경세적
□ **구사하다(驅使-)**	말이나 수사법, 기교, 수단 따위를 능숙하게 마음대로 부려 쓰다. 🔘 일상적 대화의 말투를 구사함으로써 시적 상황을 생생하게 묘사하고 있다. (수능)
□ **구상(構想)**	❶ 앞으로 이루려는 일에 대하여 그 일의 내용이나 규모, 실현 방법 따위를 어떻게 정할 것인지 이리저리 생각함 ❷ 예술 작품을 창작할 때, 작품의 골자가 될 내용이나 표현 형식 따위에 대하여 생각을 정리함. 또는 그 생각 🔘 아래 지도를 보고 〈보기〉와 같은 구상을 하였다. (수능)
□ **구상화(具象化)**	❶ 구상적인 것(사물, 특히 예술 작품 따위가 직접 경험하거나 지각할 수 있도록 일정한 형태와 성질을 갖추고 있는 것)이 되게 함 ❷ 머릿속에서 생각하던 것을 실현되게 함 🔘 정(情)이 변하는 것을 물이 흘러가는 것으로 구상화했다. (수능)
□ **구애(拘礙)**	거리끼거나 얽매임 🔘 사소한 일에 너무 구애받으면 대사를 그르치게 된다.
□ **구체적(具體的)**	❶ 어떤 사물이 실제의 형태, 내용, 성질을 가지고 있는 것 ❷ 실제적이고 세밀한 부분까지 담고 있는 것
□ **구체화(具體化)**	❶ 계획 등을 구체적으로 되게 함 ❷ 책을 읽거나 글을 구상하는 과정에서 상상을 통해 이야기의 빈틈을 채워 가는 과정 🔘 다음은 글쓰기에서 문제를 구체화하고 해결 방안을 찾아가는 과정을 나타낸 것이다. (수능)
□ **구축(構築)**	❶ 어떤 시설물을 쌓아 올려 만듦 ❷ 체제, 체계 따위의 기초를 닦아 세움

☐ 구현(具現)	어떤 내용이 구체적인 사실로 나타나게 함 **예** (가)~(다)는 점층적 강조를 통해 주제를 효과적으로 <u>구현</u>하고 있다.
☐ 국수적(國粹的)	제 나라 것만 우수하다고 생각하는 것 **참고** 국수주의(國粹主義) : 자기 나라의 고유한 역사·전통·정치·문화만을 가장 뛰어난 것으로 믿고, 다른 나라나 민족을 배척하는 극단적인 태도나 경향
☐ 궁극적(窮極的)	최종적인 것. 사고의 마지막 단계나 행동의 마지막 단계를 의미하는 것으로, 주장이 귀결되는 지점 **예** 현실주의적 개혁은 <u>궁극적</u>으로 백성들에게 안정과 혜택을 줄 것이다. (수능) **참고** 궁극적 의도 : 글쓴이가 최종적으로 전달하고자 하는 것
☐ 권위자(權威者)	일정한 분야에 정통하고 탁월한 전문가 **참고** 권위 : 일정한 분야에서 사회적으로 인정을 받고 영향력을 끼칠 수 있는 위엄과 신망
☐ 권위적(權威的)	권위를 내세우는 것
☐ 규합(糾合)	어떤 일을 꾸미려고 세력이나 사람을 모음
☐ 규범적(規範的)	마땅히 따르고 지켜야 할 본보기가 되는 것 **예** 현상에 얽매이는 태도를 비판하며 <u>규범적</u> 가치를 제시하고 있다. (수능)
☐ 귀납(歸納)	개별적인 특수한 사실이나 원리로부터 일반적이고 보편적인 명제 및 법칙을 유도해 내는 일 **비교** 연역, 유추
☐ 귀착(歸着)	❶ 다른 곳에서 어떤 곳으로 돌아오거나 돌아가 닿음 ❷ 의논이나 의견 따위가 여러 경로를 거쳐 어떤 결론에 다다름
☐ 극대화(極大化)	아주 크게 함

☐ **극적(劇的)**	극을 보는 것처럼 큰 긴장이나 감동을 불러일으키는 것
☐ **극한(極限)**	궁극의 한계. 사물이 진행하여 도달할 수 있는 최후의 단계나 지점 ◉ 배고픔은 사람을 극한의 상황으로 내몰 수 있다.
☐ **근경(近景)**	❶ 가까이 보이는 경치. 또는 가까운 데서 보는 경치 ❷ 사진이나 그림에서 가까운 곳에 있는 것으로 찍히거나 그려진 대상 ⑪ 원경(遠景)
☐ **근본적(根本的)**	근본을 이루거나 근본이 되는 것
☐ **근시안(近視眼)**	❶ 먼 데 있는 것을 잘 보지 못하는 눈 ❷ 앞날의 일이나 사물 전체를 보지 못하고 눈앞의 부분적인 현상에만 사로잡힘
☐ **급박(急迫)**	사태가 조금도 여유가 없이 매우 급함 ◉ 급박한 상황 전개가 시간적 배경과 상응하고 있다. (수능)
☐ **기개(氣槪)**	씩씩한 기상과 굳은 절개
☐ **기능적(機能的)**	하는 구실이나 작용과 관련된 것
☐ **기술(記述)**	대상이나 과정의 내용과 특징을 있는 그대로 열거하거나 기록하여 적음. 또는 그 기록
☐ **기이하다(奇異-)**	기묘하고 이상하다. ◉ 여인의 역할을 맡은 배우는 신비하고 기이한 모습으로 시청자들에게 다가가게 하여, 그들로 하여금 현실을 잊게 해야겠군. (수능)
☐ **기호(嗜好)**	즐기고 좋아함 ◉ 양생과 여인의 만남을 밝고 경쾌하게 묘사하여, 현대 시청자들의 감각과 기호를 맞출 필요가 있겠군. (수능)
☐ **긴밀하다(緊密-)**	서로의 관계가 매우 가까워 빈틈이 없다. ◉ 시상을 매듭지으며 각 단계의 의미에 긴밀히 대응한다. (수능)

☐ **나열(羅列)**	여러 가지를 죽 늘어놓음 ⑪ 열거
☐ **낙관적(樂觀的)**	❶ 인생이나 사물을 밝고 희망적인 것으로 보는 것 ❷ 일이 잘될 것으로 생각하는 것 ⑪ 낙천적 ⑪ 비관적 ⑩ 대상의 미래에 대한 화자의 낙관적 전망이 드러난다. (수능)
☐ **낙천적(樂天的)**	세상과 인생을 즐겁고 좋은 것으로 여기는 것 ⑪ 염세적
☐ **난해성(難解性)**	뜻을 이해하기 어려운 성질이나 요소
☐ **남용(濫用)**	❶ 일정한 기준이나 한도를 넘어서 함부로 씀 ❷ 권리나 권한 따위를 본래의 목적이나 범위를 벗어나 함부로 행사함
☐ **낭만적(浪漫的)**	현실적이지 않고 신비적이며 공상적인 것 ⑪ 사실적 참고 낭만주의(浪漫主義) : 꿈이나 공상의 세계를 동경하고 감상적인 정서를 중시하는 창작 태도
☐ **내면세계(內面世界)**	겉으로 드러나지 아니하는 마음속의 감정이나 심리
☐ **내면화(內面化)**	정신적·심리적으로 깊이 마음속에 자리 잡힘
☐ **내성적(內省的)**	겉으로 나타내지 않고 마음속으로만 생각하는 것 ⑪ 외향적(外向的) : 마음의 움직임을 적극적으로 겉으로 나타내는 것
☐ **내포(內包)**	어떤 속성이나 뜻을 속에 지님. 특히 문학 작품에서는 한 단어나 구절이 동시에 다른 여러 뜻을 암시하거나 문맥상 새로운 의미를 이루어 내기도 하는데, 이때 암시되는 뜻이나 의미 등을 내포적 의미라고 함 ⑩ '추억처럼'에는 고향과 같은 모태적 공간을 통해서 자신을 바라보려는 화자의 태도가 내포되어 있겠군. (수능) 참고 외연적(外延的) 의미 : 낱말이 표시하고 있는 사전적 의미

☐ 냉소적(冷笑的)	쌀쌀한 태도로 업신여겨 비웃는 것 ⑪ 우호적(友好的) : 개인이나 나라끼리 서로 사이가 좋은 것 호의적(好意的) : 좋게 생각해 주는 것
☐ 논거(論據)	논리의 근거, 의견이나 주장의 타당성을 뒷받침해 주는 근거
☐ 논리(論理)	말이나 글에서 근거를 들어 내세운 이치
☐ 논리적(論理的)	생각하는 방법이나 이야기의 줄거리 따위가 이치에 맞는 것 ⑩ 화춘은 감정을 앞세워 말하였고, 심 씨는 그에 대해 논리적으로 대응하 였다. (수능)
☐ 논박(論駁)	어떤 주장이나 의견에 대하여 그 잘못된 점을 조리 있게 공격하여 말함
☐ 논증(論證)	의견이나 주장을 논거를 들어 증명함
☐ 논지(論旨)	논증인인 글에서 요지를 논제를 중심으로 압축한 것 ⑭ 주지 🔒 주제문 : 논지(주지)를 한 문장으로 줄인 것
☐ 논평(論評)	어떤 글이나 말 또는 사건 따위의 내용에 대하여 논하여 비평함 ⑩ (가)는 서술자가 인물에 대해 거리를 두며 논평하는 방식으로 서술하고 있다. (수능)
☐ 농후하다(濃厚-)	❶ 맛, 빛깔, 성분 따위가 매우 짙다. ❷ 어떤 경향이나 기색 따위가 뚜렷하다. ⑭ 다분하다(多分-) : 그 비율이 어느 정도 많다.
☐ 능동적(能動的)	다른 것에 이끌리지 아니하고 스스로 일으키거나 움직이는 것 ⑭ 자발적(自發的) : 남이 시키거나 요청하지 않아도 자기 스스로 나아가 행하는 것 ⑪ 수동적

☐ **단계적(段階的)** 일의 차례를 따라 나아가는 것

☐ **단정적(斷定的)** 딱 잘라서 판단하고 결정하는 것

☐ **단호하다(斷乎-)** 결심이나 태도, 입장 따위가 과단성 있고 엄격하다.

☐ **달관(達觀)** 사소한 일에 얽매이지 않고 세속을 벗어난 경지에 이름

☐ **담보(擔保)** 맡아서 보증함 ㈜ 보장(保障) : 어떤 일이 어려움 없이 이루어지도록 조건을 마련하여 보증하거나 보호함

☐ **당위적(當爲的)** 마땅히 그렇게 하거나 되어야 하는 것

☐ **당착(撞着)** 말이나 행동의 앞뒤가 서로 맞지 아니함 ㈜ 모순(矛盾)
➡ 자가당착 : p.157 참조

☐ **대등(對等)** 어느 한쪽이 낫거나 못하지 않고 서로 비슷함

☐ **대립(對立)** 의견이나 처지, 속성 따위가 서로 반대되거나 모순됨. 또는 그런 관계

☐ **대별(大別)** 중요한 것으로 크게 나눔 ⑩ 인류의 선사 시대는 석기 시대, 청동기 시대, 철기 시대로 대별할 수 있다.

☐ **대비(對比)** 두 가지의 차이를 밝히기 위하여 서로 맞대어 비교함 ㈜ 대조
⑩ 과거와 현재의 대비를 통해 그리움의 정서를 표현하고 있다. (수능)

☐ **대응(對應)** ❶ 어떤 일이나 사태에 맞추어 태도나 행동을 취함 ❷ 어떤 두 대상이 짝을 이뤄 서로 응함 ⑩ 육체적 사건과 정신적 사건은 서로 대응되어 별개의 세계에 존재한다. (수능) ㈜ 상응 ㉒ 대조

☐	대의명분(大義名分)	❶ 사람으로서 마땅히 지키고 행하여야 할 도리나 본분 ❷ 어떤 일을 꾀하는 데 내세우는 합당한 구실이나 이유
☐	대조(對照)	❶ 둘 이상인 대상의 내용을 맞대어 같고 다름을 검토함 ❷ 서로 달라서 대비가 됨
☐	대중적(大衆的)	수많은 사람들의 무리를 중심으로 한 것
☐	도구적(道具的)	어떤 목적을 이루기 위한 수단이나 방법이 되는 것 **예** '창섭'에게 집은 도구적 가치를 지닌 것으로, 장소애의 대상이 아니다. (수능)
☐	도래(到來)	어떤 시기나 기회가 닥쳐옴
☐	도식적(圖式的)	❶ 사물의 구조, 관계, 변화 상태 따위를 나타낸 그림이나 양식 같은 것 ❷ 사물의 본질이나 구체적인 특성을 밝히기 위한 창조적 태도 없이, 일정한 형식이나 틀에 기계적으로 맞추려는 경향 같은 것 **반** 창의적(創意的) : 창의성(새로운 것을 생각해 내는 특성)을 띤 것
☐	도식화(圖式化)	❶ 도식으로 만듦 ❷ 창조적 태도 없이, 일정한 형식이나 틀에 기계적으로 맞춰짐
☐	도약(跳躍)	더 높은 단계로 발전하는 것을 비유적으로 이르는 말
☐	도외시(度外視)	상관하지 아니하거나 무시함
☐	도출(導出)	판단이나 결론 따위를 이끌어 냄
☐	도취(陶醉)	어떠한 것에 마음이 쏠려 취하다시피 됨
☐	도피적(逃避的)	어떤 대상에서 벗어나려 하거나 적극적으로 나서야 할 일에 몸을 사려 빠지는 것

☐ 독단(獨斷)	남과 상의하지 않고 혼자서 판단하거나 결정함
☐ 독자성(獨自性)	다른 것과 구별되는 혼자만의 특유한 성질
☐ 독창적(獨創的)	다른 것을 모방함이 없이 새로운 것을 처음으로 만들어 내거나 생각해 내는 것
☐ 동경(憧憬)	❶ 어떤 것을 간절히 그리워하여 그것만을 생각함 ❷ 마음이 스스로 들떠서 안정되지 아니함
☐ 동시적(同時的)	같은 시간에 함께 하는 것
☐ 동일성(同一性)	두 개 이상의 사상(事象)이나 사물이 서로 같은 성질
☐ 동일시(同一視)	둘 이상의 것을 똑같은 것으로 봄
☐ 동적(動的)	움직이고 있는, 힘이 작용하고 있는 것 ⑫ 정적(靜的)
☐ 동조(同調)	남의 주장에 자기의 의견을 일치시키거나 보조를 맞춤
☐ 동질성(同質性)	사람이나 사물의 바탕이 같은 성질이나 특성
☐ 동태(動態)	움직이거나 변하는 모습 ㊠ 동정(動靜), 거동(擧動), 동향(動向)
☐ 득의(得意)	일이 뜻대로 이루어져 만족해하거나 뽐냄
☐ 등한시(等閑視)	소홀하게 보아 넘김

▪ ㅁ ▪

☐ 막연하다(漠然-)	❶ 갈피를 잡을 수 없게 아득하다. ❷ 뚜렷하지 못하고 어렴풋하다. ㉱ 노력 없이 <u>막연한</u> 기대만 해서는 성공하기 어렵다.

□ **매개(媒介)**	둘 사이에서 양편의 관계를 맺어 줌
	<u>참고</u> 매개물(媒介物) : 둘 사이에서 양편의 관계를 맺어 주는 물건
	㈜ 매개체 ㈜ 어린 시절을 떠올리게 하는 <u>매개물</u>이다. (수능)

| □ **맥락(脈絡)** | 사물 따위가 서로 이어져 있는 관계나 연관 |

| □ **맹목적(盲目的)** | 주관이나 원칙이 없이 덮어놓고 행동하는 것 ㈜ 개인이 집단의 목적 |
| | 에 <u>맹목적</u>으로 따르는 것은 민주 시민의 올바른 자세가 아니다. (수능) |

| □ **면모(面貌)** | 사람이나 사물의 겉모습 또는 그 됨됨이 |

| □ **면목(面目)** | ❶ 얼굴의 생김새 ❷ 남을 대할 체면 ❸ 사람이나 사물의 겉모습 |

| □ **명료하다(明瞭-)** | 뚜렷하고 분명하다. |

| □ **명분(名分)** | ❶ 신분 등에 걸맞게 지켜야 할 도리 ❷ 일을 꾀할 때 내세우는 구실이 |
| | 나 이유 ㈜ 여인은 시녀와의 대화에서 자기 행위의 <u>명분</u>을 제시했다. (수능) |

| □ **명시적(明示的)** | 내용이나 뜻을 분명하게 드러내 보이는 것 |

| □ **명제(命題)** | 어떤 문제에 대한 하나의 논리적 판단 내용과 주장을 언어 또는 |
| | 기호로 표시한 것. 참과 거짓을 판단할 수 있음 |

| □ **모색(摸索)** | 일이나 사건 따위를 해결할 수 있는 방법이나 실마리를 더듬어 |
| | 찾음 |

| □ **모순(矛盾)** | 어떤 사실의 앞뒤, 또는 두 사실이 이치상 서로 맞지 않음 ㈜ 당착 |

| □ **모호하다(模糊-)** | 말이나 태도가 흐리터분하여 분명하지 않다. |

| □ **목가적(牧歌的)** | 농촌처럼 소박하고 평화로우며 서정적인 것 |
| | ㈜ 전원적(田園的) ㈀ 도시적(都市的) |

☐ 몽환적(夢幻的)	현실이 아닌 꿈이나 환상과 같은 것
☐ 몰각(沒却)	❶ 아주 없애 버림 ❷ 무시해 버림
☐ 묘미(妙味)	미묘한 재미나 흥취
☐ 묘사적(描寫的)	있는 그대로의 모습을 그림 그리듯이 자세히 보여 주는 것 🔁 서사적(敍事的)
☐ 묘파(描破)	남김없이 밝혀 그려 냄 ⓔ 이 작품은 격동적 현실을 생생하게 묘파해 냈다.
☐ 무상감(無常感)	세상사 모든 것이 덧없다는 느낌
☐ 묵과(默過)	잘못을 알고도 모르는 체하고 그대로 넘김
☐ 문맥적(文脈的) 의미	단어가 실제 문장에서 사용된 의미, 즉 글의 흐름(문맥)에 따라 결 정되는 의미로, 사전에 실리지 않은 의미일 때도 있음 ⓔ ⓐ~ⓔ 중 문맥적 의미가 다른 하나는? (수능) 🔁 사전적 의미
☐ 물질적(物質的)	물질과 관련된 것 🔁 정신적
☐ 미시적(微視的)	❶ 사람의 감각으로 직접 식별할 수 없을 만큼 몹시 작은 현상에 관한 것 ❷ 사물이나 현상을 전체적인 면에서가 아니라 개별적으 로 포착하여 분석하는 것 🔁 거시적
☐ 미학적(美學的)	미학(자연이나 인생 및 예술 따위에 담긴 미의 본질과 구조를 해 명하는 학문)을 바탕으로 하는 것
☐ 민요적(民謠的)	민요의 성격을 띠고 있는 것 (형식 : 3·4조의 음수율, 내용 : 민족 적 정서)

☐	**박진감(迫眞感)**	표현 등이 실제와 가까운 느낌

☐ **반감(半減)** 절반으로 줆 ⑩ 주변 인물의 태도 자체도 명시적으로 드러내지 않아 그 의미가 반감된다. (수능)

반감(反感) 반대하거나 반항하는 감정 ⑩ 부정에 대한 반감

☐ **반목(反目)** 서로서로 시기하고 미워함 ⑩ 화자와 반목하는 존재이다. (수능)

☐ **반성적(反省的)** 자신의 언행에 대하여 잘못이나 부족함이 없는지 돌이켜 보는 것

☐ **반어적(反語的)** 표현의 효과를 높이기 위하여 실제와 반대되게 말을 하는 것
→ p.10 참조

☐ **반영(反映)** 다른 것에 영향을 받아 어떤 현상이 나타남. 또는 어떤 현상을 나타냄 ⑩ 소설은 현실 세계를 반영한다.

☐ **반추(反芻)** 어떤 일을 되풀이하여 음미하거나 생각함
⑩ 지난 시간을 반추하니 후회되는 일이 적지 않았다.

☐ **발문(跋文)** 책의 끝에 본문 내용의 대강이나 간행 경위에 관한 사항을 간략하게 적은 글

☐ **발상(發想)** 어떤 생각을 해 냄. 또는 그 생각

☐ **배금주의(拜金主義)** 돈을 최고의 가치로 여기고 숭배하여 삶의 목적을 돈 모으기에 두는 경향이나 태도
⑪ 황금만능주의(黃金萬能主義) : 돈만 있으면 무엇이든지 마음대로 할 수 있다는 사고방식이나 태도

☐ **배제(排除)** 받아들이지 아니하고 물리쳐 제외함
⑩ 화제를 소개한 후, 예외적인 사례를 배제하는 과정을 통해 주제를 일반화하고 있다. (수능)

| □ 배척(排斥) | 따돌리거나 거부하여 밀어 내침 |

□ 배치(背馳) 서로 반대로 되어 어그러지거나 어긋남 ㉤ 상충 ㉕ 자신의 종교적 신앙에 배치되는 것을 인정하지 않으려는 배타적 사고 (수능)

배치(配置) 사람이나 물자 따위를 일정한 자리에 알맞게 나누어 둠 ㉤ 안배

배치(排置) 일정한 차례나 간격에 따라 벌여 놓음 ㉤ 배포(排布)

□ 배타적(排他的) 남을 거부하여 밀어내는 것

□ 범용(汎用) 여러 분야나 용도로 널리 쓰는 것

□ 범주(範疇) ❶ 동일한 성질을 가진 부류나 범위 ❷ 철학에서 사물의 개념을 분류함에 있어 그 이상 일반화할 수 없는 보편적인 틀 ㉤ 카테고리

□ 변증법(辨證法) 모순 또는 대립을 근본 원리로 하여 사물의 발전 법칙을 설명하려는 논리. '정–반–합'이 되풀이됨

□ 병렬식(竝列式) 문장의 재료를 시간적, 공간적 순서를 밟지 않고 항목별, 단위별로 나열하는 구성 방식 ㉤ 나열식
참고 열거식(列擧式) : 여러 가지 예나 사실을 낱낱이 죽 늘어놓는 구성 방식

□ 병치(併置) 두 가지 이상의 것을 한곳에 나란히 두거나 설치함 ㉕ [A]는 [B]와 달리 유사한 구절을 병치하여 운율감을 조성한다. (수능)

□ 보수적(保守的) 재래의 풍속·습관·전통 등을 중시하여 그대로 지키려는 것
㉠ 진보적(進步的) : 사회의 변화와 발전을 추구하는 것

□ 보편적(普遍的) ❶ 모든 것에 두루 미치는 것 ❷ 모든 것에 공통되거나 들어맞는 것 ㉤ 일반적

□ 본령(本領) 근본이 되는 특질 ㉤ 본성(本性) : 본디부터 가진 성질, 본질

☐ **본원적(本源的)**	근본과 관련된 것 **예** 학문의 <u>본원적</u>인 연구에 힘쓰다.
☐ **본질(本質)**	❶ 본디부터 가지고 있는 사물 자체의 성질이나 모습 ❷ 사물이나 현상을 성립시키는 근본적인 성질 **반** 비본질(非本質) : 본래의 바탕에 어긋나는 것
☐ **봉건적(封建的)**	근대 이전의 계급적인 사회의 성격을 가지고 있는 것
☐ **봉착(逢着)**	어떤 처지나 상태에 부닥침
☐ **부각(浮刻)**	어떤 사물을 특징지어 두드러지게 함 **예** 땅에 애착하는 '아버지'의 생각과 행동은 땅에 대한 장소애의 의미를 <u>부각</u>하고 있다. (수능)
☐ **부수적(附隨的)**	주된 것이나 기본적인 것에 붙어서 따르는 것
☐ **부연(敷衍)**	이해하기 쉽도록 설명을 덧붙여 자세히 말함 **참고** 상술
☐ **부재(不在)**	그곳에 있지 아니함 **예** 보육 정책의 <u>부재</u>로 혼란을 겪다.
☐ **부정적(否定的)**	❶ 그렇지 아니하다고 단정하거나 옳지 아니하다고 반대하는 것 ❷ 바람직하지 못한 것 **반** 긍정적
☐ **부제(副題)**	서적, 논문, 문예 작품 따위의 제목에 덧붙어 그것을 보충하는 제목 **참고** 표제
☐ **부합(符合)**	사물이나 현상이 서로 꼭 들어맞음
☐ **분석적(分析的)**	어떤 현상이나 사물을 구성하고 있는 개별적 성분이나 요소로 자세히 나누어 보는 것
☐ **비견(比肩)**	앞서거나 뒤서지 않고 어깨를 나란히 한다는 뜻으로, 낮고 못할 것이 없이 서로 비슷한 위치에서 견줌을 이르는 말 **유** 비등(比等)

☐ 비관적(悲觀的)	❶ 인생을 어둡게만 보아 슬퍼하거나 절망스럽게 여기는 것 ❷ 앞으로의 일이 잘 안될 것이라고 보는 것 ㉨ 절망적(絶望的) : 바라볼 것이 없게 되어 모든 희망을 끊어 버리는 것 ㉠ 낙관적	

☐ **비극적(悲劇的)** ❶ 비통하고 참담하거나 불행하게 얽힌 것 ❷ (문학 작품에서) 비극을 이루며 비극의 특징적인 요소를 갖춘 것

☐ **비범하다(非凡-)** 보통 수준보다 훨씬 뛰어나다. ㉠ 평범하다

☐ **비애(悲哀)** 슬퍼하고 서러워하는 것

☐ **비약적(飛躍的)** 단계나 순서를 차례대로 밟지 않고 껑충 뛴 것

☐ **비유적(比喩的)** 어떤 현상이나 사물을 직접 설명하지 아니하고 다른 비슷한 현상이나 사물에 빗대어서 설명하는 것 ㉣ 비유적인 예를 통하여 문제를 제기하고 이를 반박하고 있다. (수능)

☐ **비타협적(非安協的)** 타협하지 아니하고 원칙을 고수하는 것

☐ **비탄(悲嘆)** 몹시 슬퍼하면서 탄식함 ㉨ 통탄(痛嘆) ㉣ 부정적 상황에 대한 비탄의 표현으로 볼 수 있군. (수능)

☐ **비통(悲痛)** 몹시 슬퍼서 마음이 아픔 ㉨ 애통(哀痛) : 슬퍼하고 가슴 아파함

☐ **비판(批判)** 현상이나 사물의 옳고 그름을 가리어 판단하거나 밝힘 ㉱ 비난(非難) : 남의 잘못이나 결점을 책잡아서 나쁘게 말함

☐ **비평(批評)** ❶ 사물의 옳고 그름, 아름다움과 추함 따위를 분석하여 가치를 논함 ❷ 남의 잘못을 드러내어 이러쿵저러쿵 좋지 아니하게 말하여 퍼뜨림 ㉨ 논평(論評) : 어떤 말이나 사건 따위의 내용에 대하여 논하여 비평함. 또는 그런 비평

☐ 비현실적(非現實的)　　현실과 동떨어진 것 ㉠ 가상적(假想的), 가공적(架空的)

ㅅ

☐ 사리(事理)　　일의 이치

☐ 사상적(思想的)　　어떤 사상에 관계되는 것

☐ 사색적(思索的)　　깊이 생각하고 이치를 더듬는 것

☐ 사실적(寫實的)　　사물의 실제 상태를 있는 그대로 그려 내는 것
　　참고 사실주의(寫實主義) : 현실을 있는 그대로 묘사·재현하려고
　　하는 창작 태도

　　사실적(事實的)　　현실로 있는, 실제로 존재하는 것

☐ 사전적(辭典的) 의미　　사전에 실려 있는 의미 ㉴ 문맥적 의미

☐ 사회적(社會的)　　사회에 관계되거나 사회성을 지닌 것

☐ 산문적(散文的)　　글자 수나 운율에 얽매이지 않고 줄글로 자유롭게 기술하는 것

☐ 산재(散在)　　여기저기 흩어져 있음 ㉠ 분산(分散)

☐ 상대적(相對的)　　다른 것과의 관계 속에 대립·비교 등의 상태에 놓여 있는 것
　　㉴ 절대적

☐ 상보적(相補的)　　서로 모자란 부분을 보충하는 관계에 있는 것 ㉴ 상충적(相沖的)

☐ 상상적(想像的)　　실제로 경험하지 않은 사물이나 현상에 관하여 마음속에 그려 보
　　는 것

☐ 상술(詳述)　　자세하게 설명함 참고 부연

☐	**상응(相應)**	서로 응하거나 어울림
☐	**상이하다(相異-)**	서로 다르다. ⓔ 상실감을 상이한 방식으로 표현하고 있다. (수능)
☐	**상정하다(想定-)**	어떤 정황을 가정적으로 생각하여 단정하다. ⓔ 시나리오에서는 장면(scene)과 장면을 연계할 때, 이야기가 순조롭게 진행될 수 있도록 매개 요소를 상정한다.
☐	**상징적(象徵的)**	추상적인 개념이나 사물을 구체적인 사물로 나타내는 것 → p.11 참조
☐	**상충(相衝)**	맞지 아니하고 서로 어긋남
☐	**상통(相通)**	❶ 서로 막힘이 없이 길이 트임 ❷ 서로 마음과 뜻이 통함 ❸ 서로 어떠한 일에 공통되는 부분이 있음
☐	**상호 작용(相互作用)**	❶ 서로 간에 영향을 끼침 ❷ 생물체 부분들의 기능 사이나, 생물체의 한 부분의 기능과 개체의 기능 사이에서 이루어지는 일정한 작용
☐	**상황 논리(狀況論理)**	객관적 사실이나 원칙에 의거하지 않고 현실적 불가피성을 내세워 자신의 입장을 합리화하는 것
☐	**색채어(色彩語)**	빛깔을 나타내는 말
☐	**색출(索出)**	샅샅이 뒤져서 찾아냄 ⓔ 경찰이 범인 색출에 나섰다.
☐	**생동감(生動感)**	생기 있게 살아 움직이는 듯한 느낌 ⓨ 약동감(躍動感)
☐	**생명감(生命感)**	살아 있는 듯한 생생한 느낌. 주로 예술 작품을 평가할 때 많이 쓰는 표현임
☐	**생성(生成)**	❶ 사물이 생겨남. 또는 사물이 생겨 이루어지게 함 ❷ 이전에 없었던 어떤 사물이나 성질의 새로운 출현

☐	샤머니즘(shamanism)	원시적 종교의 한 형태. 주술사인 샤먼이 신의 세계나 악령 또는 조상신과 같은 초자연적 존재와 직접적인 교류를 하며, 그에 의하여 점복(占卜), 예언, 병 치료 따위를 하는 종교적 현상

☐ **서경적(敍景的)** 눈앞에 경치를 펼쳐 보이는 느낌이 있는 것
참고 서경시(敍景詩) : 자연의 경치를 읊은 시

☐ **서사적(敍事的)** 사건 중심으로 글을 전개해 나가는 것
참고 서사 문학(敍事文學) : 신화, 전설, 민담, 소설 등

☐ **서술(敍述)** 사건이나 생각 따위를 차례대로 말하거나 적음 ㉤ 진술(陳述)
참고 서술 방식 : 설명(說明), 논증(論證), 서사(敍事), 묘사(描寫)

☐ **서정적(抒情的)** 마음에 온갖 느낌과 생각을 불러일으키는 것
참고 서정시(抒情詩) : 개인의 감정이나 정서를 주관적으로 표현한 시

☐ **선동적(煽動的)** 남을 부추겨 어떤 일이나 행동을 하게 하는 것

☐ **선점(先占)** 남보다 앞서서 차지함 ㉰ 시장 선점을 위한 경쟁이 치열하다.

☐ **선험적(先驗的)** 경험에 앞서서 인간이 본질적으로 지니고 있는 것

☐ **섭리(攝理)** ❶ 대신하여 처리하고 다스림 ❷ 자연계를 지배하고 있는 원리와 법칙 ㉰ 자연의 섭리에 대한 깨달음이 바탕에 깔려 있다. (수능)

☐ **성정(性情)** 성질과 심정. 또는 타고난 본성

☐ **성찰적(省察的)** 지나간 일을 되돌아보며 반성하고 살피는 것 ㉰ (가)는 (나)와 달리 연을 구분하지 않고 성찰적 어조를 드러내고 있다. (수능)

☐ **성현(聖賢)** 성인(지혜와 덕이 매우 뛰어나 길이 우러러 본받을 만한 사람)과 현인(어질고 총명하여 성인에 다음가는 사람)을 아울러 이르는 말

□ 세속적(世俗的)	세상의 일반적인 풍속을 따르는 것
□ 세태(世態)	사람들의 일상생활, 풍습 따위에서 보이는 세상의 상태나 형편
□ 소멸(消滅)	사라져 없어짐
□ 소명(疏明)	까닭이나 이유를 밝혀 말함
□ 소양(素養)	평소 닦아 놓은 학문이나 지식
□ 속도감(速度感)	물체가 나아가거나 일이 진행되는 빠르기의 느낌
□ 속물적(俗物的)	교양이 없거나 식견이 좁고 세속적인 일에만 신경을 쓰는 것
□ 송축(頌祝)	경사를 기리고 축하함
□ 수동적(受動的)	스스로 움직이지 않고 다른 것의 작용을 받아 움직이는 것 ⑪ 소극적(消極的) ⑫ 능동적
□ 수반(隨伴)	어떤 일과 더불어 생김 ⑳ 개발에는 환경 파괴가 수반된다.
□ 수사(修辭)	말이나 글을 다듬고 꾸며서 보다 아름답게 표현하는 일 ㉝ 수사법(修辭法) : 효과적·미적 표현을 위하여 문장과 언어를 꾸미는 방법. 표현 기교
□ 수양(修養)	몸과 마음을 갈고닦아 품성이나 지식, 도덕 따위를 높은 경지로 끌어올림
□ 수의적(隨意的)	외부 상황에 구애받지 않고 자기 마음대로 하는 것
□ 수직적(垂直的)	❶ 똑바로 드리우는 것 ❷ 동등한 관계가 아니라 위와 아래의 관계로 이루어지는 것 ⑫ 수평적(水平的)

☐	순종적(順從的)	남의 말이나 의견 따위를 거스르지 않고 순순히 복종하는 것
☐	순차적(順次的)	순서를 따라 차례차례 하는 것 **예** '처'가 내면 심경을 직접 토로하지 못하도록 억제하는 기능을 순차적으로 수행한다. (수능)
☐	순행적(順行的)	일이 시간순으로 진행되는 것 **반** 역행적(逆行的) : 보통의 방향과 반대 방향으로 거슬러 나아가는 것 **참고** 역순행적
☐	숭상(崇尙)	높여 소중히 여김
☐	승화(昇華)	어떤 현상이 더 높은 상태로 발전하는 일
☐	시간적(時間的)	시간에 관한 것 **예** 말은 글과 달리 시간적 제약을 가진다.
☐	시사적(時事的)	그 당시에 일어난 여러 가지 사회적 사건과 관련된 것
☐	시사하다(示唆-)	직접적으로 알리지 않고 넌지시 알리다. **유** 암시하다(暗示-)
☐	시흥(詩興)	시를 짓고 싶은 마음. 또는 시에 도취되어 일어나는 흥취
☐	신랄하다(辛辣-)	사물의 분석이나 비평 따위가 매우 날카롭고 예리하다.
☐	신분적(身分的)	개인이 속하는 일정한 사회적인 지위와 관련되는 것
☐	신비적(神秘的)	사람의 힘이나 지혜로서는 도저히 이해할 수 없는 영묘한 것
☐	신성성(神聖性)	함부로 가까이할 수 없을 만큼 고결하고 거룩한 성질
☐	신앙적(信仰的)	초자연적인 절대자를 믿고 받들며 경건하게 여기는 것
☐	실리(實利)	실제로 얻는 이익
☐	실재(實在)	실제로 존재함 **반** 허구(虛構)

☐ 실제(實際)	사실의 경우나 형편	
☐ 실효성(實效性)	실제로 효과를 나타내는 성질	
☐ 심리적(心理的)	마음의 작용과 의식 상태에 관한 것	
☐ 심미적(審美的)	아름다움을 살펴 찾으려는 것 (참고) 탐미적	
☐ 심오하다(深奧-)	사상이나 이론 따위가 깊이가 있고 오묘하다.	
☐ 심층적(深層的)	정도나 경지가 깊이 있고 철저한 것	
☐ 심화(深化)	정도나 경지가 점점 깊어짐	

예 현실의 모순을 심화하는 존재이다. (수능)

ㅇ

☐ 아집(我執)	자기중심의 좁은 생각에 집착하여 다른 사람의 의견이나 입장을 고려하지 아니하고 자기만을 내세우는 것	
☐ 안배(按排)	알맞게 잘 배치하거나 처리함	
☐ 암묵적(暗默的)	자기의 의사를 밖으로 나타내지 아니한 것	
☐ 암시적(暗示的)	꼬집어 밝히지 않고 넌지시 깨우쳐 주는 것 ⊕ 시사적(示唆的)	
☐ 압축적(壓縮的)	❶ 문장 따위를 줄여 짧게 하는 것 ❷ 일정한 범위나 테두리를 줄이는 것	
☐ 애상적(哀傷的)	슬퍼하고 가슴 아파하는 것	
☐ 애수(哀愁)	마음을 서글프게 하는 슬픈 시름	

☐ **애착(愛着)**	몹시 사랑하거나 끌리어서 떨어지지 아니함	

☐ **애환(哀歡)**	슬픔과 기쁨을 아울러 이르는 말

☐ **양상(樣相)**	사물이나 현상의 모양이나 상태

☐ **양식(樣式)** ❶ 일정한 모양이나 형식 ❷ 오랜 시간이 지나면서 자연히 정하여 진 방식 ❸ 시대나 부류에 따라 각기 독특하게 지니는 문학, 예술 따위의 형식
참괴 양식화(樣式化) : 일정한 양식으로 되게 함

☐ **어휘적(語彙的)** 어떤 일정한 범위 안에서 쓰이는 낱말의 수효나 전체 낱말에 관한 것

☐ **언중(言衆)** 같은 언어를 사용하면서 공동생활을 하는 언어 사회 안의 대중

☐ **엄밀하다(嚴密-)** 조그만 빈틈이나 잘못이라도 용납하지 아니할 만큼 엄격하고 세밀하다.
참괴 치밀하다(緻密-) : 자세하고 꼼꼼하다.

☐ **여건(與件)** 주어진 조건 예 경제적 여건만 되면 유학을 가고 싶다.

☐ **여로(旅路)** 여행하는 길 또는 나그네가 가는 길
㈇ 여정(旅程) : 여행의 과정이나 일정

☐ **여성적(女性的)** 여성답거나 또는 여성 특유의 것 ㉘ 남성적(男性的)

☐ **역동적(力動的)** 힘차고 활발하게 움직이는 것

☐ **역사적(歷史的)** ❶ 역사에 관한 것 ❷ 오랜 세월을 두고 전해지는 것

☐ **역설(力說)** 자기의 뜻을 힘주어 말함. 또는 그런 말
역설(逆說) 얼핏 보아 모순이나 따져 보면 이치에 맞는 표현 ➔ p.14 참조

□ 역순행적(逆順行的)	일을 시간의 흐름에 따라 말하기도 하고 거슬러 말하기도 하는 것 (과거 – 현재 – 과거로 시간이 흐르는 것) 참고 순행적, 역행적
□ 연관(聯關)	사물이나 현상이 일정한 관계를 맺는 일
□ 연민(憐憫)	불쌍하고 가련하게 여김
□ 연상(聯想)	하나의 관념이 다른 관념을 불러일으키는 현상
□ 연역(演繹)	어떤 명제로부터 추론 규칙에 따라 결론을 이끌어 냄. 또는 그런 과정. 일반적인 사실이나 원리를 전제로 하여 개별적인 사실이나 보다 특수한 다른 원리를 이끌어 내는 추리 방법 참고 귀납, 유추
□ 열거(列擧)	여러 가지 예나 사실을 낱낱이 죽 늘어놓음
□ 염두(念頭)	❶ 생각의 시초 ❷ 마음속
□ 염세적(厭世的)	세상을 싫어하고 모든 일을 부정적으로 보는 것 ㉤ 비관적 ㉫ 낙천적
□ 영웅적(英雄的)	영웅(지혜와 재능이 뛰어나고 용맹하여 보통 사람이 하기 어려운 일을 해내는 사람)다운 것
□ 영탄적(詠歎的)	마음속 깊이 느끼어 탄복하는 것
□ 예속적(隷屬的)	남의 지배 아래 매인 것 ㉤ 종속적(從屬的) : 어떤 것에 딸려 붙어 있는 것
□ 예술적(藝術的)	❶ 예술의 성격을 지닌 것 ❷ 예술의 면에서 본 것
□ 예시(例示)	서술 방식의 하나로, 예를 들어 설명함
□ 예증(例證)	서술 방식의 하나로, 예를 들어 증명함

☐	예지(叡智)	사물의 본질을 꿰뚫어 보는 지혜롭고 밝은 마음
☐	예찬적(禮讚的)	무엇이 훌륭하거나 좋거나 아름답다고 찬양하는 것
☐	오류(誤謬)	❶ 그릇되어 이치에 맞지 않는 일 ❷ 논리적 규칙을 소홀히 함으로써 저지르게 되는 바르지 못한 추리
☐	온화하다(溫和-)	성격, 태도 따위가 온순하고 부드럽다. ㉤ 온유하다
☐	완결성(完結性)	완전히 끝을 맺은 상태나 특성 ㉠ (마)는 (가)와 구조 면에서 호응하여 작품의 완결성을 높여 준다. (수능)
☐	완고하다(頑固-)	융통성이 없이 올곧고 고집이 세다.
☐	완화(緩和)	긴장된 상태나 급박한 것을 느슨하게 함 ㉠ 긴장의 완화
☐	왜곡(歪曲)	사실과 다르게 해석하거나 그릇되게 함
☐	외경심(畏敬心)	숭고한 가치를 지닌 대상을 두려워하고 존경하는 마음
☐	외설적(猥褻的)	사람의 성욕을 노골적으로 드러내거나 자극하는 것
☐	요지(要旨)	말이나 글 따위에서 핵심이 되는 중요한 내용 ㉢㉠ 논지, 주지
☐	용의주도하다 (用意周到-)	꼼꼼히 마음을 써서 일에 빈틈이 없다. ㉠ 용의주도한 작전으로 적과의 싸움에서 승리했다.
☐	용인(容認)	❶ 너그러운 마음으로 참고 용서함 ❷ 용납하여 인정함
☐	우발적(偶發的)	어떤 일이 예기치 아니하게 우연히 일어나는 것
☐	우유부단(優柔不斷)	어물어물 망설이기만 하고 결단성이 없음

☐ 우의적(寓意的)	다른 사물에 빗대어 은연중에 어떤 뜻을 나타내는 것 → p.14 참조
☐ 우회적(迂廻的)	곧바로 가지 않고 멀리 돌아서 가는 것 ⑩ 이 작품은 포로 호송이라는 상황을 빌려 구성원을 획일화하는 사회를 우회적으로 비판한다. (수능)
☐ 운명론적(運命論的)	모든 일은 미리 정하여진 필연적인 법칙에 따라 일어나므로 인간의 의지로는 바꿀 수 없다는 생각에 바탕을 둔 것
☐ 운명적(運命的)	운명(인간을 포함한 모든 것을 지배하는 초인간적인 힘에 의하여 이미 정하여져 있는 목숨이나 처지)과 관련되어 있는 것
☐ 운치(韻致)	예술 작품이나 사람이 지닌 고상하고 우아한 멋
☐ 웅장하다(雄壯-)	규모 따위가 거대하고 성대하다.
☐ 원경(遠景)	멀리 보이는 경치. 또는 먼 데서 보는 경치 ⑫ 근경(近景)
☐ 원론(原論)	근본이 되는 이론
☐ 원류(源流)	❶ 강이나 내의 본줄기 ❷ 사물이나 현상의 본래 바탕 ❸ 주가 되는 유파(流派)
☐ 위계 의식(位階意識)	지위나 계층 따위의 등급과 관련된 의식
☐ 위상(位相)	어떤 사물이 다른 사물과의 관계 속에서 가지는 위치나 상태
☐ 위선적(僞善的)	겉으로만 착한 체하는 것
☐ 위세(威勢)	❶ 사람을 두렵게 하여 복종하게 하는 힘 ❷ 위엄이 있거나 맹렬한 기세
☐ 위압적(威壓的)	위엄이나 위력 따위로 압박하거나 정신적으로 억누르는 것

☐ 유기적(有機的)	생물체처럼 전체를 구성하는 각 부분이 서로 밀접하게 관련을 가지고 있어서 떼어 낼 수 없는 것 **예** '산 너머 남촌에는'이 ⟨1⟩, ⟨2⟩, ⟨3⟩의 1연마다 반복되어 시 전체의 유기적 연관성을 강화하고 있다. (수능)	
☐ 유대감(紐帶感)	서로 밀접하게 연결되어 있는 공통된 느낌	
☐ 유발(誘發)	어떤 것이 다른 일을 일어나게 함 **예** 새로운 정보가 지나치게 유입되면 개인 간 갈등이 유발된다. (수능)	
☐ 유심론(唯心論)	우주의 본체를 정식적인 것으로 보며 물질적 현상도 정신적인 것의 발현이라는 이론 **반** 유물론(唯物論) : 만물의 근원을 물질로 보고, 모든 정신 현상도 물질의 작용이나 그 산물이라고 주장하는 이론	
☐ 유추(類推)	어떤 사물에서 다른 사물의 성질이나 상태를 미루어 생각해 내는 일 **예** 부분적인 현상에서 유추하여 일반화하고 있다. (수능)	
☐ 유한성(有限性)	수, 양, 공간, 시간 따위에 일정한 한도나 한계가 있는 성질	
☐ 융합(融合)	다른 종류의 것이 녹아서 서로 구별이 없게 하나로 합해지는 일	
☐ 은폐(隱蔽)	덮어 감추거나 가리어 숨김	
☐ 음미(吟味)	❶ 시가를 읊조리며 그 맛을 감상함 ❷ 어떤 사물 또는 개념의 속 내용을 새겨서 느끼거나 생각함	
☐ 음성(音聲)	사람의 발음 기관을 통해 내는 구체적이고 물리적인 소리. 발화자와 발화시에 따라 다르게 나는 소리로서 자음과 모음으로 나뉘는 성질이 있음	
☐ 음성 상징어 (音聲象徵語)	소리, 동작, 형태를 모사하는 것으로서, 구체적이고 감각적인 표현 수단 **참고** 의성어, 의태어	

☐	음성적(陰性的)	밖으로 나타나지 아니하는 것
☐	음소(音素)	더 이상 작게 나눌 수 없는 음운론상의 최소 단위. 하나 이상의 음소가 모여서 음절을 이룸
☐	음운(音韻)	말의 뜻을 구별하여 주는 소리의 가장 작은 단위. 음소와 운소(韻素 ; 단어의 의미를 분화하는 데 관여하는 음소 이외의 운율적 특징. 소리의 높낮이, 길이, 세기 따위)를 아울러 이름
☐	응축(凝縮)	내용의 핵심이 어느 한곳에 집중되어 쌓여 있음
☐	의거(依據)	어떤 사실이나 원리 따위에 근거함
☐	의구심(疑懼心)	믿지 못하고 두려워하는 마음
☐	의문형 진술 (疑問形陳述)	의문을 나타내는 종결 어미 '−느냐', '−ㄴ가'가 붙은 형태로 된 표현
☐	의성어(擬聲語) 의태어(擬態語)	사람이나 사물의 소리를 흉내 낸 말. '쌕쌕', '멍멍' 등 사람이나 사물의 모양이나 움직임을 흉내 낸 말. '아장아장', '엉금엉금' 등
☐	의연하다(毅然−)	의지가 굳세어서 끄떡없다.
☐	의인화(擬人化)	사람이 아닌 것을 사람에 비기어 표현함 → p.15 참조 ⑭ 인격화(人格化) : 인간이 아닌 사물을 감정과 의지가 있는 인간으로 간주함
☐	의지적(意志的)	어떤 일을 이루고자 하는 마음이 있는 것
☐	의탁(依託)	어떤 것에 몸이나 마음을 의지하여 맡김
☐	의표(意表)	생각 밖이나 예상 밖 ⑭ 뜻밖, 의외(意外)

☐	**이국적(異國的)**	자기 나라가 아닌 다른 나라에 특징적인 것
☐	**이상적(理想的)**	생각할 수 있는 가장 완전한 것
☐	**이상향(理想鄕)**	인간이 생각할 수 있는 최선의 상태를 갖춘 완전한 사회 ⓤ 낙원(樂園), 유토피아
☐	**이성적(理性的)**	본능이나 감상적인 충동에 의하지 않고 이성에 의한 것 ⓑ 감성적
☐	**이완(弛緩)**	❶ 바짝 조였던 정신이 풀려 늦추어짐 ❷ 잘 조성된 분위기 따위가 흐트러져 느슨해짐 ❸ 굳어서 뻣뻣하게 된 근육 따위가 원래의 상태로 풀어짐
☐	**이중적(二重的)**	두 번 거듭되거나 두 가지 측면으로 해석되는 것
☐	**이지적(理智的)**	이성과 지혜로써 판단하고 행동하는 것
☐	**이질적(異質的)**	성질이 다른 것 ⓑ 동질적
☐	**이타적(利他的)**	자기의 이익보다는 다른 이의 이익을 더 꾀하는 것 ⓑ 이기적
☐	**이해관계(利害關係)**	서로 이해(이익과 손해)가 걸려 있는 관계
☐	**이행(移行)** **이행(履行)**	다른 상태로 옮아감 ⓔ 독재 정권에서 민주 정부로의 이행 실제로 행함 ⓔ 국방의 의무를 이행 중이다.
☐	**인간성(人間性)**	❶ 인간의 본성 ❷ 사람의 됨됨이 참고 휴머니즘(humanism) : 인간의 존엄성을 최고의 가치로 여기고 인종, 민족, 국가, 종교 따위의 차이를 초월하여 인류의 안녕과 복지를 꾀하는 것을 이상으로 하는 사상이나 태도
☐	**인간형(人間型)**	성격, 모습 따위의 이러저러한 특징들의 공통성으로 나누는 인간의 유형

☐ 인격(人格)	사람으로서의 품격 ㈜ 인품(人品)
☐ 인과(因果)	원인과 결과 ⓓ 금리가 채권 가격에 미치는 영향을 인과적으로 설명하고 있다. (수능)
☐ 인상적(印象的)	인상이 강하게 남는 것
☐ 인습(因習)	버려야 할 옛 풍습이나 습관
☐ 인식(認識)	사물을 분별하고 판단하여 앎 ⓓ 그릇된 역사 인식
☐ 인용(引用)	남의 말이나 글을 자신의 말이나 글 속에 끌어 씀
☐ 인위적(人爲的)	자연의 힘이 아닌 사람의 힘으로 이루어지는 것
☐ 인지(認知)	어떤 사실을 인정하여 앎 ⓓ 사실을 인지하지 못하고 있다.
☐ 일가(一家)	❶ 한집안 ❷ 성(姓)과 본이 같은 겨레붙이 ❸ 학문, 기술, 예술 등의 분야에서 독자적인 경지나 체계를 이룬 상태
☐ 일관성(一貫性)	방법이나 태도 따위가 한결같은 성질
☐ 일대기(一代記)	어느 한 사람의 일생에 관한 내용을 적은 기록
☐ 일목요연하다 (一目瞭然-)	한 번 보고 대번에 알 수 있을 만큼 분명하고 뚜렷하다. ⓓ 땅을 팔아야 하는 이유를 나열함으로써, '창섭'의 계획이 일목요연하게 전해지는 효과가 생긴다. (수능)
☐ 일반적(一般的)	전체에 두루 해당되는 것 ㈜ 보편적
☐ 일반화(一般化)	개별적인 것이나 특수한 것이 일반적인 것으로 됨. 또는 그렇게 만듦 ⓑ 특수화

☐ 일상적(日常的)	날마다 볼 수 있는 것
☐ 일체감(一體感)	남과 어우러져 하나로 되는 감정
☐ 일탈적(逸脫的)	정하여진 영역 또는 본디의 목적이나 길, 사상, 규범, 조직 따위로부터 빠져 벗어나는 것
☐ 임의적(任意的)	일정한 기준이나 원칙 없이 마음이 내키는 대로 하는 것 ㉤ 자의적(恣意的)
☐ 입각(立脚)	어떤 사실이나 주장 따위에 근거를 두어 그 입장에 섬 ㉑ 어느 한 주장에 입각해서 다른 주장을 논박하고 있다.
☐ 입증(立證)	어떤 증거 따위를 내세워 증명함
☐ 입체감(立體感)	위치와 넓이, 길이, 두께를 가진 물건에서 받는 느낌. 또는 삼차원의 공간적 부피를 가진 물체를 보는 것과 같은 느낌 ㉑ [B]는 [A]와 달리 공감각적 심상을 통해 입체감을 부여한다. (수능)

ㅈ

☐ 자각(自覺)	❶ 현실을 판단하여 자기의 입장이나 능력 따위를 스스로 깨달음 ❷ 자기 자신을 의식하는 상태
☐ 자기 본위적 (自己本位的)	모든 사고, 판단, 행동을 자기중심으로 하는 것 ㉤ 자기중심적(自己中心的) : 남의 일보다 자기의 일을 먼저 생각하고 중요하게 여기는 것
☐ 자율적(自律的)	자기 스스로의 원칙에 따라 어떤 일을 하거나 자기 스스로를 통제하여 절제하는 것
☐ 자의적(恣意的)	일정한 질서를 무시하고 제멋대로 하는 것 ㉤ 임의적(任意的)

☐ 자적(自適)	아무런 속박을 받지 않고 마음껏 즐김
☐ 자조적(自嘲的)	스스로 자기를 비웃는 듯한 것
☐ 자족감(自足感)	스스로 넉넉하게 여기는 느낌
☐ 자존(自尊) 　자존(自存)	❶ 자기의 품위를 스스로 지킴 ❷ 자기를 높여 잘난 체함 ❶ 자기의 존재 ❷ 자기 힘으로 생존함
☐ 자주적(自主的)	간섭을 받음이 없이 자기 뜻과 책임 아래 처리하는 것
☐ 자질(資質)	❶ 타고난 성품이나 소질 ❷ 어떤 분야의 일에 대한 능력이나 실력 의 정도
☐ 잠재(潛在)	겉으로 드러나지 않고 속에 잠겨 있거나 숨어 있음
☐ 잠정적(暫定的)	임시로 정하는 것 ⓔ 잠정적인 활동 중단을 선언했다.
☐ 장쾌하다(壯快-)	가슴이 벅차도록 장하고 통쾌하다.
☐ 장황하다(張皇-)	매우 길고 번거롭다.
☐ 재인식(再認識)	본디의 인식을 고쳐 새롭게 인식함
☐ 재정립(再正立)	다시 바로 세움
☐ 재현(再現)	다시 나타냄 비교 재연(再演) → p.252 참조
☐ 쟁점(爭點)	서로 다투는 중심이 되는 점
☐ 적대적(敵對的)	적으로 대하거나 적 같이 대하는 것

☐ 적막하다(寂寞-)	❶ 고요하고 쓸쓸하다. ❷ 의지할 데 없이 외롭다.	

☐ 전개(展開)	글쓰기 등에서 시작한 내용을 발전시켜 펼치는 일

☐ 전기적(傳奇的)	기묘하고 이상하여 세상에 전할 만한 것
전기적(傳記的)	한 사람의 일생 동안의 행적을 중심으로 적은 것

☐ 전망(展望)	❶ 넓고 먼 곳을 멀리 바라봄. 또는 멀리 내다보이는 경치 ❷ 앞날을 헤아려 내다봄. 또는 내다보이는 장래의 상황

☐ 전면적(全面的)	일정한 범위 전체에 걸치는 것

☐ 전위적(前衛的)	사상이나 예술에서 혁신적이고 급진적인 것

☐ 전제(前提)	❶ 어떠한 사물이나 현상을 이루기 위하여 먼저 내세우는 것 ❷ 추리에서 결론의 기초가 되는 판단 ⓔ 땅을 장소애의 대상으로 여기는 의식이 두루 퍼져 있는 당시 상황이 전제되어 있다. (수능) ⓑ 결론(結論)

☐ 전지적(全知的)	모든 것을 다 아는 것 참고 전지적 작가 시점 → p.13 참조

☐ 전통적(傳統的)	예로부터 이어져 내려오는 것

☐ 전형적(典型的)	어떤 부류의 특징을 가장 잘 나타내는 것 참고 전형적 인물 → p.15 참조

☐ 전환(轉換)	다른 방향이나 상태로 바뀌거나 바꿈

☐ 절개(節槪)	신념, 신의 따위를 굽히지 아니하고 굳게 지키는 꿋꿋한 태도

☐ 절대자(絶對者)	스스로 존재하면서 그 자신만으로 완전한 것. 신, 실체, 절대정신 따위

☐ 절대적(絶對的)	상대될 만한 것이 없이 유일한 위치에 있는 것 ⓑ 상대적

☐ **절제(節制)**	정도에 넘지 아니하도록 알맞게 조절하여 제한함
☐ **절충적(折衷的)**	서로 다른 사물이나 의견, 관점 따위를 알맞게 조절하여 서로 잘 어울리게 하는 것
☐ **점진적(漸進的)**	조금씩 앞으로 나아가는 것
☐ **점층적(漸層的)**	그 정도를 점점 강하게 하거나, 크게 하거나, 높게 하는 것 **참고** 점층 **반** 점강(漸降) → p.16 참조
☐ **정감(情感)**	정조와 감흥을 불러일으키는 느낌 **예** 정감의 깊이가 더해지는 효과가 있어. (수능)
☐ **정경(情景)**	❶ 정서를 자아내는 흥취와 경치 ❷ 사람이 처하여 있는 모습이나 형편
☐ **정념(情念)**	감정에 따라 일어나는, 억누르기 어려운 생각 **예** 남자 주인공의 순수한 정념과 성공이 지닌 교훈적 의미를 찾아볼 수 있다. (수능)
☐ **정당화(正當化)**	정당성이 없거나 정당성에 의문이 있는 것을 무엇으로 둘러대어 정당한 것으로 만듦 **유** 합리화
☐ **정보(情報)**	말이나 글에 들어 있는 내용 **참고** 세부 정보 : 말이나 글 속에 들어 있는 하나하나의 정보 핵심 정보 : 정보 중 가장 중요한 정보, 즉 중심 화제나 주제
☐ **정서적(情緒的)**	어떤 사물에 부딪혀서 일어나는 여러 가지 감정을 불러일으키는 것 **예** 관객의 정서적 반응을 고조하는 역할을 하고 있군. (수능)
☐ **정신적(精神的)**	정신에 관계되는 것 **반** 육체적
☐ **정적(靜的)**	움직임이 없거나 조용한 것 **반** 동적

☐ 정제(精製)	❶ 정성을 들여 정밀하게 잘 만듦 ❷ 물질에 섞인 불순물을 없애 그 물질을 더 순수하게 함
☐ 정조(情操)	진리, 아름다움, 선행, 신성한 것을 대하였을 때에 일어나는 고차원적인 복잡한 감정. 지적·도덕적·종교적·미적 정조 따위로 나눔
☐ 정진(精進)	❶ 힘써 나아감 ❷ 몸을 깨끗이 하고 마음을 가다듬음
☐ 정착(定着)	❶ 일정한 곳에 자리를 잡아 붙박이로 있거나 머물러 삶 ❷ 다른 물건에 단단하게 붙어 있음 ❸ 새로운 문화 현상, 학설 따위가 당연한 것으로 사회에 받아들여짐
☐ 정한(情恨)	정과 한을 아울러 이르는 말 참고 이별의 정한 : 이별로 말미암아 일어나는, 사랑과 안타까움이 어우러져 응어리진 마음
☐ 정형적(定型的)	일정한 형식이나 틀을 지닌 것
☐ 정화(淨化)	❶ 불순하거나 더러운 것을 깨끗하게 함 ❷ 카타르시스. 비극을 봄으로써 마음에 쌓여 있던 우울함, 불안감, 긴장감 따위가 해소되고 마음이 깨끗해지는 일 예 감정의 정화
정화(精華)	❶ 깨끗하고 순수한 알짜 ❷ 정수(사물의 중심이 되는 골자 또는 요점)가 될 만한 부분 예 민족 문화의 정화를 간직하자.
☐ 정황(情況)	일의 사정과 상황
☐ 제고(提高)	수준이나 정도를 끌어올림 예 생산성의 제고
☐ 제약(制約)	❶ 조건을 붙여 내용을 제한함 ❷ 사물의 성립에 필요한 규정이나 조건
☐ 제의성(祭儀性)	제사 의례적인 성격. 과거 집단 놀이나 고대 가요에서 엿보이는 제의, 즉 신에게 기원을 올리는 것과 관련됨

☐ 조직화(組織化)	사물이 일정한 질서를 갖고 유기적인 활동을 하게끔 통일이 이루어짐. 또는 그렇게 함

☐ **조직화(組織化)** 사물이 일정한 질서를 갖고 유기적인 활동을 하게끔 통일이 이루어짐. 또는 그렇게 함

☐ **종교적(宗敎的)** 종교에 딸리거나 종교와 관련되는 것

☐ **종속(從屬)** 자주성이 없이 주가 되는 것에 딸려 붙음

☐ **종합적(綜合的)** 여러 가지를 한데 모아 합한 것

☐ **좌지우지(左之右之)** 이리저리 제 마음대로 휘두르거나 다룸

☐ **주관적(主觀的)** 자기의 관점이나 견해를 기초로 하는 것 ⑩ 아이가 배운 말을 표현하려는 것은 주관적인 지식을 행하려는 것으로 볼 수 있군. (수능) ⑪ 객관적

☐ **주도적(主導的)** 주동이 되어 이끄는 것

☐ **주술적(呪術的)** 무당 등이 신의 힘에 의탁해 재앙을 물리치거나 복을 비는 것

☐ **주의적(主意的)** 시 등에서 이성이나 정서보다 의지를 위주로 하는 것
참고 주의시(主意詩) : 목적이나 의도를 지닌 의지적인 내용을 표현한 시

☐ **주정적(主情的)** 시 등에서 이성이나 의지보다 정서를 위주로 하는 것
참고 주정시(主情詩) : 인간의 감정이나 정서를 그 내용으로 하는 개인적·주관적 성격의 시. 좁은 의미의 서정시

☐ **주제(主題)** 화제나 논제에 대한 필자의 가장 중요한 설명이나 주장

☐ **주지(主旨)** 글의 요지를 화제 중심으로 압축한 것 ⑪ 논지

☐ **주지적(主知的)** 시 등에서 정서나 의지보다 지적 태도를 중히 여기는 것
참고 주지시(主知詩) : 감정보다는 냉정한 이성이나 지성을 중시하는 입장에서 쓴 시

☐ 주체(主體)	❶ 어떤 단체나 물건의 주가 되는 부분 ❷ 사물의 작용이나 어떤 행동의 주가 되는 것
☐ 준엄하다(峻嚴-)	조금도 타협함이 없이 매우 엄격하다.
☐ 중도적(中道的)	어느 한쪽으로 치우치지 아니하고 가운데에 있는 것
☐ 중재(仲裁)	분쟁에 끼어들어 쌍방을 화해시킴 ⑩ 자아로서의 '아버지'는 '창섭'과 '어머니'의 대립과 갈등을 중재하고 있다. (수능)
☐ 중첩(重疊)	거듭 겹치거나 포개어짐
☐ 증진(增進)	기운이나 세력 따위가 점점 더 늘어 가고 나아감
☐ 지각(知覺)	❶ 알아서 깨달음 ❷ 사물의 이치나 도리를 분별하는 능력
☐ 지배적(支配的)	❶ 어떤 사람이나 집단, 조직, 사물 등을 자기의 의사대로 복종하게 하여 다스리는 것 ❷ 매우 우세하거나 주도적인 것
☐ 지사적(志士的)	개인적인 명리(名利)를 떠나 나라와 겨레를 위하는 기개를 지닌 것
☐ 지성(知性)	지적 정보를 바탕으로 수준 있게 생각하고 행동하는 품성
☐ 지시적(指示的) 의미	누구나 이해하고 있는 보편적인 의미. 사회적으로 인정받아 모든 사람에게 같은 의미로 파악됨 ⑪ 함축적 의미
☐ 지조(志操)	원칙과 신념을 굽히지 아니하고 끝까지 지켜 나가는 꿋꿋한 의지
☐ 지향(志向)	어떤 목표로 뜻이 쏠리어 향함. 또는 그 방향이나 그쪽으로 쏠리는 의지 ⑩ '우물 속'에 들어 있는 자연은 하늘을 향해 있는 우물 속의 그림이므로, 화자가 지향해 온 바를 담고 있겠군. (수능) 참고 지향점(指向點) : 도달하고자 하는 목표로 지정한 점

☐ 직관적(直觀的)	지식이나 경험을 배제하고 대상 자체를 육감으로 파악하는 것	
☐ 직서적(直敍的)	상상이나 감상 등을 덧붙이지 않고 있는 그대로 서술하는 것	
☐ 직설적(直說的)	내용을 감추거나 돌려 나타내지 않고 있는 그대로 표현하는 것	
☐ 직시(直視)	사물의 진실한 모습을 바로 봄	
☐ 직접적(直接的)	중간에 제삼자나 매개물이 없이 바로 연결되는 것 ⨂ 간접적	

☐ 진보(進步) ❶ 정도나 수준이 나아지거나 높아짐 ⨂ 퇴보(退步) : 정도나 수준이 이제까지의 상태보다 뒤떨어지거나 못하게 됨 ❷ 역사 발전의 합법칙성에 따라 사회의 변화나 발전을 추구함 ⨂ 보수(保守) : 새로운 것이나 변화를 반대하고 전통적인 것을 옹호하며 유지하려 함

☐ 진술(陳述) 자세히 말함 또는 그 말 ⑨ 서술(敍述) ⑩ ⓒ의 입장을 뒷받침하는 진술로 보기 어려운 것은?

☐ 진취적(進取的)	적극적으로 나아가 일을 이룩하는 것	
☐ 질책(叱責)	꾸짖어 나무람 ⑨ 질타(叱咤) ⑩⑪ 질책(質責) : 꾸짖어 바로잡음	
☐ 집약적(集約的)	하나로 모아서 뭉뚱그리는 것	

☐ 징후(徵候) 겉으로 나타나는 낌새 ⑨ 조짐(兆朕) : 좋거나 나쁜 일이 생길 기미가 보이는 현상

<table>
<tr><td>ㅊ</td></tr>
</table>

☐ 차용(借用) ❶ 돈이나 물건 따위를 빌려서 씀 ❷ 다른 나라 언어에서 단어, 형태소, 문자나 개별적 표현 따위를 빌려다 씀

☐ 착안점(着眼點)	어떤 문제를 해결하기 위한 실마리가 되는 점	
☐ 착잡(錯雜)	갈피를 잡을 수 없이 뒤섞여 어수선함	
☐ 참작(參酌)	이리저리 비추어 보아서 알맞게 고려함 ㉑ 참고(參考) : 살펴서 도움이 될 만한 자료로 삼음	
☐ 참회적(懺悔的)	자신의 잘못에 대하여 깨닫고 깊이 뉘우치는 것	
☐ 창출(創出)	전에 없던 것을 처음으로 생각하여 지어내거나 만들어 냄	
☐ 척결(剔抉)	나쁜 부분이나 요소들을 깨끗이 없애 버림	
☐ 척도(尺度)	평가하거나 측정할 때 의거할 기준	
☐ 천명(闡明)	진리나 사실, 입장 따위를 드러내어 분명히 밝힘	
☐ 천부적(天賦的)	태어날 때부터 지닌 것	
☐ 천시(賤視)	업신여겨 낮게 보거나 천하게 여김	
☐ 철학적(哲學的)	철학(인간과 세계에 대한 근본 원리와 삶의 본질 따위를 연구하는 학문)에 기초하거나 철학과 관계 있는 것	
☐ 첩경(捷徑)	❶ 지름길 ❷ 가장 쉽고 빠른 방법을 비유적으로 이르는 말 ❸ 어떤 일을 할 때 흔히 그렇게 되기가 쉬움 ㉢ 성공에 이르는 첩경	
☐ 청빈(淸貧)	성품이 깨끗하고 재물에 대한 욕심이 없어 가난함	
☐ 체계적(體系的)	일정한 원리에 따라서 낱낱의 부분이 짜임새 있게 조직되어 통일된 전체를 이루는 것	

☐ 체제(體制)	❶ 생기거나 이루어진 틀. 체재(體裁) ❷ 사회를 하나의 유기체로 볼 때에, 그 조직이나 양식, 또는 그 상태를 이르는 말 ❸ 일정한 정치 원리에 바탕을 둔 국가 질서의 전체적 경향
☐ 체통(體統)	지체나 신분에 알맞은 체면
☐ 초래(招來)	어떤 결과를 가져오게 함 ⑩ 부주의로 재앙을 초래하다.
☐ 초석(礎石)	❶ 기둥 밑에 기초로 받쳐 놓은 돌 ❷ 어떤 사물의 기초를 비유적으로 이르는 말
☐ 초연하다(超然-)	❶ 어떤 현실 속에서 벗어나 그 현실에 아랑곳하지 않고 의젓하다. ❷ 보통 수준보다 훨씬 뛰어나다.
☐ 초월적(超越的)	어떠한 한계나 표준, 이해나 자연 따위를 뛰어넘거나 경험과 인식의 범위를 벗어나는 것
☐ 초탈(超脫)	세속적인 것이나 일반적인 한계를 벗어남 ⑪ 탈속
☐ 촉구(促求)	급하게 재촉하여 요구함
☐ 총체적(總體的)	있는 것들을 모두 하나로 합치거나 묶은 것
☐ 추론(推論)=추리(推理)	어떤 문제에 대해 전제(논거)를 들어 결론(주장)을 이끌어 냄
☐ 추상적(抽象的)	어떤 사물이 직접 경험하거나 지각할 수 있는 일정한 형태와 성질을 갖추고 있지 않은 것 ⑪ 구체적
☐ 추세(趨勢)	❶ 어떤 현상이 일정한 방향으로 나아가는 경향 ❷ 어떤 세력이나 세력 있는 사람을 붙좇아서 따름
☐ 추정(推定)	미루어 생각하여 판정함

☐ 축출(逐出)	쫓아내거나 몰아냄 ⑪ 추방
☐ 취지(趣旨)	어떤 일의 근본이 되는 목적이나 긴요한 뜻
☐ 치부(置簿)	마음속으로 그러하다고 보거나 여김
☐ 치유(治癒)	치료하여 병을 낫게 함
☐ 치중(置重)	어떠한 것에 특히 중점을 둠
☐ 친화력(親和力)	다른 사람들과 사이좋게 잘 어울리는 능력 ⑩ 그는 친화력이 있어서 어디에 가든 금세 친구를 사귀었다.
☐ 침중하다(沈重-)	❶ 성격, 마음, 목소리 따위가 가라앉고 무게가 있다. ❷ 병세가 심각하여 위중하다.
☐ 침해(侵害)	침범하여 해를 끼침
☐ 칭송(稱頌)	칭찬하여 일컬음

E

☐ 타당성(妥當性)	❶ 사물의 이치에 맞는 옳은 성질 ❷ 어떤 판단이 가치가 있다고 인식되는 일
☐ 타성(惰性)	오래되어 굳어진 좋지 않은 버릇. 또는 오랫동안 변화나 새로움을 꾀하지 않아 나태하게 굳어진 습성. 흔히 '타성에 빠지다', '타성에 젖다'와 같이 쓰임
☐ 탈속(脫俗)	❶ 부나 명예와 같은 현실적인 이익을 추구하는 마음으로부터 벗어남 ❷ 속세를 벗어남 ⑪ 초탈

☐ **탐미적(耽美的)**	아름다움을 추구하여 거기에 빠지거나 깊이 즐기는 것 ㉠ 유미적 (唯美的) 쳁교 심미적	

☐ **토대(土臺)** 어떤 사물이나 사업의 밑바탕이 되는 기초와 밑천을 비유적으로 이르는 말 ㉞ 전통의 <u>토대</u> 위에서 새로운 문화를 창조하다.

☐ **토속적(土俗的)** 그 지방에만 특유한 풍속을 닮은 것 쳁교 향토적

☐ **토착성(土着性)** 대대로 그 땅에 살고 있는 성질

☐ **통념(通念)** 일반적으로 널리 통하는 개념 ㉞ 백정에 대한 부정적 <u>통념</u>

☐ **통달(通達)** 막힘없이 환히 통함

☐ **통설(通說)** 널리 알려지거나 일반적으로 인정된 학설
쳁교 속설(俗說): 공인된 학설은 아니나 세상에 널리 알려진 견해

☐ **통속적(通俗的)** 일반에게 널리 통하는 비전문적이고 대중적이며 보편적인 것

☐ **통시적(通時的)** 시간(역사)적 흐름에 따라 파악하는 것 ㉠ 공시적

☐ **통일감(統一感)** ❶ 여러 개의 사물이나 사건이 하나의 기준에 따라 일관되는 듯한 느낌 ❷ 둘 이상으로 나뉘어 있는 사물 따위가 하나로 합하여진 듯한 느낌 ㉞ 반복의 효과를 바탕으로 시 전체가 <u>통일감</u>을 갖도록 한다. (수능)

☐ **통일성(統一性)** 다양한 요소들이 있으면서도 전체가 하나로서 파악되는 성질

☐ **통찰(洞察)** 예리한 관찰력으로 사물을 꿰뚫어 봄

☐ **통합적(統合的)** 둘 이상의 조직이나 기구 따위를 하나로 합치는 것

☐ **퇴폐적(頹廢的)** 풍속·도덕·문화 따위가 문란하여 건전하지 못한 것

☐ **투영(投影)**	어떤 일을 다른 일에 반영하여 나타냄을 비유적으로 이르는 말
	ⓓ 화자의 의지가 <u>투영</u>되어 있다. (수능)
☐ **특수성(特殊性)**	각각의 것이 지니고 있는 독특한 성질 ⓑ 보편성(普遍性) : 모든 것에 두루 미치거나 통하는 성질

ㅍ

☐ **파국(破局)**	❶ 일이나 사태가 잘못되어 결딴이 남. 또는 그 판국 ❷ 희곡에서 비극적인 결말을 이르는 말
☐ **파악(把握)**	어떤 대상의 내용이나 본질을 확실하게 이해하여 앎
☐ **패망(敗亡)**	싸움에 져서 망함
☐ **팽배(彭湃)**	어떤 기세나 사조 따위가 매우 거세게 일어남 ⓓ 가계 부채로 인한 위기감이 <u>팽배</u>해 있다.
☐ **편재(遍在)**	널리 퍼져 있음
☐ **편중(偏重)**	중심이 한쪽으로 치우침 〔참고〕 편재(偏在) : 한곳에 치우쳐 있음
☐ **편협(偏狹)**	한쪽으로 치우쳐 도량이 좁고 너그럽지 못함
☐ **폐쇄적(閉鎖的)**	외부와 통하거나 교류하지 않는 것
☐ **폐해(弊害)**	폐단으로 인한 해 〔참고〕 폐단(弊端) : 어떤 일이나 행동에서 나타나는 옳지 못한 경향이나 해로운 현상
☐ **포괄(包括)**	일정한 대상이나 현상 따위를 어떤 범위나 한계 안에 모두 끌어 넣음 ⓨ 총괄(總括) : 개별적인 여러 가지를 한데 모아서 묶음
☐ **포용(包容)**	남을 너그럽게 감싸 주거나 받아들임

☐ 포착(捕捉)	❶ 꼭 붙잡음 ❷ 요점이나 요령을 얻음 ❸ 어떤 기회나 정세를 알아차림
☐ 표면화(表面化)	겉으로 나타나거나 눈에 띔. 또는 그렇게 함
☐ 표명(表明)	의사나 태도를 분명하게 드러냄
☐ 표상(表象)	❶ 본받을 만한 대상 ❷ 대표로 삼을 만큼 상징적인 것
☐ 표제(標題)	신문 기사, 서적, 연설, 담화 따위의 제목 참고 부제
☐ 표출(表出)	겉으로 나타냄 예 북곽 선생의 욕망이 표출되는 공간이다. (수능)
☐ 풍류적(風流的)	운치가 있고 멋스럽게 노는 것
☐ 풍속(風俗)	옛날부터 전해 오며 지켜지고 있는 생활상의 여러 가지 습속
☐ 풍자적(諷刺的)	문학 작품 따위에서 현실의 부정적 현상이나 모순 등을 꼬집어 웃음을 자아내며 비판하는 것 → p.17 참조
☐ 피동(被動) 표현	문장이 피동(주체가 다른 힘에 의하여 움직이는 것)의 형태로 서술된 표현. '아기가 엄마에게 안기다.'와 같이 피동사에 의한 것과 '새로운 사실이 김 박사에 의해 밝혀졌다.'와 같이 '-아/어지다'에 의한 것이 있다. 참고 능동(能動) : 주체가 자발적으로 움직이는 동사의 성질
☐ 피아(彼我)	그와 나 또는 저편과 이편을 아울러 이르는 말
☐ 피안(彼岸)	현실적으로 존재하지 않는, 관념적으로 생각해 낸 현실 밖의 세계
☐ 필연적(必然的)	그렇게 될 수밖에 없는 것 반 우연적(偶然的) : 아무런 인과 관계 없이 뜻하지 않게 일어나는 것 참고 개연성(蓋然性) → p.8 참조

☐ **함양(涵養)**　　능력이나 품성을 기르고 닦음

☐ **함의(含意)**　　말이나 글 속에 어떠한 뜻이 들어 있음. 또는 그 뜻

☐ **함축(含蓄)**　　표현의 의미를 한 가지로 나타내지 아니하고 문맥을 통하여 여러
　　　　　　　　　가지 뜻을 암시하거나 내포하는 일
　　　　　　　　　참고 함축성 : 말이나 글이 많은 뜻을 담고 있는 성질

☐ **함축적(含蓄的) 의미**　　낱말의 사전적 의미 외에, 작품 속의 문맥으로 보아 암시되거나
　　　　　　　　　새롭게 구성되는 의미 **반** 지시적 의미

☐ **합리화(合理化)**　　❶ 이론이나 이치에 합당하게 함 ❷ 낭비적 요소나 비능률적 요소
　　　　　　　　　를 없애 더 능률적으로 체제를 개선함 ❸ (심리학에서) 어떤 일을
　　　　　　　　　한 뒤에, 자책감이나 죄책감에서 벗어나기 위하여 그것을 정당화
　　　　　　　　　함. 또는 그런 방어 기제

☐ **합일(合一)**　　둘 이상이 합하여 하나가 됨. 또는 그렇게 만듦

☐ **해로(偕老)**　　부부가 한평생 같이 살며 함께 늙음

☐ **해박하다(該博-)**　　여러 방면으로 학식이 넓다.

☐ **해설적(解說的)**　　어떤 문제를 알기 쉽게 풀어서 설명하는 것

☐ **해학적(諧謔的)**　　익살스럽고 품위가 있는 것 **참고** 해학적 어조 : 삶의 애환을 익살
　　　　　　　　　로 완곡하게 드러내어 여유를 느끼게 하는 어조 → p.18 참조

☐ **해후(邂逅)**　　오랫동안 헤어졌다가 뜻밖에 다시 만남

☐ **핵심적(核心的)**　　사물의 가장 중심이 되는 것

☐ **향상(向上)**　　실력, 수준, 기술 따위가 나아짐. 또는 나아지게 함

☐ 향유(享有)	누리어 가짐 **예** 예술을 향유하다.
☐ 향토적(鄕土的)	고향이나 시골의 정취가 담긴 것 **같말** 토속적
☐ 허구적(虛構的)	실제로는 없는 사건을 작가의 상상력에 의하여 창조해 내는 것
☐ 허식(虛飾)	실속이 없이 겉만 꾸밈
☐ 헌신적(獻身的)	몸과 마음을 바쳐 있는 힘을 다하는 것
☐ 현숙하다(賢淑-)	여자의 마음이 어질고 정숙하다.
☐ 현실성(現實性)	현재 실제로 존재하거나 실현될 수 있는 성질 **유** 실재성(實在性), 가능성(可能性), 리얼리티
☐ 현실적(現實的)	존재하거나 또는 실현될 수 있는 것 **반** 비현실적
☐ 현장감(現場感)	어떤 일이 이루어지고 있는 현장에서 느낄 수 있는 느낌
☐ 현존(現存)	❶ 현재 살아 있음 ❷ 현재에 있음
☐ 현학적(衒學的)	학식의 두드러짐을 자랑하여 뽐내는 것
☐ 현혹(眩惑)	정신을 빼앗겨 해야 할 바를 잊어버림
☐ 형상(形象)	❶ 사물의 생긴 모양이나 상태 ❷ 마음과 감각에 의하여 떠오르는 대상의 모습을 떠올리거나 표현함
☐ 형상화(形象化)	형체로는 분명히 나타나 있지 않은 것을 어떤 방법이나 매체를 통하여 구체적이고 명확한 형상으로 나타냄. 특히 어떤 소재를 예술적으로 재창조하는 것을 이름 **예** '한'과 '눈물'의 관계를 '뿌리'와 '가지'에 비유하여 형상화했군. (수능)

☐ 형성(形成)	어떤 형상을 이룸
☐ 형식미(形式美)	예술 작품에서 겉으로 드러나는 조화, 균형, 율동 따위의 미
☐ 형식적(形式的)	❶ 사물이 외부로 나타나 보이는 모양을 위주로 하는 것 ❷ 내용은 돌보지 않고 겉발림이나 하는 것 ⓓ 선거 기간 후보들의 공약은 형식적인 구호에 그치는 경우가 많다. ⓗ 실질적(實質的) : 실제로 있는 본바탕과 같거나 그것에 근거하는 것
☐ 형태적(形態的)	사물 또는 어떠한 구조나 전체를 이루고 있는 구성체의 모양에 관련된 것
☐ 혜안(慧眼)	사물을 꿰뚫어 보는 안목과 식견
☐ 호혜(互惠)	서로 특별한 혜택을 주고받는 일
☐ 혼재(混在)	뒤섞이어 있음 ⓓ 이 도시에는 고전미와 현대미가 혼재한다.
☐ 확립(確立)	체계나 견해, 조직 따위가 굳게 섬. 또는 그렇게 함
☐ 확충(擴充)	늘리고 넓혀 충실하게 함
☐ 환기(喚起)	관심이나 생각 따위를 불러일으킴 ⓓ 과거의 상황을 환기하며 화자의 정서를 드러낸다. (수능)
☐ 환상적(幻想的)	현실적 기초나 가능성이 없는 헛된 생각이나 공상을 꿈꾸는 것
☐ 환심(歡心)	기뻐하고 즐거워하는 마음
☐ 환원(還元)	본디의 상태로 다시 돌아감
☐ 활성화(活性化)	사회나 조직 등의 기능이 활발함. 또는 그러한 기능을 활발하게 함 ⓓ 소득 증대에 따라 시장도 활성화되고 있다.

☐ 회고적(回顧的)	지나간 일을 돌이켜 생각하는 것 ㉤ 회상적(回想的) 참고 회고조(回顧調) : 지나간 일을 돌이켜 떠올리는 어조
☐ 회귀(回歸)	한 바퀴 돌아 제자리로 돌아오거나 돌아감
☐ 회유(懷柔)	어루만지고 잘 달래어 시키는 말을 듣도록 함
☐ 회의적(懷疑的)	어떤 일에 의심을 품는 것
☐ 회피(回避)	❶ 몸을 숨기고 만나지 아니함 ❷ 꾀를 부려 마땅히 져야 할 책임을 지지 아니함 ❸ 일하기를 꺼리어 선뜻 나서지 않음
☐ 회한(悔恨)	뉘우치고 한탄함
☐ 회화적(繪畵的)	그림을 보듯 눈에 보이도록 표현하는 것 참고 회화적 이미지 : 시를 읽었을 때 그림처럼 눈에 그려지는 이미지
☐ 획정(劃定)	경계 따위를 명확히 구별하여 정함
☐ 효용(效用)	보람 있게 쓰거나 쓰임. 또는 그런 보람이나 쓸모
☐ 효율적(效率的)	들인 노력에 비하여 얻는 결과가 큰 것 ㉤ 효과적(效果的) : 어떤 목적을 지닌 행위에 의하여 보람이나 좋은 결과가 드러나는 것
☐ 훼손(毁損)	❶ 체면이나 명예를 손상함 ❷ 헐거나 깨뜨려 못 쓰게 만듦
☐ 흥취(興趣)	흥(재미나 즐거움을 일어나게 하는 감정)과 취미를 아울러 이르는 말 ㉤ 흥미
☐ 희극적(喜劇的)	❶ 희극의 요소를 가진 것 ❷ 우스꽝스럽고 꼴불견인 것 ㉠ 비극적

3 문법(언어) 출제어휘

음운

☐ **구개음화(口蓋音化)**   끝소리가 'ㄷ', 'ㅌ'인 형태소가 모음 'ㅣ'나 반모음 'ㅣ[j]'로 시작되는 형식 형태소와 만나면 구개음 'ㅈ', 'ㅊ'으로 바뀌는 현상
　 예 굳이[구지], 같이[가치]

☐ **된소리되기**   예사소리가 된소리로 바뀌는 현상 **예** 감고[감꼬], 국법[국뻡]

☐ **모음(母音)**   입 안에서 방해를 받지 않고 나는 소리

☐ **모음 조화(母音調和)**   양성 모음('ㅏ', 'ㅗ' 등)은 양성 모음끼리, 음성 모음('ㅓ', 'ㅜ' 등)은 음성 모음끼리 어울리는 현상

☐ **사잇소리 현상**   형태소의 결합으로 합성 명사를 이룰 때 그 사이에 사잇소리가 삽입되는 현상
　 참고 • 울림소리(앞말의 끝소리)와 안울림 예사소리(뒷말의 첫소리)가 만날 때 뒤에 오는 안울림 예사소리가 된소리로 발음되는 경우 **예** 밤 + 길[밤낄]
　　　 • 앞말이 모음으로 끝나고 뒷말이 'ㄴ, ㅁ'으로 시작할 때 'ㄴ' 소리가 하나 덧나는 경우 **예** 코 + 날[콧날][콘날]
　　　 • 앞말이 모음으로 끝나고 뒷말이 모음 'ㅣ'나 반모음 'ㅣ(ㅑ, ㅕ, ㅛ, ㅠ)'로 시작할 때 'ㄴ'이 둘 덧나는 경우 **예** 나무 + 잎(나뭇잎)[나문닙]

☐ **음성(音聲)**   사람이 내는 목소리나 말소리

☐ **음운(音韻)**   말의 뜻을 구별해 주는 가장 작은 소리의 단위. 사람들이 머릿속에서 같은 소리로 인식하는 추상적인 말소리

□ **음운의 축약(縮約)**　　두 음운이나 음절이 한 음운이나 음절로 줄어서 소리 나는 현상
　　　　　　　　　　　　📷 축하[추카], 보이다 → 뵈다

□ **음운의 탈락(脫落)**　　원래 있던 음운이 없어지는 현상
　　　　　　　　　　　　📖 ・'ㅎ' 탈락 : 좋은[조은], 닳아서[다라서]
　　　　　　　　　　　　　　・'ㅏ' 탈락 : 가 + 았다 → 갔다

□ **음절(音節)**　　　　　하나의 종합된 음의 느낌을 주는 말소리의 단위. 음운이 모여서
　　　　　　　　　　　　이루어진 소리의 덩어리

□ **음절의 끝소리 규칙**　음절의 끝소리가 'ㄱ, ㄴ, ㄷ, ㄹ, ㅁ, ㅂ, ㅇ'의 일곱 개 중 하나로만
　　　　　　　　　　　　소리 난다는 규칙 📷 낫[낟], 꽃[꼳]

□ **자음(子音)**　　　　　목, 입, 혀 등의 발음 기관에 의해서 장애를 받으면서 나는 소리

□ **자음 동화(子音同化)**　음절 끝 자음이 그 뒤에 오는 자음과 만날 때, 어느 한쪽이 다른
　　　　　　　　　　　　쪽을 닮아서 그와 비슷하거나 같은 소리로 바뀌기도 하고, 양쪽이
　　　　　　　　　　　　서로 닮아서 두 소리가 다 바뀌기도 하는 현상
　　　　　　　　　　　　📖 ・비음화 : 국물[궁물], 앞마당[암마당]
　　　　　　　　　　　　　　・유음화 : 칼날[칼랄], 신라[실라]

단어

□ **감탄사(感歎詞)**　　　말하는 사람의 놀람, 느낌, 부름, 대답 등을 나타내는 품사
　　　　　　　　　　　　📷 예, 아이고

□ **고유어(固有語)**　　　우리말에 본디부터 있던 말이나 그에 기초하여 새로 만들어진 말
　　　　　　　　　　　　📷 엄마, 아빠

□ **관용어(慣用語)**　　　❶ 습관적으로 쓰는 말 ❷ 두 개 이상의 단어로 이루어져 있으면서
　　　　　　　　　　　　그 단어들의 의미만으로는 전체의 의미를 알 수 없는, 특수한 의
　　　　　　　　　　　　미를 나타내는 어구 📷 발을 끊다(오가지 않거나 관계를 끊다), 발이 넓
　　　　　　　　　　　　다(아는 사람이 많아 활동 범위가 넓다)

☐	관형사(冠形詞)	체언(명사, 대명사, 수사) 앞에 놓여 체언을 꾸며 주는 품사 📍 새, 다른
☐	규칙 활용(規則活用)	동사와 형용사가 활용을 할 때, 어간이나 어미의 모습이 바뀌지 않거나, 바뀌더라도 그 모양이 국어의 보편적인 음운 규칙으로 설명되는 것
☐	금기어(禁忌語)	마음에 꺼려서 하지 않거나 피하는 말 📍 변소
☐	다의(多義) 관계	한 단어에 여러 개의 의미가 결합되어 있는 관계 📍 먹다 : 밥을 먹다, 마음을 먹다, 욕을 먹다
☐	단어(單語)	뜻을 지니고 홀로 쓰일 수 있는 가장 작은 말의 단위. 또는 그 말의 뒤에 붙어서 문법적 기능을 나타내는 말
☐	단일어(單一語)	하나의 실질 형태소(어근)로 이루어진 단어 📍 하늘, 땅
☐	대명사(代名詞)	사물, 사람, 장소 등의 이름을 대신 나타내는 품사 📍 우리, 너희, 이것
☐	동사(動詞)	주체의 동작이나 작용을 나타내는 품사 📍 먹다, 찾다
☐	동음이의(同音異義) 관계	소리는 같지만 의미가 다른 단어들의 관계 📍 낫다¹(병이 낫다) : 낫다²(더 좋다)
☐	명사(名詞)	사물, 사람, 장소 등의 이름을 나타내는 품사 📍 강아지, 김구, 한강
☐	반의(反義) 관계	뜻이 서로 대립되는 어휘들의 관계 📍 개방(開放) ↔ 폐쇄(閉鎖)
☐	방언(方言)	한 언어에서, 사용 지역 또는 사회 계층에 따라 분화된 말의 체계. 지역 방언(사투리)과 사회 방언 등이 있음
☐	보조 용언(補助用言)	본용언과 연결되어 그것의 뜻을 보충하는 역할을 하는 용언 📍 하와이에 가고 싶다.

□ 복합어(複合語)	둘 이상의 형태소로 이루어진 단어. 파생어와 합성어가 있음
□ 본용언(本用言)	문장의 주체(주어)를 주되게 서술하면서 실질적인 뜻을 나타내는 용언 ⓓ 하와이에 가고 싶다.
□ 부사(副詞)	용언(동사, 형용사) 또는 다른 말 앞에 놓여 그 뜻이 분명해지도록 꾸며 주는 품사 ⓓ 빨리, 설마
□ 부분-전체 관계	한 단어가 의미상 다른 단어의 부분이나 전체를 의미하는 관계 ⓓ 얼굴>눈, 코, 입
□ 불규칙 활용 (不規則活用)	동사와 형용사가 활용을 할 때, 어간이나 어미의 모습이 달라지는 것으로, 국어의 보편적인 음운 규칙으로 설명되지 않는 것
□ 상하(上下) 관계	한쪽이 의미상 다른 쪽을 포함하거나 다른 쪽에 포함되는 관계 ⓓ 예술>문학>소설
□ 선어말 어미 (先語末語尾)	어말 어미 앞에 오는 어미 ⓓ '-시-', '-었-'
□ 속어(俗語)	통속적으로 쓰는 저속한 말
□ 수사(數詞)	사물의 수량이나 순서를 나타내는 품사 ⓓ 하나, 첫째
□ 실질 형태소 (實質形態素)	구체적이고 실질적인 의미를 지닌 형태소. 모든 자립 형태소와 용언의 어간은 실질 형태소임
□ 어말 어미(語末語尾)	용언이 활용할 때 맨 마지막에 오는 어미
□ 완곡어(婉曲語)	금기어의 부정적 느낌이 덜하도록 대체한 말 ⓓ 변소 → 화장실
□ 외국어(外國語)	다른 나라의 말 ⓓ 무비(movie), 밀크(milk)

☐ 외래어(外來語)	외국에서 들어와 우리말처럼 쓰는 말 **예** 인터넷, 텔레비전
☐ 유의(類義) 관계	비슷한 뜻을 지닌 어휘들의 관계 **예** 간호(看護)≒간병(看病)
☐ 은어(隱語)	어떤 계층이나 부류의 사람들이 다른 사람들이 알아듣지 못하도록 자기네 구성원끼리만 빈번하게 사용하는 말
☐ 의미의 이동(移動)	단어의 의미가 달라지는 현상 **예** 어리다 : 어리석다 → 나이가 적다
☐ 의미의 축소(縮小)	단어의 의미 영역이 좁아지는 현상 **예** 계집 : 여성을 가리키는 일반적인 말 → 여성의 낮춤말
☐ 의미의 확대(擴大)	단어의 의미 영역이 넓어지는 현상 **예** 영감 : 정삼품 이상 종삼품 이하 당상관을 높여 부르던 말 → 남자 노인
☐ 의존 형태소 (依存形態素)	스스로 설 수 없어서 다른 말에 의존하여 쓰이는 형태소. 어간, 어미, 접사, 조사가 의존 형태소임
☐ 자립 형태소 (自立形態素)	다른 말에 의존하지 않고 스스로 설 수 있는 형태소. 명사, 대명사, 수사, 관형사, 부사, 감탄사가 자립 형태소임
☐ 전문어(專門語)	학술이나 기타 전문 분야에서 특별한 의미로 쓰는 말
☐ 조사(助詞)	주로 체언 뒤에 붙어서 문법적 관계를 나타내거나 의미를 더해 주는 품사 **예** 이/가, 에서
☐ 파생어(派生語)	실질 형태소와 형식 형태소(접사)가 결합하여 이루어진 단어 **예** 맨손, 부채질
☐ 표준어(標準語)	한 나라에서 공용어로 쓰는 규범으로서의 언어
☐ 품사(品詞)	단어를 기능, 형태, 의미에 따라 나눈 갈래

☐ 한자어(漢字語)	한자에 기초하여 만들어진 말 ⑩ 부친, 모친
☐ 합성어(合成語)	둘 이상의 실질 형태소가 결합하여 이루어진 단어 ⑩ 집안, 돌다리 참고 • 통사적 합성어 : 우리말의 일반적인 단어 배열법과 일치하는 합성어 ⑩ 앞뒤, 새색시, 손쉽다, 본받다 • 비통사적 합성어 : 우리말의 일반적인 단어 배열법과 다른 방식으로 만들어진 합성어 ⑩ 덮밥, 부슬비, 굳세다
☐ 형식 형태소 (形式形態素)	구체적이고 실질적인 의미가 없는 형태소. 조사와 용언의 어미가 형식 형태소임
☐ 형용사(形容詞)	주체의 성질이나 상태를 나타내는 품사 ⑩ 예쁘다, 차갑다
☐ 형태소(形態素)	뜻을 가진 가장 작은 말의 단위
☐ 활용(活用)	용언의 어간이나 서술격 조사에 변하는 말이 붙어 문장의 성격을 바꾸는 일

문장

☐ 감탄문(感歎文)	화자가 청자를 별로 의식하지 않거나 거의 독백 상태에서 자기의 느낌을 표현하는 문장 ⑩ 영화를 보는구나!
☐ 객체(客體) 높임법	동작의 대상인 목적어나 부사어를 높이는 표현
☐ 겹문장	주어와 서술어가 두 번 이상 나타나는 문장 ⑩ 바람이 불어서 나뭇가지가 흔들린다.
☐ 과거 시제	사건시(사건이 일어나는 시점)가 발화시(말하는 시점) 이전인 시제
☐ 관형어(冠形語)	체언 앞에서 체언을 꾸며 주는 문장 성분 ⑩ 나는 파란 하늘을 보았다.
☐ 구(句)	둘 이상의 단어가 모여 절이나 문장의 일부분을 이루는 토막

☐ 독립어(獨立語)	다른 문장 성분과 직접적인 관계없이 독립적으로 쓰는 말 ⑩ 어유, 나 악몽을 꿨어.	

☐ **독립어(獨立語)**　　다른 문장 성분과 직접적인 관계없이 독립적으로 쓰는 말
　　　　　　　　　　　⑩ 어유, 나 악몽을 꿨어.

☐ **명령문(命令文)**　　화자가 청자에게 무엇을 시키거나 행동을 요구하는 문장
　　　　　　　　　　　⑩ 영화를 보아라.

☐ **목적어(目的語)**　　주요 문장 성분 중 하나로, 서술어(타동사)의 동작 대상이 되는 말
　　　　　　　　　　　⑩ 나는 그녀를 사랑한다.

☐ **문장(文章)**　　　　생각이나 감정을 말과 글로 표현할 때 완결된 내용을 나타내는 최
　　　　　　　　　　　소의 단위

☐ **미래 시제**　　　　　사건시(사건이 일어나는 시점)가 발화시(말하는 시점) 이후인 시제

☐ **보어(補語)**　　　　서술어 '되다', '아니다' 앞에서 조사 '이', '가'를 취하여 불완전한
　　　　　　　　　　　문장을 완전하게 하는 말 ⑩ 그녀는 혼자가 아니다.

☐ **부사어(副詞語)**　　서술어나 관형어, 다른 부사어, 문장 등을 꾸며 주는 문장 성분
　　　　　　　　　　　⑩ 기분이 무척 좋다.

☐ **부정문(否定文)**　　부정의 뜻을 나타내는 문장
　　　　　　　　　　　참고 • 의지 부정 : 부정 부사 '안', ' −지 않다(아니하다)'
　　　　　　　　　　　　　　• 능력 부정 : 부정 부사 '못', ' −지 못하다'
　　　　　　　　　　　　　　• 명령문과 청유문의 부정 : ' −지 말다'

☐ **사동문(使動文)**　　주어가 남에게 어떤 동작을 하게 함을 나타내는 문장 ⑪ 주동문

☐ **상대(相對) 높임법**　일정한 종결 어미를 통해 듣는 이를 높이거나 낮추는 표현

☐ **서술어(敍述語)**　　주요 문장 성분 중 하나로, 문장에서 주체가 되는 주어의 움직임,
　　　　　　　　　　　상태, 성질 등을 설명하는 말 ⑩ 나는 그녀를 사랑한다.

☐ 시제(時制)	어떤 사건이나 사실이 일어난 시간을 나타내기 위한 표현
☐ 안긴문장	안은문장 속에 절의 형태로 포함되어 한 성분처럼 사용되는 문장 **참고** • 명사절로 안긴 문장 : 나는 <u>성규가 도서관에 오기</u>를 바랐다. • 관형절로 안긴 문장 : 나는 <u>명수가 부르는</u> 노래를 정말 좋아한다. • 서술절로 안긴 문장 : 우현은 <u>마음이 넓다</u>. • 부사절로 안긴 문장 : 성열이 <u>예고도 없이</u> 나타났다. • 인용절로 안긴 문장 : 동우는 성종에게 <u>이미 밥을 먹고 왔다고</u> 했다.
☐ 안은문장	하나의 문장이 그 속에 다른 문장을 한 성분으로 안은 겹문장
☐ 어절(語節)	문장을 구성하고 있는 각각의 마디로, 띄어쓰기의 단위가 됨
☐ 의문문(疑問文)	화자가 청자에게 질문을 하여 그 해답을 요구하는 문장 **예** 영화를 보니?
☐ 이어진문장	둘 이상의 홑문장이 연결 어미에 의해 결합된 문장 **참고** • 대등하게 이어진 문장 : 두 문장이 동등한 자격으로 이어진 문장 **예** 나는 공부를 했고, 이겸이는 운동을 했다. • 종속적으로 이어진 문장 : 두 문장이 독립적이지 못하고 종속적 관계에 있는 문장 **예** 명수는 운동을 잘해서 여학생들에게 인기가 많다.
☐ 절(節)	주어와 서술어를 갖추었지만 독립해서 쓰이지 못하고 다른 문장의 한 성분으로 쓰이는 단위
☐ 주어(主語)	주요 문장 성분 중 하나로, 문장에서 동작이나 성질의 주체가 되는 말 **예** <u>나는</u> 그녀를 사랑한다.
☐ 주체(主體) 높임법	문장의 주체를 높이는 표현. 주로 용언의 어간에 높임의 선어말 어미 '-시-'를 붙여 표현함

☐ **청유문(請誘文)**	화자가 청자에게 같이 행동할 것을 요청하는 문장 ⓔ 영화를 보자.	

☐ **평서문(平敍文)**　　화자가 사건의 내용을 객관적으로 진술하는 문장 ⓔ 그와 나는 오늘 영화를 본다.

☐ **피동문(被動文)**　　주어가 남에 의해 동작을 당하게 됨을 나타내는 문장 ⓟ 능동문

☐ **현재 시제**　　사건시(사건이 일어나는 시점)와 발화시(말하는 시점)가 같은 시제

☐ **홑문장**　　주어와 서술어가 각각 하나씩인 문장 ⓔ 바람이 분다.

4 매체 출제어휘

매체와 매체 언어

☐ **매체(媒體)**　어떤 것을 한쪽에서 다른 쪽으로 전달하는 물체나 수단. 사람들의 생각이나 정서, 정보나 지식 등을 다른 사람들에게 전파하여 공유할 수 있도록 하는 수단을 가리킴

☐ **인쇄(印刷) 매체**　종이에 생각이나 정보를 인쇄하여 소통하는 매체 **예** 책, 신문

☐ **영상(映像) 매체**　소리, 음성과 문자, 이미지, 영상을 함께 전송하는 매체
예 텔레비전, 영화

☐ **음성(音聲) 매체**　소리나 음성을 전달하는 매체 **예** 라디오

☐ **뉴미디어**　인터넷 및 인터넷을 기반으로 하는 디지털 형식의 매체를 이르는
(new media)　말 **예** 인터넷 뉴스, 블로그, 누리소통망(SNS)

☐ **매체 언어**　매체에서 사용되는 언어. 소리, 음성, 그림, 문자, 영상 등 여러 양식의 소통 수단을 아울러 이르는 말

☐ **복합 양식성(樣式性)**　두 가지 이상이 합쳐져 모양이나 형식을 이루는 성질. 여러 양식이 복합적으로 결합되어 있는 매체 언어의 특성을 이르는 말

□ **매체 자료**
매체 언어로 만들어진 자료. 매체를 통해 전달되는 정보의 구체적 형태, 즉 신문 기사나 텔레비전 프로그램, 영화, 유시시(UCC), 누리 소통망(SNS), 웹툰, 블로그, 인터넷 방송 등을 가리키는 말

□ **수용(受容)**
매체 자료를 받아들이는 것

□ **수용자(受容者)**
매체 자료를 받아들이는 사람. 책으로 말하면 독자, 텔레비전으로 말하면 시청자가 여기에 해당

□ **생산(生産)**
매체 자료를 만들어 내는 것. 신문 기사를 쓰거나 텔레비전 프로그램을 만드는 행위 등

□ **생산자(生産者)**
매체 자료를 만들어 내는 사람. 신문 기사를 쓰는 기자, 텔레비전 프로그램을 만드는 프로듀서 등

□ **친교적(親交的) 매체 자료**
관계를 새롭게 형성하거나 기존의 관계를 친밀한 방향으로 변화시키기 위한 목적으로 생산되는 자료 예 문자 메시지, 영상 편지, 인터넷 카페의 글, 누리 소통망(SNS)의 자료 등

□ **정보 전달(傳達) 매체 자료**
정보 전달을 목적으로 생산되는 자료
예 신문 기사, 방송 뉴스, 인터넷 블로그의 글 등

□ **설득(說得) 매체 자료**
수용자를 설득하여 생각이나 태도, 행동을 변화시키는 것을 목적으로 생산되는 자료 예 홍보 포스터, 광고, 신문 사설 등

□ **심미적(審美的) 매체 자료**
수용자에게 공감과 감동을 주는 것을 목적으로 생산되는 자료
예 애니메이션이나 영화, 대중가요 등

화법 출제어휘

☐ **화법(話法)** 말하기 방법. 말을 통한 의사소통 방법을 포괄적으로 일컫는 말. '구두(口頭) 언어를 통해 자신의 생각과 느낌을 주고받는 행위'라고도 표현

☐ **구두(口頭) 언어** 말로 하는 의사소통. 음성에만 초점을 맞춘 '음성 언어'라는 말과는 달리, 말을 통한 의사소통, 즉 활동에 초점을 맞춘 개념

☐ **구두(口頭) 언어적 성격** 화자와 청자가 얼굴을 맞대고 구두 언어로 의사소통을 함에 따라 나타나는 특징
- **참고** • 화자와 청자가 시간과 공간을 공유(共有)함
- • 화자와 청자 상호 간에 쌍방향 소통이 이루어짐
- • 화자와 청자가 즉각적으로 상호 작용을 함
- • 준언어적, 비언어적 의사소통의 비중이 높음
- • 정보 내용이 구체적이고 개방적임

☐ **상호 교섭적 (相互交涉的) 성격** 화자와 청자가 의사소통을 위해 서로 협력하고 절충하는 성격. 서로 협력하면서 지속적으로 의미를 창조할 수 있음

☐ **의미 전달(傳達) 관점** 화자가 청자에게 일방적으로 의미를 전달한다고 보는 관점. 화자 중심적 관점

☐ **의미 교환(交換) 관점** 화법을 통해 화자와 청자가 의미를 교환한다고 보는 관점. 단순한 의미 교환만을 이야기하므로 실제 현상과는 부합하지 않음

☐ **의미 교섭(협상) 관점** 화자와 청자가 의미의 교섭(交涉, 어떤 일을 이루기 위하여 서로 의논하고 절충함)과 협상(協商)을 한다고 보는 관점. 실제 화법 현상과 부합함

☐ 대인 관계적 성격	화법이 대인 관계를 형성·유지·발전시키는 성격	
☐ 사회·문화적 성격	화법에 언어 공동체의 사회·문화적 특성이 반영되는 성격	

화법의 요소

☐ 화자(話者)	말할 내용을 생산하는 사람
☐ 청자(聽者)	말의 내용을 수용하는 사람
☐ 메시지	화자와 청자가 주고받는 말의 내용 ⑲ 전언(傳言)
☐ 언어적 메시지	언어를 통해 전달되는 내용 정보를 담은 메시지
☐ 관계적 메시지	화법 참여자들이 자신과 상대를 어떻게 인식하고 있는지에 대한 정보, 자아 정체성에 대한 정보, 대인 관계에 영향을 미치는 정보
☐ 맥락(脈絡)	화법이 이루어지는 배경 장면. 메시지의 생산과 수용에 영향을 미치게 됨 ⑲ 장면
☐ 상황 맥락	화법이 이루어지는 상황
☐ 사회·문화적 맥락	화법이 이루어지는 사회·문화적 배경. 성별, 세대, 지역, 민족, 인종에 따라 화법의 내용과 표현이 달라짐
☐ 초두(初頭) 효과	어떤 주장과 그 주장에 대한 판단의 간격이 길어지면 가장 먼저 한 말이 마지막에 한 말보다 더 많은 효과를 나타낸다는 이론
☐ 근시성(近視性) 효과	어떤 주장과 그 주장에 대한 판단의 간격이 짧으면 마지막에 한 말의 효과가 더 크게 나타난다는 이론

☐ **내용 생성(生成)** 말할 내용을 마련함. 말하기 위한 계획을 세우고 관련 자료를 수집하며 실제 말하기에서 활용할 내용을 뽑아내는 과정

☐ **내용 조직(組織)** 말할 내용을 짬. 화법의 유형, 화제의 특성, 상황 등을 고려해야 함

참고 • '문제 – 해결' 조직 : 먼저 문제의 심각성을 밝히고 그에 대한 효과적인 해결책을 제시하여 주장의 타당성을 입증해 나가는 방법

• '문제 – 원인 – 해결' 조직 : 문제의 심각성을 밝히고 그 문제의 배경과 원인을 규명한 다음 그 원인에 따라 해결책을 제시하는 방법

• '동기화 단계' 조직 : '주의 끌기(청자의 주의 환기) → 요구(문제를 청자와 관련시켜 청자의 요구 자극) → 만족(해결 방안 제시로 청자를 만족시킴) → 시각화(해결 방안이 청자에게 주는 이점을 묘사하여 청자의 욕망을 강화) → 행동(구체적인 행동 내용과 방법을 제시하여 행동 요구)'의 순서로 내용을 조직하는 방법

☐ **표현** 구두 언어를 통한 의사소통에는 언어적 표현은 물론 비언어적, 준언어적 표현도 활용됨

☐ **언어적 표현** 언어(말)를 사용하여 표현하는 것. 내용이나 상황에 맞는 어휘를 선택하여 어법에 맞게 표현해야 함

☐ **준(準)언어적 표현** 언어적 특성을 가진 표현. 언어에 수반되는 음성적 요소, 즉 억양이나 어조, 성량, 속도 등으로 생각이나 느낌을 나타내는 것

☐ **비(非)언어적 표현** 언어적 특성을 가지지 않았지만 의사소통에 영향을 미치는 표현. 언어가 아닌 몸짓, 표정, 시선 등으로 생각이나 느낌을 나타내는 것

☐ **공감적 듣기** 상대에게 감정을 이입하여 상대의 말을 들어 주는 것. 자신의 견해를 개입시키지 않고 상대의 처지에 공감하며 듣는 것

□ **추론적 듣기**	의사소통 참여자의 소통 방식과 의도, 상황 등을 추리하며 듣는 방법
□ **평가적 듣기**	의사소통 과정에서 참여자들 간에 서로 주고받는 말을 비판적으로 듣는 방법. 신뢰성(정보나 자료의 출처가 믿을 만한가?), 타당성(말의 내용이 이치에 맞는가?), 공정성(말의 내용이나 주장이 공평하고 정의로운가?) 등을 평가함
□ **말하기 전략**	의사소통 규칙 따르기(명시적인 규칙이 존재할 경우 그 규칙을 따르는 것, 명시적인 규칙이 존재하지 않을 경우에는 암묵적인 규칙을 지키는 것), 공감 이끌어 내기, 우리말의 문화적 전통 활용하기(높임 표현 사용, 말과 행동의 일치 등 우리말의 문화적 전통을 활용하는 것) 등이 있음

화법을 통한 사회적 상호 작용

□ **참여자(參與者) 인식**	의사소통 참여자들의 역할이나 특성, 관계를 인식하는 것
□ **자아 개념**	다른 사람이 나를 어떻게 생각하는지에 대한 나의 생각. 자신에 대한 다른 사람의 말을 반영하여 만들어진 것
□ **자아 노출(露出)**	상대방에게 자신에 대해 이야기하는 것
□ **공손성(恭遜性)의 원리**	상대방에게 공손하게 말하는 원리. 상대방에게 정중하지 않은 표현은 최소화하고 정중한 표현은 최대화하는 원리
□ **요령(要領)의 격률**	상대방에게 부담이 되는 표현은 최소화하고, 이익은 극대화하는 표현을 사용하는 방법
□ **관용(寬容)의 격률**	화자 자신에게 혜택을 주는 표현을 최소화하고, 부담을 주는 표현을 최대화하는 방법

☐ 찬동(贊同)의 격률	다른 사람에 대한 비방은 최소화하고, 칭찬을 극대화하는 방법 ㉮ 칭찬의 격률
☐ 겸양(謙讓)의 격률	자신에 대한 칭찬은 최소화하고, 비방을 극대화하는 방법
☐ 동의(同意)의 격률	자신의 의견과 다른 사람의 의견 사이의 다른 점을 최소화하고, 일치점을 극대화하는 방법
☐ 주도와 협력	의사소통 과정을 주도하느냐, 주도하지 않느냐에 따라 나눈 참여 자의 역할
☐ 주도자(主導者)	의사소통을 주로 이끄는 사람. 토의나 토론의 사회자, 면접의 면접 관, 발표의 발표자, 연설의 연사 등
☐ 협력자(協力者)	의사소통에 협력하는 사람. 토의나 토론의 참여자, 발표나 연설의 청중 등
☐ 말하기 불안	여러 사람 앞에서 말을 하기에 앞서, 또는 말을 하는 과정에서 개 인이 경험하는 불안 증상

여러 가지 말

☐ 대화(對話)	둘 이상의 사람이 마주 대하여 이야기를 주고받는 말하기. 일대일 (一對一)의 관계가 성립하는 화법
☐ 협력(協力)의 원리	대화 참여자가 대화의 목적에 성공적으로 도달하기 위해서 지켜 야 하는 원리
☐ 양(量)의 격률	대화의 목적에 필요한 양만큼의 정보를 제공해야 한다는 원칙
☐ 질(質)의 격률	타당한 근거를 들어 진실을 말해야 한다는 원칙

☐ **관련성(關聯性)의 격률**	대화의 목적이나 주제와 관련된 것을 말해야 한다는 원칙
☐ **태도(態度)의 격률**	모호하거나 중의적인 표현을 피하고, 간결하고 조리 있게 말하되, 언어 예절에 맞게 말해야 한다는 원칙
☐ **대담(對談)**	마주 대하여 말하는 것으로, 대화의 일종. 흔히 사적인 대화와 구별하여 전문적인 주제에 대해 공식적으로, 격식을 차려 나누는 이야기를 가리킴
☐ **좌담(座談)**	여러 사람이 한자리에 모여 앉아서 어떤 문제에 대해 의견을 나누는 일. 대담과 거의 같은 의미로 사용됨
☐ **의논(議論)**	어떤 일에 대하여 서로 의견을 주고받는 행동을 포괄적으로 이르는 말
☐ **협상(協商)**	이익과 관련된 갈등을 인식한 둘 이상의 주체들이 이 갈등을 해결할 의사를 가지고 모여서 합의에 이르고자 대안을 조정·구성하는 공동 의사 결정 과정. 이익을 추구·조정하는 대화
☐ **대중(大衆) 화법**	한 사람이 여러 사람에게 이야기하는 대중적인 말하기. 일대다(一對多)의 관계가 성립하는 화법
☐ **발표(發表)**	여러 사람 앞에서 자신의 생각이나 의견 또는 사실을 펼쳐 말하는 것
☐ **프레젠테이션 (Presentation)**	컴퓨터나 기타 멀티미디어를 이용하여 각종 정보를 사용자 또는 대상자에게 전달하는 행위
☐ **강의(講義)**	학문이나 기술의 내용을 체계적으로 설명하여 가르치는 것. 강사나 교사 1인이 여러 사람을 대상으로 지식을 가르치는 말하기
☐ **강연(講演)**	특정한 주제에 대하여 청중 앞에서 강의 형식으로 말하는 것. 특정 주제에 대한 강연자의 식견이나 경험의 전달이 주목적인 말하기

☐ 연설(演說)	다수의 청중을 대상으로 정보를 전달하거나 설득하거나, 또는 청중을 즐겁게 하는 것을 목적으로 하는 공식적인 말하기
☐ 집단(集團) 화법	여러 사람이 함께 모여 말하는 집단적인 말하기. 토의와 토론이 대표적
☐ 토의(討議)	집단의 모든 사람이 공동의 관심사가 되는 문제에 대하여 가장 바람직한 해결 방안을 찾기 위해 협동적으로 논의하는 과정
☐ 심포지엄 (Symposium)	각기 다른 방면의 전문가나 권위자 3∼6명이 동일 또는 관련된 주제에 대해 서로 다른 관점에서 의견이나 견해를 발표한 다음 청중으로부터 질문을 받아 응답하는 말하기 형식
☐ 패널 토의 (Panel Discussion)	'배심(陪審) 토의'라고도 하며, 서로 다른 입장을 가진 집단의 대표(배심원)들이 자기 집단을 대표해서 토의를 진행함
☐ 포럼(Forum)	특정한 주제에 대해 상반된 견해를 가진 동일 분야의 전문가들이 사회자의 주도하에 청중 앞에서 벌이는 공개 토의
☐ 원탁 토의(Round Table Discussion)	토의 참가자들이 상하(上下)의 구별 없이 평등하게, 자유로운 분위기 속에서 테이블에 둘러앉아 토의하는 형식
☐ 회의(會議)	어떤 조직이나 공동체의 문제를 해결하고 의사를 결정하기 위한 토의 형태
☐ 세미나(Seminar)	연구자가 특정한 주제에 대하여 학술 논문을 발표한 후 참석자와 질의응답으로 자유롭게 의견을 나누는 토의 형태
☐ 컬로퀴엄 (Colloquium)	세미나와 비슷한 형태로 진행되는 토의 유형으로, 권위 있는 전문가를 초빙하여 다른 사람의 그릇된 의견을 바로잡는 것을 목적으로 한다는 점에서 세미나와 구별됨

☐ 브레인스토밍 (Brainstorming)	두뇌 폭풍. 창의적인 아이디어를 생산하기 위한 학습 도구이자 토의 기법으로 주제에 대해 자유롭게 논의를 전개함
☐ 토론(討論)	어떤 문제에 대하여 찬성이나 반대의 의견을 가진 사람들이 자기의 주장이 상대방의 주장보다 더 합리적임을 입증함으로써 상대방을 설득하는 말하기
☐ 고전적 토론	찬성 측 2명과 반대 측 2명으로 구성되며, 번갈아 가면서 '입론(立論, 의견을 내세움)'과 '반론(反論, 다른 사람의 의견에 대해 반박함)'을 하게 됨. 입론과 반론이 반복된 후 평결이 내려짐
☐ 반대 신문식(訊問式) 토론	고전적 토론 형식에, 바로 앞 상대 토론자에 대한 반대 신문을 추가한 형태
☐ 칼 포퍼 토론 (Karl Popper Debate)	찬성 측과 반대 측을 각각 3명으로 구성하여 1번의 입론과 2번의 반론을 하는 토론 형식
☐ 컨벤션(Convention)	전문성을 띠는 두 명 이상의 개인 또는 여러 기관의 대표들이 모여 공통 관심사인 특정 분야에 대해 의견을 교환하는 모임
☐ 콘퍼런스(Conference)	과학, 기술, 학문 분야의 새로운 지식 습득 및 연구를 위한 회의. 공통의 전문적인 주제를 가진다는 점에서 컨벤션과 거의 같은 의미
☐ 공청회(公聽會)	국회나 행정 기관에서 일의 관련자에게 의견을 들어 보는 공개적인 모임
☐ 청문회(聽聞會)	어떤 문제에 대하여 내용을 듣고 그에 대하여 물어보는 모임
☐ 인터뷰(interview)	특정한 목적을 가지고 개인이나 집단을 만나 정보를 수집하고 이야기를 나누는 일
☐ 면접(面接)	어떤 단체나 조직에 들어가고자 하는 사람(피면접자)을 그 조직 내부의 사람(면접자)이 직접 만나 그의 자격 따위를 평가하는 것

☐ **관계 유지 및 친교적 화법**	타인과 상호 작용하며 친밀한 관계를 맺고 그 관계를 발전시키려는 목적으로 하는 말하기
☐ **정보 전달적 화법**	정보, 지식, 기술, 경험, 문화 등을 청중에게 알려 주는 말하기
☐ **오락적 화법**	따분하고 반복적인 일상생활에서 오는 정신적 긴장감을 이완(弛緩)하고 감정을 정화(淨化)하는 말하기
☐ **설득적 화법**	말하는 이가 말을 사용하여 듣는 이의 반응을 유발하는 의도적인 말하기

작문의 원리 - 계획하기

☐ **계획하기** 글쓰기(작문)의 최초 단계로, 글을 쓰는 목적, 예상 독자, 주제 등을 설정하게 됨

☐ **연상(聯想)** 하나의 관념이나 생각이 그것과 연관된 또 다른 생각이나 관념을 불러일으키는 현상. '자유 연상'이라고도 함

☐ **발상(發想)** 어떤 생각을 해 냄. 또는 그 생각. 일상의 삶 속에서 특정한 생각을 떠올리는 것

☐ **착상(着想)** 어떤 일이나 창작의 실마리가 되는 생각이나 구상 따위를 잡음. 또는 그 생각이나 구상. '연상'과 거의 같은 의미

☐ **착안(着眼)** 어떤 일을 주의하여 봄. 또는 어떤 문제를 해결하기 위한 실마리를 잡음

☐ **착안점(着眼點)** 어떤 문제를 해결하기 위한 실마리가 되는 점. 착안을 불러일으키는 대상이나 현상을 지칭하는 말

☐ **일반화(一般化)** 일부에 한정되던 것이 전체에 걸치는 것으로 보편화됨. 구체적 사물이나 대상에서 일반적·보편적 의미를 추출(抽出, 전체 속에서 어떤 물건, 생각, 요소 따위를 뽑아냄)·연상하는 과정

☐ **추상화(抽象化)** 구체적이고 감각적인 것이 비감각적이고 관념적인 것이 됨. 구체적 사물이나 대상에서 관념적·추상적 의미를 추출·연상하는 과정

☐ **구체화(具體化)** 구체적인 것으로 만듦. 내용은 물론 개요, 조직·표현 등 글쓰기 각 단계의 계획을 구체화할 때 두루 쓸 수 있는 포괄적인 말

□ 상세화(詳細化)	자세한 것으로 만듦. '구체화'와 거의 같은 의미로 사용되는 말
□ 구상(構想)	글의 핵심이 될 내용이나 표현 형식 등에 대해서 미리 생각해 보는 작업

작문의 원리 – 내용 생성하기

□ 글감(자료)	글의 내용이 되는 재료
□ 자료 활용 방안	글의 목적이나 주제에 맞게 자료를 활용하는 방법 참고 • 자료는 주제와 밀접한 연관성을 가져야 함 • 자료의 해석은 정확하고 왜곡되지 말아야 함 • 자료 해석에는 일관성이 있어야 함

작문의 원리 – 내용 조직하기

□ 개요(概要)	글의 대체적인 윤곽 혹은 얼개로, 글을 쓰기 위한 설계도 참고 • 단계성 : 개요는 글 전체의 구성 단계를 모두 포함해야 함 • 일관성 : 개요 전체가 논리적 모순이 없이 자연스럽게 연결되어야 함 • 완결성 : 상위 항목에서 언급한 내용이라면 하위 항목에서도 모두 제시되어야 함 • 통일성 : 개요 전체는 물론이고 각 항목들도 모두 하나의 주제 아래 긴밀하게 연결되어야 함 • 포괄성 : 상위 항목은 반드시 하위 항목을 포괄(包括, 모두 감싸 안음)해야 함 • 대응성 : 대응되는 항목은 대응의 짝을 모두 갖추어야 함

☐ **내용 전개 방법**　　내용을 진전시켜 펼쳐 나가는 방법

참고 • 어떤 사태나 현상의 원인을 제시한 다음 그에 따른 결과를 제시(원인과 결과가 드러나게 내용 전개하기)

• 문제점이나 문제 상황을 지적하고 그에 대한 해결 방안을 제시(문제와 해결의 짜임으로 내용 전개하기)

• 여러 현상이나 사물의 공통점, 차이점을 열거(공통점이나 차이점이 드러나게 내용 전개하기)

• 사건이나 행동의 변화를 시간 순으로 보여 줌(사건이나 행동에 변화가 드러나게 내용 전개하기)

• 어떤 대상을 분류하거나 분석하여 보여 줌(분류나 분석의 방법으로 내용 전개하기)

☐ **고쳐쓰기**　　'퇴고(推敲)'라고도 함. 글쓰기 계획에 따라 일차적으로 완성된 글, 즉 초고(草稿, 풀처럼 거친 원고)를 좀 더 완결된 글로 만들기 위하여 내용을 수정·보완하는 과정

☐ **고쳐쓰기의 원칙**　　글쓰기의 원칙이 지켜졌는가를 고쳐쓰기 단계에서 점검하는 것

참고 • 통일성(統一性) : 글 전체가 하나의 주제로 집중되는 성질. 글의 주제와 관련이 없는 내용은 삭제, 또는 조정되어야 함

• 완결성(完結性) : 하나의 내용을 완전히 마무리하는 성질. 주제문이 갖추어져 있고, 이에 대한 뒷받침 문장들이 충분히 제시되어야 함

• 일관성(一貫性) : 논리의 흐름이 처음부터 끝까지 한결같고 자연스러운 성질. 앞뒤의 내용이 서로 모순되지 않아야 하고, 문장과 문장 사이의 연결이 자연스러워야 함

□ **고쳐쓰기의 수준**　　일단 완성된 글(= 초고)은 글 전체 수준, 단락 수준, 문장 수준, 단어 수준에서 검토하고, 문제가 있는 부분은 고쳐 쓰게 됨

참고 • 글 수준의 고쳐쓰기

　　① 주제나 목적이 잘 드러나도록 체계적으로 구성되었는가?

　　② 글 전체가 하나의 주제로 통일되었는가?

　　③ 문단의 연결 관계가 자연스러운가?

　　④ 제목이 적절한가?

• 단락 수준의 고쳐쓰기

　　① 한 단락에 하나의 중심 생각만 있는가?

　　② 중심 생각이 주제문으로 잘 표현되었는가?

　　③ 전체의 주제를 뒷받침할 수 있는가?

　　④ 길이는 적당한가?

• 문장 수준의 고쳐쓰기

　　① 문장의 뜻이 분명한가?

　　② 어법에 맞는 문장인가?

　　③ 문장의 호응 관계가 올바른가?

　　④ 지나치게 길거나 짧지는 않은가?

• 단어 수준의 고쳐쓰기

　　① 불필요하거나 빠뜨린 단어는 없는가?

　　② 의미가 불분명하거나 적절하지 않은 단어는 없는가?

　　③ 어려운 한자어나 외국어는 없는가?

　　④ 맞춤법에 어긋나거나 띄어쓰기가 잘못된 곳은 없는가?

□ **고쳐쓰기의 원리**　　글을 고쳐 쓸 때는 내용을 빼거나 더하거나 조정해야 함

참고 • 삭제(削除)의 원리 : 불필요하거나 불분명한 내용은 빼 버려야 함

• 부가(附加)의 원리 : 부족하거나 빠져 있는 내용은 보충하여 의미를 명확히 해야 함

• 재구성(再構成)의 원리 : 효과적인 전개를 위해서 필요하다면 글의 순서를 새롭게 구성해야 함

☐ **설명문(說明文)**　　독자의 이해를 목적으로 어떤 사항에 대해 객관적·논리적으로 설명한 글. 보통 '머리말 – 본문 – 맺음말'의 3단 구성으로 이루어짐

☐ **기사문(記事文)**　　실제 사건이나 상황을 알려 주는 글로, 신문이나 잡지, 방송 등에 보도할 목적으로 쓰임

　　　　　참고 • 표제(標題) : 본문의 내용을 압축해서 표현한 기사문의 제목. 정확하고 간결해야 함
　　　　　　　 • 전문(前文) : 기사문의 핵심적인 내용을 요약한 문장. 육하원칙에 따라 작성됨
　　　　　　　 • 본문(本文) : 기사문의 주(主)가 되는 글로, 세부적이고 흥미 있는 사실을 상세하게 기술함

☐ **안내문(案內文)**　　행사, 모임, 사실 등의 정보를 독자에게 알리는 글

☐ **기행문(紀行文)**　　여행하며 보고 듣고 느낀 것을 여정이나 시간적 순서에 따라 기록한 글

　　　　　참고 • 여정(旅程) : 여행 과정이나 일정
　　　　　　　 • 견문(見聞) : 여행하면서 보고 듣고 경험한 내용
　　　　　　　 • 감상(感想) : 보고 듣고 경험한 것에 대한 글쓴이의 생각이나 느낌

☐ **전기문(傳記文)**　　특정한 인물의 생애, 업적, 일화 등을 사실적으로 기록한 글

　　　　　참고 • 전기(傳記) : 특정한 인물의 일생을 다른 사람이 기록한 글
　　　　　　　 • 자서전(自敍傳) : 자기 자신의 일생을 소재로 직접 쓰거나, 남에게 구술(口述, 입으로 말함)하여 쓰게 한 글
　　　　　　　 • 회고록(回顧錄) : 지나간 일을 돌이켜 생각하며 쓴 글
　　　　　　　 • 평전(評傳) : 개인의 일생에 대하여 평론을 곁들여 적은 전기
　　　　　　　 • 열전(列傳) : 여러 사람의 전기를 한데 모아 차례로 기록한 글

☐ **소개서(紹介書)**　　자신이나 다른 사람을 남에게 소개하는 글

□ 논설문(論說文)	어떤 문제에 대한 주장을 논리적으로 증명하여 독자를 설득하는 글. 보통 '서론 – 본론 – 결론'으로 구성됨
□ 논문(論文)	전문 분야에 종사하는 사람이나 학자가 자신의 연구 결과를 체계적·논리적으로 정리하고 그에 대한 견해나 주장을 나타낸 글
□ 평론(評論)	어떤 대상에 대해 평가하는 일. 또는 그런 내용을 담은 글
□ 비평문(批評文)	문학, 음악, 미술, 연극, 영화, 드라마 등 다양한 대상의 내용과 구성 등을 분석하여 가치를 논하는 글
□ 연설문(演說文)	청중 앞에서 연설할 목적으로 쓴 글
□ 광고문(廣告文)	세상에 널리 알리는 글. 주로 상업적인 목적에서 상품이나 서비스에 대한 정보를 소비자에게 널리 알리는 활동을 의미함
□ 표어(標語)	사회나 집단에 대하여 어떤 의견이나 주장을 호소하거나 알리는 짧은 말
□ 건의문(建議文)	어떤 문제에 대하여 개인이나 기관에 문제 해결을 요구하거나 제안하는 글
□ 일기문(日記文)	매일매일 겪은 일이나 생각, 느낌 등을 적은 개인의 기록
□ 감상문(感想文)	어떤 사물이나 현상에 대해 느낀 것을 표현한 글
□ 회고문(回顧文)	지난 삶 가운데 의미 있는 사건이나 활동, 경험 등을 되돌아보고 기록한 글
□ 서간문(書簡文)	편지글. 멀리 떨어져 있는 상대에게 소식이나 사연, 용무를 알리거나 전하기 위해 일정한 격식에 따라 쓴 글
□ 식사문(式辭文)	행사에서 청중을 상대로 낭독하는 글

☐	**초청장(招請狀)**	행사에 초청하는 글

☐	**요약문(要約文)**	글의 핵심을 잡아 간추린 글. 어떤 글을 읽고 그 내용을 정확하게 파악·분석하여 압축한 글을 가리킴

☐	**보고서(報告書)**	일에 관한 내용이나 결과를 알리는 글 ㉠ 보고문(報告文)

II

고등국어 필수어휘

필수 속담

부모 자식

☐ **가지 많은 나무 바람 잘 날 없다** 수능 출제
자식이 많은 부모에게는 근심 걱정이 떠날 날이 없다는 말 ㉇ 새끼 아홉 둔 소 길마 벗을
날이 없다

☐ **고슴도치도 제 새끼는 함함하다고 한다**
❶ 자기 자식의 나쁜 점은 모르고 도리어 자랑삼는다는 말 ❷ 어버이의 눈에 제 자식은 다
잘나 보인다는 말

☐ **내리사랑은 있어도 치사랑은 없다**
윗사람이 아랫사람을 사랑하기는 하여도 아랫사람이 윗사람을 사랑하기는 좀처럼 어렵다는 말

☐ **매를 아끼면 아이를 버린다** 수능 출제
귀한 자식일수록 엄하게 다스려야 바르게 자란다는 말

☐ **불면 꺼질까 쥐면 터질까**
어린 자녀를 애지중지하여 기르는 부모의 사랑을 비유적으로 이르는 말
㉇ 금지옥엽(金枝玉葉) : 귀한 자손을 이르는 말

☐ **아비만 한 자식 없다**
❶ 자식이 부모에게 아무리 잘해도 부모가 자식 생각하는 것만은 못함을 비유하는 말
❷ 자식이 아무리 훌륭하게 되더라도 부모만큼은 못함을 이르는 말

☐ **얼러 키운 효자 없다**
오냐오냐 키우면 자식이 버릇이 없어져 불효를 하게 된다는 말

☐ **열 손가락 깨물어서 안 아픈 손가락 없다**
혈육은 다 귀하고 소중함을 비유적으로 이르는 말

☐ **자식 둔 골은 호랑이도 돌아본다**
짐승도 자기 새끼를 사랑하여 그 새끼가 있는 곳을 살펴보는데 하물며 사람은 더 말할 것
도 없다는 말

☐ **지네 발에 신 신기기**
발 많은 지네 발에 신을 신기려면 힘이 드는 것처럼, 자식을 많이 둔 사람이 애를 쓴다는 말

☐ **개는 나면서부터 짖는다**
못된 짓을 하는 사람은 그 성품을 타고난 것이라는 말

☐ **개천에서 용 난다**
미천한 집안에서 훌륭한 사람이 나온다는 말

☐ **나중 난 뿔이 우뚝하다**
❶ 나중에 생긴 것이 먼저 것보다 훨씬 나음을 비유적으로 이르는 말 ❷ 후배가 선배보다
훌륭하게 되었음을 비유적으로 이르는 말 ⑪ 청출어람(靑出於藍), 후생가외(後生可畏)

☐ **될성부른 나무는 떡잎부터 알아본다**
크게 될 사람은 어릴 적부터 그 징표를 드러낸다는 말

☐ **모난 돌이 정 맞는다**
❶ 두각을 나타내는 사람이 남에게 미움을 받게 된다는 말 ❷ 강직한 사람은 남의 공박을
받는다는 말

☐ **물이 너무 맑으면 고기가 아니 모인다**
사람이 지나치게 결백하면 남이 따르지 않는다는 말

☐ **벼 이삭은 익을수록 고개를 숙인다**
교양이 있고 수양을 쌓은 사람일수록 겸손하고 남 앞에서 자기를 내세우려 하지 않는다는 말

□ **산이 높아야 골이 깊다**
사람의 됨됨이가 커야 그가 가지는 생각이 크고 훌륭하다는 말

□ **수양산 그늘이 강동 팔십 리를 간다**
수양산 그늘진 곳에 아름답기로 유명한 강동 땅 팔십 리가 펼쳐졌다는 뜻으로, 어떤 한 사람이 크게 되면 친척이나 친구들까지 그 덕을 입게 됨을 비유적으로 이르는 말

□ **입에서 젖내가 난다**
나이가 어려 하는 말이나 행동이 유치함을 이르는 말

□ **작은 고추가 더 맵다** 수능 출제
몸집이 작은 사람이 큰 사람보다 재주가 뛰어나고 야무짐을 비유적으로 이르는 말 ㉤ 제비는 작아도 강남 간다, 거미는 작아도 줄만 잘 친다

□ **주머니에 들어간 송곳이라 = 낭중지추(囊中之錐)**
아무리 감추려 해도 숨겨지지 않고 저절로 드러나 선악(善惡)을 가리게 된다는 말

□ **집에서 새는 바가지 밖에서도 샌다**
본성이 나쁜 것은 어디를 가나 그 본색을 감출 수 없다는 말

□ **하나를 듣고 열을 안다** 수능 출제
한마디 말을 듣고도 여러 가지 사실을 미루어 알아낼 정도로 매우 총기가 있다는 말

배움

□ **낫 놓고 기역 자도 모른다 = 목불식정(目不識丁)**
아주 무식함을 비유적으로 이르는 말

□ **세 살 버릇 여든까지 간다** 수능 출제
어릴 때 몸에 밴 버릇은 늙어 죽을 때까지 고치기 힘들다는 뜻으로, 어릴 때부터 나쁜 버릇이 들지 않도록 잘 가르쳐야 함을 비유적으로 이르는 말

☐ **쇠귀에 경 읽기 = 우이독경(牛耳讀經)** 수능 출제
　아무리 가르쳐 주어도 알아듣지 못함을 이르는 말

☐ **아는 것이 병이다** 수능 출제
　정확하지 못거나 분명하지 않은 지식은 오히려 걱정거리가 될 수 있음을 이르는 말

☐ **열 번 듣는 것이 한 번 보는 것만 못하다 = 백문불여일견(百聞不如一見)** 수능 출제
　듣기만 하는 것보다는 직접 보는 것이 확실하다는 말

환경

☐ **맑은 샘에서 맑은 물이 난다**
　근본이 좋아야 훌륭한 후손이 나온다는 말

☐ **삼밭에 쑥대 = 쑥대도 삼밭에 나면 곧아진다 = 마중지봉(麻中之蓬)**
　쑥이 삼밭에 섞여 자라면 삼대처럼 곧아진다는 뜻으로, 좋은 환경에서 자라면 좋은 영향을
　받게 됨을 비유적으로 이르는 말

☐ **서당 개 삼 년에 풍월(風月)을 읊는다 = 당구풍월(堂狗風月)** 수능 출제
　❶ 무식한 사람도 글 잘 하는 사람과 오래 지내면 자연히 견문이 생긴다는 말 ❷ 무슨 일을
　하는 것을 오래오래 보고 듣고 하면 자연히 할 줄 알게 된다는 말

☐ **윗물이 맑아야 아랫물이 맑다** 수능 출제
　윗사람이 잘하면 아랫사람도 따라서 잘하게 된다는 말

가난

☐ **가난 구제는 나라도 못 한다**
　남의 가난한 살림을 도와주기란 끝이 없는 일이어서, 개인의 힘은 물론 나라의 힘으로도 구
　제하지 못한다는 말

☐ **가난이 병보다 무섭다** 수능 출제
가난한 삶이 너무 힘들어 병보다도 더 두렵다는 말

☐ **굶어 죽기는 정승 하기보다 어렵다**
가난하여 먹고살기가 매우 어렵게 보이지마는, 그래도 애를 써서 이럭저럭 삶을 지속해 나간다는 말

☐ **대추나무에 연 걸리듯**
여기저기에 빚을 많이 지게 됨을 비유하는 말

☐ **마른나무에 좀먹듯**
건강이나 재산이 모르는 사이에 점점 쇠하거나 없어짐을 비유적으로 이르는 말

☐ **목구멍이 포도청**
먹고살기 위해서는 무엇이든지 하게 된다는 말

☐ **배고픈 호랑이가 원님을 알아보랴**
배고픈 호랑이가 원님이라고 사정을 보아주지 아니한다는 뜻으로, 사람이 극히 가난하고 굶주리는 지경에 이르면 아무것도 가리지 않고 분별없는 짓까지 마구 하게 됨을 비유적으로 이르는 말

☐ **산 사람의 입에 거미줄 치랴**
아무리 가난해도 먹고 살아갈 수는 있다는 말

근검

☐ **굳은 땅에 물이 고인다**
쓰지 않고 아끼는 사람이 재산을 모은다는 말

☐ **소같이 벌어서 쥐같이 먹어라**
쉬지 않고 열심히 일하여 저축한 것을 조금씩 아껴 쓰라는 말

□ **티끌 모아 태산**
아무리 작은 것이라도 많이 모이면 나중에 큰 덩어리가 됨을 이르는 말

분수

□ **개구리 올챙이 적 생각 못 한다**
형편이나 사정이 전에 비하여 나아진 사람이 지난날의 미천하거나 어렵던 때의 일을 생각 못하고 처음부터 잘난 듯이 뽐냄을 이르는 말

□ **송충이가 갈잎을 먹으면 죽는다**
분수에 넘치는 일을 하면 낭패를 본다는 말 ㈜ 뱁새가 황새를 따라가면 다리가 찢어진다

□ **털도 안 난 것이 날기부터 하려 한다**
어리석은 사람이 제 분수에 맞지 않는 짓을 하려 한다는 말 ㈜ 기지도 못하면서 뛰려 한다

□ **하룻강아지 범 무서운 줄 모른다** 수능 출제
철없이 함부로 덤비는 경우를 비유적으로 이르는 말 ㈜ 당랑거철(螳螂拒轍)

욕심

□ **남의 손의 떡은 커 보인다** 수능 출제
자기의 것보다 남의 것이 더 많아 보이거나 더 좋아 보인다는 말

□ **말 죽은 데 체 장수 모이듯 한다**
남의 사정은 아랑곳하지 않고 제 욕심만 채우려고 많은 사람이 모여드는 것을 이르는 말

□ **말 타면 경마 잡히고 싶다 = 득롱망촉(得隴望蜀)**
한 가지를 이루면 다음에는 더 큰 욕심을 갖게 된다는 뜻으로, 사람의 욕심은 한이 없다는 말

☐ **벼룩의 간을 내먹는다**

❶ 하는 짓이 몹시 잘거나 인색함을 이르는 말 ❷ 어려운 처지에 있는 사람에게서 금품을 뜯어냄을 비유적으로 이르는 말

☐ **산토끼를 잡으려다가 집토끼를 놓친다** 수능 출제

❶ 지나치게 욕심을 부리다가 이미 차지한 것까지 잃어버리게 됨을 비유적으로 이르는 말 ❷ 새로운 일을 자꾸만 벌여 놓으면서 이미 있는 것을 챙기는 데에 소홀하면 도리어 손해를 봄을 비유적으로 이르는 말

☐ **염불에는 마음이 없고 잿밥에만 마음이 있다**

해야 할 일에는 정성을 들이지 아니하면서 욕심만 채우려 함을 이르는 말

오해

☐ **등잔 밑이 어둡다 = 등하불명(燈下不明)** 수능 출제

대상에서 가까이 있는 사람이 도리어 대상에 대하여 잘 알기 어렵다는 말

☐ **떡 줄 사람은 꿈도 안 꾸는데 김칫국부터 마신다**

해 줄 사람은 생각지도 않는데, 미리부터 다 된 일로 알고 행동한다는 말

☐ **열 길 물속은 알아도 한 길 사람 속은 모른다** 수능 출제

사람의 속마음은 좀처럼 알기가 어렵다는 말

관계

☐ **가재는 게 편이요, 초록은 한 빛이라 = 초록동색(草綠同色)**

모양이나 형편이 서로 비슷하고 서로 인연이 있는 것끼리 서로 잘 어울리고, 사정을 보아주며 감싸 주기 쉽다는 말 ㉤ 유유상종(類類相從)

☐ **과부 설움은 과부가 안다**
남의 곤란한 처지는 직접 그 일을 당해 보았거나 그와 비슷한 처지에 놓여 있는 사람이 잘
알 수 있다는 말 ⓤ 과부 설움은 홀아비가 안다, 동병상련(同病相憐)

☐ **그 나물에 그 밥** 수능 출제
서로 격이 어울리는 것끼리 짝이 되었을 경우를 두고 이르는 말

☐ **두 손뼉이 맞아야 소리가 난다** = **고장난명(孤掌難鳴)** 수능 출제
외손뼉만으로는 소리가 나지 않는다는 뜻으로, 무슨 일이든지 두 편에서 서로 뜻이 맞아야
이루어질 수 있다는 말 ⓤ 외손뼉이 못 울고 한 다리로 가지 못한다

☐ **먼 사촌보다 가까운 이웃이 낫다** 수능 출제
남이지만 이웃에 사는 사람은 평상시나 위급한 때에 도와줄 수 있으므로 먼 데 사는 친척
보다 낫다는 말

☐ **물 위의 기름**
서로 어울리지 못하여 겉도는 사이

☐ **미꾸라지 한 마리가 온 물을 흐린다**
나쁜 사람 하나가 온 집안이나 온 세상을 더럽히고 어지럽힌다는 말

☐ **미운 놈 떡 하나 더 준다**
자기가 미워하는 사람일수록 잘해 주고 인심을 얻어 그로부터의 후환이 없도록 대해야 한
다는 말

☐ **바늘 가는 데 실 간다**
바늘이 가는 데 실이 항상 뒤따른다는 뜻으로, 사람의 긴밀한 관계를 비유적으로 이르는 말

☐ **소 닭 보듯**
서로 무심하게 바라보는 모양을 이르는 말

☐ **소도 언덕이 있어야 비빈다**
누구나 의지할 데가 있어야 무슨 일이든 시작하거나 이룰 수가 있다는 말

□ **어물전 망신은 꼴뚜기가 시킨다**
못난 사람일수록 같이 있는 동료를 망신시킨다는 말

□ **입술이 없으면 이가 시리다 = 순망치한(脣亡齒寒)**
서로 밀접한 관계에 있어서 하나가 망하면 다른 하나도 망하게 되는 경우를 이르는 말

배신과 질투

□ **개도 닷새가 되면 주인을 안다**
남의 은덕을 모르는 배은망덕한 사람을 꾸짖는 말 ㉤ 개도 제 주인을 보면 꼬리 친다

□ **길러 준 개 주인 문다** [수능 출제]
은혜를 배반하고 은인을 오히려 해침을 이르는 말 ㉤ 내 밥 먹은 개가 발뒤축 문다

□ **돈 잃고 친구 잃는다** [수능 출제]
친구와 돈 거래를 하면 돈도 못 받고 친구도 잃는다는 말

□ **머리 검은 짐승은 남의 공을 모른다**
사람을 도와주지 말라는 뜻으로, 사람이 은혜를 갚지 않음을 핀잔하여 이르는 말

□ **믿는 도끼에 발등 찍힌다** [수능 출제]
잘되리라고 믿고 있던 일이 어긋나거나 믿고 있던 사람이 배반하여 오히려 해를 입음을 비유적으로 이르는 말

□ **빚 주고 뺨 맞기**
남을 위하여 빚을 주고도 인사는 고사하고 도리어 뺨을 얻어맞게 되었다는 뜻으로, 남을 위하여 노력하고는 오히려 봉변을 당하게 되는 경우를 비유적으로 이르는 말

□ **사촌이 땅을 사면 배가 아프다** [수능 출제]
남이 잘되는 것을 기뻐해 주지는 않고 오히려 질투하고 시기하는 경우를 비유적으로 이르는 말

☐ **한솥밥 먹고 송사한다**
한집안 또는 아주 가까운 사이에 다투는 경우를 이르는 말

궁지/곤란

☐ **개밥에 도토리**
개는 도토리를 먹지 아니하기 때문에 밥 속에 있어도 먹지 아니한다는 뜻으로, 따돌림을 받아서 외톨이처럼 지내는 사람을 비유적으로 이르는 말

☐ **고래 싸움에 새우 등 터진다**
강한 자들끼리 싸우는 통에 아무 상관도 없는 약한 자가 중간에 끼어 피해를 입게 됨을 비유적으로 이르는 말 ㉠ 고래 싸움에 치인 새우 ㉡ 어부지리(漁父之利)

☐ **내 코가 석 자 = 오비삼척(吾鼻三尺)**
자기의 곤란이 심하여 남의 사정을 돌볼 겨를이 없다는 말

☐ **눈 뜨고 도둑맞는다**
번번이 알면서도 속거나 손해를 본다는 말

☐ **독 안에 든 쥐**
아무리 애써도 궁지에서 벗어나지 못하고 꼼짝할 수 없게 된 처지를 일컫는 말 ㉠ 도마에 오른 고기, 푸줏간에 든 소, 부중지어(釜中之魚)

☐ **물에 빠지면 지푸라기라도 잡는다**
위급한 때를 당하면 무엇이나 닥치는 대로 잡고 늘어지게 됨을 이르는 말

처신

☐ **굿 뒤에 날장구 친다**
일이 다 끝나거나 결정된 후에 이러쿵저러쿵하는 것을 비유적으로 이르는 말 ㉠ 다 된 농사에 낫 들고 덤빈다, 행차 뒤에 나팔

□ **누울 자리 봐 가며 발을 뻗어라**
  ❶ 어떤 일을 할 때 그 결과가 어떻게 되리라는 것을 미리 살피고 시작하라는 말 ❷ 시간과
  장소 따위를 가려서 행동하라는 말

□ **도둑이 제 발 저린다** 수능 출제
  지은 죄가 있으면 자연히 마음이 조마조마해짐을 비유적으로 이르는 말

□ **물에 물 탄 듯 술에 술 탄 듯**
  주견이나 주책이 없이 말이나 행동이 분명하지 않음을 이르는 말

□ **배 주고 속 빌어먹는다**
  큰 이익이 되는 것은 남에게 빼앗기고 그로부터 겨우 적은 것을 얻어 가진다는 말

□ **벼룩도 낯짝이 있다**
  매우 작은 벼룩조차도 낯짝이 있는데 하물며 사람이 체면이 없어서야 되겠냐는 말

□ **소나기 올 때는 피해 가는 게 최고**
  우선은 순응하면서 눈치껏 살아가야 한다는 말

□ **싸움은 말리고 흥정은 붙이랬다**
  나쁜 일은 말리고 좋은 일은 권해야 함을 비유적으로 이르는 말

□ **얌전한 고양이 부뚜막에 먼저 오른다** 수능 출제
  겉으로는 얌전하고 아무것도 못할 것처럼 보이는 사람이 딴짓을 하거나 자기 실속을 다 차
  리는 경우를 비유적으로 이르는 말

□ **울며 겨자 먹기**
  맵다고 울면서도 겨자를 먹는다는 뜻으로, 싫은 일을 억지로 마지못하여 함을 비유적으로
  이르는 말

□ **제 논에 물 대기 = 아전인수(我田引水)**
  자신에게만 이롭도록 일을 하는 경우를 이르는 말

☐ **호랑이에게 물려 가도 정신만 차리면 산다**
아무리 위험한 경우에 이르러도 정신만 차리면 살 수 있다는 말

가치

☐ **개같이 벌어서 정승같이 쓴다**
돈을 벌 때는 천한 일이라도 하면서 벌고 쓸 때는 떳떳하고 보람 있게 씀을 이르는 말

☐ **개똥도 약에 쓰려면 없다**
흔하게 보는 것도 막상 필요해서 찾으면 귀하다는 말

☐ **경주 돌이면 다 옥돌인가**
이름만 듣고 좋다고 할 것이 아니라 실제로 그 가치를 따져 보아야 한다는 말

☐ **불 없는 화로, 딸 없는 사위**
아무 쓸모가 없게 된 것을 이르는 말 ㉮ 구부러진 송곳, 줄 없는 거문고, 짝 잃은 원앙

☐ **썩어도 준치**
값어치가 있는 물건은 썩거나 헐어도 어느 정도 본디의 값어치를 지니고 있다는 말

☐ **약방의 감초**
어떤 일에 빠짐없이 끼는 사람이나 꼭 있어야 할 사물을 이르는 말

기회와 요행

☐ **군불에 밥 짓기**
어떤 일에 편승하여 쉽게 또 다른 일을 한다는 말 ㉮ 떡 삶은 물에 풀한다

☐ **떡 본 김에 제사 지낸다**
우연히 운 좋은 기회에, 하려던 일을 해치운다는 말 ㉮ 엎어진 김에 쉬어 간다, 떡 본 김에 굿한다

☐ **방귀가 잦으면 똥 싸기 쉽다**
어떤 현상과 연관이 있는 징조가 자주 나타나게 되면 필경 그 현상이 생기기 마련이라는
뜻으로, 무슨 일이나 소문이 잦으면 실현되기 쉬움을 비유적으로 이르는 말

☐ **소경 문고리 잡는다**
❶ 전혀 능력이 없는 사람이 요행으로 어떤 일을 이루거나 맞힌 경우를 비유적으로 이르는
말 ❷ 바로 가까이 있는 것을 제대로 찾지 못하는 모양을 비유적으로 이르는 말

☐ **쇠뿔도 단김에 빼랬다**
무슨 일이든지 기회가 왔을 때 바로 해치워야 한다는 말

☐ **술 익자 체 장수 지나간다**
일이 우연히 잘 맞아 간다는 말

☐ **장마다 망둥이 날까**
좋은 기회란 자기가 원한다고 언제나 있는 법은 아니라는 말

☐ **호박이 넝쿨째로 굴러떨어진다** `수능 출제`
뜻밖에 좋은 수가 생겼을 때 하는 말

☐ **황소 뒷걸음치다 쥐 잡는다**
어떠한 일이 우연히 이루어지거나 또는 어떤 것을 우연히 알아맞힘을 이르는 말

노력

☐ **가다가 멈추면 아니 감만 못하다** `수능 출제`
꾸준한 노력의 필요성을 이르는 말

☐ **감나무 밑에 누워도 삿갓 미사리를 대어라**
아무리 좋은 기회라도 그것을 놓치지 않으려면 노력해야 한다는 말

☐ **공든 탑이 무너지랴**

공들여 쌓은 탑은 무너질 리 없다는 뜻으로, 힘을 다하고 정성을 다하여 한 일은 그 결과가
반드시 헛되지 아니함을 비유적으로 이르는 말

☐ **구더기 무서워 장 못 담글까**

다소 방해물이 있더라도 마땅히 할 일은 해야 한다는 말

☐ **구르는 돌은 이끼가 끼지 않는다**

부지런하고 꾸준히 노력하는 사람은 침체되지 않고 계속 발전한다는 말

☐ **구슬이 서 말이라도 꿰어야 보배다**

아무리 좋은 것이라도 정성을 기울여 쓸모 있는 것으로 만들어 놓아야만 가치가 있다는 말
⑲ 부뚜막의 소금도 집어넣어야 짜다

☐ **낙숫물이 댓돌을 뚫는다**

작은 힘이라도 꾸준히 계속하면 큰일을 이룰 수 있음을 비유적으로 이르는 말

☐ **느릿느릿 걸어도 황소걸음** 수능 출제

❶ 느리기는 하되 꾸준히 실수 없이 해 나가 믿음직스럽다는 말 ❷ 큰 사람이 하는 일은 더
디나 실속 있다는 말

☐ **말 가는 데 소도 간다**

남이 할 수 있는 일이면 나도 노력하면 능히 이룰 수 있다는 말

☐ **무쇠도 갈면 바늘 된다 = 마부위침(磨斧爲針)**

꾸준히 노력하면 어떤 어려운 일이라도 이룰 수 있다는 말

☐ **부뚜막의 소금도 집어넣어야 짜다**

가까운 부뚜막에 있는 소금도 넣지 아니하면 음식이 짠맛이 날 수 없다는 뜻으로, 아무리
좋은 조건이 마련되었거나 손쉬운 일이라도 힘을 들이어 이용하거나 하지 아니하면 안 됨
을 비유적으로 이르는 말 ⑲ 가마 속의 콩도 삶아야 먹는다

□ **열 번 찍어 안 넘어가는 나무 없다 = 십벌지목(十伐之木)**
❶ 노력하면 안 되는 일이 없다는 말 ❷ 아무리 뜻이 굳은 사람이라도 여러 번 권하거나 꾀고 달래면 결국은 마음이 변한다는 말

□ **옥도 갈아야 빛이 난다**
❶ 아무리 소질이 좋아도 이것을 잘 닦고 기르지 아니하면 훌륭한 것이 되지 못한다는 말
❷ 고생을 겪으며 노력을 기울여야 뜻한 바를 이룰 수 있다는 말

□ **왕후장상에 씨가 있으랴**
미천한 집에서 태어났어도 노력하면 누구나 출세할 수 있다는 말로, 인간은 본질적으로 평등함을 이르는 말

□ **우물을 파도 한 우물을 파라** 수능 출제
한 가지 일을 끝까지 성실히 하여야 성공할 수 있다는 말

□ **천 리 길도 한 걸음부터** 수능 출제
좋은 성과를 얻으려면 처음부터 끝까지 노력해 나가야 한다는 말 ㈜ 등고자비(登高自卑)

□ **철나자 망령 난다**
어물어물하다가 아무 일도 이루지 못하고 나이만 먹는 것을 경계하는 말로, 무슨 일이든지 기회를 놓치지 말고 노력하라는 말

□ **첫술에 배부르랴**
어떤 일이든 단번에 만족할 수는 없다는 말

능력

□ **굽은 나무가 선산을 지킨다**
부족한 듯이 보이는 것이 도리어 제 구실을 하게 됨을 비유적으로 이르는 말

□ **기는 놈 위에 나는 놈이 있다**
잘하는 사람 위에 더 잘하는 사람이 있다는 말

□ **기지도 못하면서 뛰려고 한다**
쉽고 작은 일도 해낼 수 없으면서 어렵고 큰일을 하려고 나섬을 이르는 말

□ **꿩 잡는 게 매**
이름에 값할 만한 일을 해야 함을 이르는 말

□ **선무당이 사람 잡는다**
능력이 없어서 제구실을 못하면서 함부로 하다가 큰일을 저지르게 됨을 비유적으로 이르는 말

□ **칼도 날이 서야 쓴다**
자신에게 주어진 역할을 제대로 하려면 그만한 실력이 있어야 한다는 말

이중적 태도

□ **가랑잎이 솔잎더러 바스락거린다고 한다**
더 바스락거리는 가랑잎이 솔잎더러 바스락거린다고 나무란다는 뜻으로, 자기의 허물은 생각하지 않고 도리어 남의 허물만 나무라는 경우를 비유적으로 이르는 말 ㈜ 똥 묻은 개가 겨 묻은 개 나무란다 : 제게는 큰 허물이 있는 사람이 도리어 작은 흉 가진 이를 조롱함

□ **간에 붙었다 쓸개에 붙었다 한다** 수능 출제
자기에게 조금이라도 이익이 되면 지조 없이 이편에 붙었다 저편에 붙었다 한다는 말

□ **고양이가 쥐 생각해 준다** 수능 출제
속으로는 해칠 마음을 품고 있으면서, 겉으로는 생각해 주는 척함을 이르는 말 ㈜ 등 치고 간 내먹다

□ **귀에 걸면 귀걸이 코에 걸면 코걸이**
❶ 어떤 원칙이 정해져 있는 것이 아니라 둘러대기에 따라 이렇게도 되고 저렇게도 될 수 있음을 비유적으로 이르는 말 ❷ 어떤 사물은 보는 관점에 따라 이렇게도 될 수 있고 저렇게도 될 수 있음을 비유적으로 이르는 말

□ **나는 바담 풍(風) 해도 너는 바람 풍 해라**
자신은 잘못된 행동을 하면서 남보고는 잘하라고 요구하는 말

□ **달면 삼키고 쓰면 뱉는다**
옳고 그름이나 신의를 따지지 않고 자기의 이익만을 꾀하는 경우를 이르는 말

□ **뒷구멍으로 호박씨 깐다**
겉으로는 점잖고 의젓하나 남이 보지 않는 곳에서는 엉뚱한 짓을 하는 경우를 비유적으로 이르는 말

□ **때리는 시어머니보다 말리는 시누이가 더 밉다**
겉으로는 위해 주는 척하면서 속으로는 해치려는 생각을 가지고 있는 사람이 더 밉다는 말

□ **병 주고 약 준다**
남을 해치고 나서 약을 주며 그를 구하는 체한다는 뜻으로, 교활하고 음흉한 자의 행동을 비유적으로 이르는 말

□ **첫모 방정에 새 까먹는다**
윷놀이에서 맨 처음에 모를 치면 그 판에는 실속이 없다는 뜻으로, 상대편의 첫모쯤은 문제도 아니라고 비꼬는 말

안이한 대처

□ **가랑비에 옷 젖는 줄 모른다**
가늘게 내리는 비는 조금씩 젖어 들기 때문에 여간해서는 옷이 젖는 줄을 깨닫지 못한다는 뜻으로, 아무리 사소한 것이라도 그것이 거듭되면 무시하지 못할 정도로 크게 됨을 비유적으로 이르는 말

□ **소 잃고 외양간 고친다 = 망양보뢰(亡羊補牢)** [수능 출제]
이미 일을 그르친 뒤에는 뉘우쳐도 소용없다는 말 ⑨ 도둑맞고 사립문 고친다, 사후약방문(死後藥方文)

□ **아랫돌 빼서 윗돌 괴기 = 하석상대(下石上臺)**
임시변통으로 이리저리 돌려서 겨우 유지한다는 말 ㉤ 언 발에 오줌 누기 = 동족방뇨(凍足放尿), 미봉책(彌縫策)

□ **언 발에 오줌 누기 = 동족방뇨(凍足放尿)**
임시변통은 될지 모르나 결국에는 사태가 더 나빠짐을 비유적으로 이르는 말

□ **우선 먹기는 곶감이 달다** 수능 출제
앞일은 생각해 보지도 아니하고 당장 좋은 것만 취하는 경우를 비유적으로 이르는 말

어리석은 행동

□ **가까운 무당보다 먼 데 무당이 더 영하다**
흔히 사람은 자신이 잘 알고 가까이 있는 것보다는 잘 모르고 멀리 있는 것을 더 좋은 것인 줄로 생각한다는 말

□ **곤장 메고 매 맞으러 간다**
공연한 일을 하여 스스로 화를 자처함을 이르는 말

□ **남이 장 간다고 하니 거름 지고 나선다**
뭣도 모르고 주견 없이 남이 하는 대로 따라 한다는 말 ㉤ 남이 치는 장단에 엉덩이춤 춘다, 숭어가 뛰니까 망둥이도 뛴다

□ **누워서 침 뱉기** 수능 출제
자기에게 해가 돌아올 것을 모르고 우둔한 짓을 하는 것을 비유하는 말

□ **동무 따라 강남 간다**
하고 싶지도 않은 일을 남에게 끌려서 덩달아 하게 됨을 이르는 말 ㉤ 부화뇌동(附和雷同)

□ **망건 쓰고 세수한다**
세수를 하고 머리를 빗고 그다음에 망건을 쓰는 법인데 망건을 먼저 쓰고 세수를 한다는 뜻으로, 일의 순서를 바꾸어 함을 놀림조로 이르는 말

☐ **모기 보고 칼 빼기 = 견문발검(見蚊拔劍)**

❶ 시시한 일에 성을 냄을 이르는 말 ❷ 보잘것없는 작은 일에 어울리지 않게 엄청나게 큰 대책을 씀을 이르는 말

☐ **빈대 잡으려고 초가삼간 태운다**

손해를 크게 볼 것을 생각지 아니하고 자기에게 마땅치 아니한 것을 없애려고 그저 덤비기만 하는 경우를 비유적으로 이르는 말 ⓡ 교각살우(矯角殺牛)

☐ **섶을 지고 불구덩이에 뛰어드는 격** [수능 출제]

아주 위험한 짓으로 화를 자초한다는 말

☐ **우물에 가서 숭늉 찾는다**

성미가 매우 급하여 참고 기다리지 못함을 비유하는 말 ⓡ 바늘허리에 실 매어 쓸까, 오동나무 보고 춤춘다

☐ **자는 범 코침 놓는 격이다** [수능 출제]

그대로 가만히 두었으면 아무 탈이 없을 것을 공연히 건드려 문제를 일으킴을 비유적으로 이르는 말

☐ **제 꾀에 제가 넘어가는 격** [수능 출제]

꾀를 내어 남을 속이려다 도리어 자기가 그 꾀에 속아 넘어감을 비유적으로 이르는 말

☐ **쥐 잡으려다가 장독 깬다**

조그만 일을 하려다가 큰일을 그르친다는 말

☐ **호미로 막을 것을 가래로 막는다**

커지기 전에 처리하였으면 쉽게 해결되었을 일을 방치하여 두었다가 나중에 큰 힘을 들이게 된 것을 비유적으로 이르는 말

엉뚱한 행동

☐ 아닌 밤중에 홍두깨
별안간 엉뚱한 말이나 행동을 함을 비유적으로 이르는 말

☐ 절에 가서 젓국을 찾는다
당치도 않은 데서 엉뚱한 것을 찾는다는 말

무례한 행동

☐ 굴러온 돌이 박힌 돌 뺀다
외부에서 들어온 지 얼마 안 되는 사람이 오래전부터 있던 사람을 내쫓거나 해치려 함을
비유적으로 이르는 말

☐ 남의 잔치에 감 놓아라 배 놓아라 한다
쓸데없이 남의 일에 간섭함을 이르는 말

☐ 동냥은 안 주고 쪽박만 깬다
요구하는 것은 안 주고 도리어 방해만 한다는 말

☐ 똥 싼 놈이 성낸다
잘못은 제가 저질러 놓고 오히려 남에게 화를 냄을 이르는 말

☐ 며느리가 미우면 발뒤축이 달걀 같다고 나무란다
흠잡을 것이 없는데 공연히 트집을 잡아 억지로 허물을 지어냄을 이르는 말

☐ 못된 송아지 엉덩이에 뿔 난다
되지못한 것이 엇나가는 짓만 한다는 말

☐ 못 먹는 감 찔러나 본다
제 것으로 만들지 못할 바에야 남도 갖지 못하게 못쓰게 만들자는 뒤틀린 마음을 이르는 말

☐ 물에 빠진 놈 건져 놓으니까 내 봇짐 내라 한다
남에게 신세를 지고 그것을 갚기는커녕 도리어 그 은인을 원망한다는 말

☐ **불난 데 부채질한다** [수능 출제]

엎친 데 덮치는 격으로 불운한 사람을 더 불운하게 만들거나 노한 사람을 더 노하게 함을
이르는 말

좁은 소견

☐ **개 눈에는 똥만 보인다**

평소에 자신이 좋아하거나 관심을 가지고 있는 것만이 눈에 띈다는 것을 놀림조로 이르는 말

☐ **개 머루 먹듯**

개가 머루를 먹기는 하나 겉만 핥는 것이라, 내용을 모르고 건성으로 아는 체함을 이르는 말

☐ **나무를 보고 숲을 보지 못한다**

부분만 보고 전체를 보지 못한다는 말

☐ **바늘구멍으로 하늘 보기**

조그만 바늘구멍으로 넓디넓은 하늘을 본다는 뜻으로, 전체를 포괄적으로 보지 못하는 매
우 좁은 소견이나 관찰을 비꼬는 말 ㈜ 우물 안 개구리 = 정저지와(井底之蛙)

☐ **수박 겉 핥기**

맛있는 수박을 먹는다는 것이 딱딱한 겉만 핥고 있다는 뜻으로, 사물의 속 내용은 모르고
겉만 건드리는 일을 비유적으로 이르는 말 ㈜ 주마간산(走馬看山)

☐ **장님 코끼리 말하듯**

사물의 일부분만 알면서 그것을 사물 전체의 것으로 여기는 어리석음을 이르는 말

허세

☐ **가게 기둥에 입춘**

추하고 보잘것없는 가겟집 기둥에 '입춘대길(立春大吉)'이라 써 붙인다는 뜻으로, 제격에
맞지 않음을 비유적으로 이르는 말 ㈜ 개 발에 주석 편자

□ **냉수 마시고 이 쑤신다**
실속은 없으면서도 겉으로는 있는 체한다. ㉤ 허장성세(虛張聲勢)

□ **비단옷 입고 밤길 다닌다 = 금의야행(錦衣夜行)**
자랑삼아 나서지만 생색이 나지 않음을 뜻하는 말

□ **빈 수레가 요란하다**
지식이 없고 교양이 부족한 사람이 더 아는 체하고 떠든다는 말

□ **빛 좋은 개살구** [수능 출제]
겉보기에는 먹음직스러운 빛깔을 띠고 있지만 맛은 없는 개살구라는 뜻으로, 겉만 그럴듯하고 실속이 없는 경우를 비유적으로 이르는 말

□ **속 빈 강정** [수능 출제]
겉만 그럴듯하고 실속이 없음을 비유적으로 이르는 말

□ **양반은 얼어 죽어도 겻불은 안 쬔다**
아무리 궁해도 체면에 어울리지 않는 일은 안 한다는 말

□ **혀는 짧아도 침은 길게 뱉는다**
실속은 없으면서도 겉으로는 있는 체한다는 말

비교와 선택

□ **같은 값이면 다홍치마 = 동가홍상(同價紅裳)**
값이 같거나 같은 노력을 한다면 품질이 좋은 것을 택한다는 말 ㉤ 같은 값이면 껌정소 잡아먹는다

□ **길고 짧은 것은 대 봐야 안다**
잘하고 못하고는 겨루어 보아야 알 수 있다는 말

□ **꿈보다 해몽이 좋다**
좋지 아니한 일도 마음먹기에 따라 좋게 생각할 수 있다는 말

□ **뚝배기보다 장맛**
겉으로 보기에는 하잘것없으나, 내용은 겉에 비해서 훌륭하다는 말

□ **보기 좋은 떡이 먹기도 좋다**
❶ 내용이 좋으면 겉모양도 반반함을 비유적으로 이르는 말 ❷ 겉모양새를 잘 꾸미는 것도 필요함을 비유적으로 이르는 말

□ **싼 게 비지떡**
무슨 물건이든지 값이 싸면 그 질이 좋지 않다는 말

□ **평안 감사도 저 싫으면 그만이다**
아무리 좋은 일이라도 제 마음에 들지 않으면 억지로 그것을 시킬 수 없음을 비유적으로 이르는 말

속임수

□ **귀 막고 방울 도둑질한다**
얄팍한 술수로 남을 속이려 하나 거기에 속는 사람이 없음을 비유적으로 이르는 말

□ **나무에 오르라 하고 흔드는 격**
남을 꾀어 위험한 곳이나 불행한 처지에 빠지게 함을 이르는 말

□ **눈 가리고 아웅**
얕은수로 남을 속이려 한다는 말

□ **닭 잡아먹고 오리 발 내놓기**
스스로 저지른 좋지 못한 일이 드러나게 되어 술수를 써서 남을 속이려고 한다는 말

□ **처삼촌 뫼에 벌초하듯**
무슨 일을 함에 있어서 정성을 들이지 않고 건성건성 한다는 말 ㉔ 외삼촌 산소에 벌초하듯

☐ **도둑질도 손발이 맞아야 한다**
무슨 일이든지 뜻이 맞아 서로 협조를 해야 그 일을 완성할 수 있다는 말

☐ **백지장도 맞들면 낫다** 수능 출제
쉬운 일이라도 협력하여 하면 훨씬 쉽다는 말 ⊛ 열의 한 술 밥이 한 그릇 푼푼하다 = 십시일반(十匙一飯)

☐ **울력걸음에 봉충다리**
조금 모자라는 사람도 여럿이 어울려서 하는 일에는 한몫 낄 수 있다는 말

☐ **중이 제 머리 못 깎는다**
자기가 자신에 관한 일을 좋게 해결하기는 어려운 일이어서 남의 손을 빌려야만 이루기 쉬움을 비유적으로 이르는 말

☐ **혼자 하는 장군 없다**
아무리 재능이 있어도 혼자서는 성과를 거둘 수 없다는 말

☐ **가는 말이 고와야 오는 말이 곱다** 수능 출제
자기가 남에게 말이나 행동을 좋게 하여야 남도 자기에게 좋게 한다는 말

☐ **가루는 칠수록 고와지고 말은 할수록 거칠어진다**
가루는 체에 칠수록 고와지지만 말은 길어질수록 시비가 붙을 수 있고 마침내는 말다툼까지 가게 되니 말을 삼가라는 말

☐ **귀신 씻나락 까먹는 소리**
❶ 분명하지 아니하게 우물우물 말하는 소리를 비유적으로 이르는 말 ❷ 조용하게 몇 사람이 수군거리는 소리를 비꼬는 말 ❸ 이치에 닿지 않는 엉뚱하고 쓸데없는 말

□ **꾸어다 놓은 보릿자루**

여럿이 모여 이야기하는 자리에서 아무 말도 하지 않고 한옆에 가만히 있는 사람을 비유적으로 이르는 말

□ **꿀 먹은 벙어리**

속에 있는 생각을 나타내지 못하는 사람을 비유적으로 이르는 말

□ **낮말은 새가 듣고 밤말은 쥐가 듣는다** 수능 출제

비밀히 한 말도 반드시 드러나게 된다는 말로, 말조심하라는 뜻

□ **말 많은 집은 장맛도 쓰다**

말이 많고 시비를 가리기를 좋아하는 집안은 불화하여 모든 일이 제대로 되지 않는다는 말

□ **말은 해야 맛이고, 고기는 씹어야 맛이다** 수능 출제

❶ 무슨 일이든 참맛은 실제로 해 보는 데서 얻을 수 있다는 말 ❷ 할 말은 해야 한다는 뜻

□ **말이 많으면 쓸 말이 적다**

하지 않아도 될 말을 이것저것 많이 늘어놓으면 그만큼 쓸 말은 적어진다는 뜻으로, 말을 삼가라는 말

□ **말이 씨가 된다**

늘 하던 말이 마침내 그 결과를 가져온다는 말

□ **말 한마디에 천 냥 빚도 갚는다**

말을 잘하면 어려운 일이라도 해결할 수 있다는 말

□ **발 없는 말이 천 리 간다** 수능 출제

말은 순식간에 퍼져 나가므로 말을 삼가야 함을 비유적으로 이르는 말

□ **실없는 말이 송사 간다**

무심하게 한 말 때문에 큰 소동이 벌어질 수도 있다는 말

□ '에' 해 다르고 '애' 해 다르다

비록 작은 차이라 할지라도 말씨에 따라 상대방에게 주는 느낌이 다르다는 뜻

□ 입은 비뚤어져도 말은 바로 하랬다

상황이 어떻든지 말은 언제나 바르게 하여야 함을 이르는 말

□ 혀 아래 도끼 들었다

말을 잘못하면 화를 입게 되니 조심하라는 뜻

□ 호랑이도 제 말 하면 온다

❶ 어느 곳에서나 그 자리에 없다고 남을 흉보아서는 안 된다는 말 ❷ 다른 사람에 대한 이야기를 하는데 공교롭게 그 사람이 나타나는 경우를 이르는 말

우연과 인과

□ **가는〔가던〕날이 장날** [수능 출제]

일을 보러 가니 공교롭게 장이 서는 날이라는 뜻으로, 어떤 일을 하려고 하는데 뜻하지 않은 일을 공교롭게 당함을 비유적으로 이르는 말

□ **까마귀 날자 배 떨어진다 = 오비이락(烏飛梨落)** [수능 출제]

공교롭게도 두 일이 함께 일어나 어떤 상관이 있는 것처럼 의심을 받게 된다는 말

□ **되로 주고 말로 받는다** [수능 출제]

조금 주고 그 대가를 많이 받는다는 말

□ **아니 땐 굴뚝에 연기 날까**

원인이 없으면 결과가 있을 수 없음을 비유적으로 이르는 말

□ **지렁이도 밟으면 꿈틀한다**

아무리 순한 사람이라도 너무 업신여기면 반항한다는 말

☐ 참외밭에선 신발 끈을 고쳐 매지 말라 = 과전불납리(瓜田不納履)
의심받기 쉬운 행동은 하지 말아야 함을 이르는 말

☐ 콩 심은 데 콩 나고 팥 심은 데 팥 난다
모든 일은 근본에 따라 거기에 걸맞은 결과가 나타나는 것임을 비유적으로 이르는 말

수단과 방법

☐ 고양이 목에 방울 달기
실행하기 어려운 것을 공연히 의논함을 이르는 말

☐ 구렁이 담 넘어가듯
일을 분명하고 깔끔하게 처리하지 않고 슬그머니 얼버무려 버림을 비유적으로 이르는 말

☐ 꿩 대신 닭
꼭 적당한 것이 없을 때 그와 비슷한 것으로 대신하는 경우를 비유적으로 이르는 말

☐ 돌다리도 두드려 보고 건너라 [수능 출제]
잘 아는 일이라도 세심하게 주의를 하라는 말

☐ 땅 짚고 헤엄치기
❶ 일이 매우 쉽다는 말 ❷ 일이 의심할 여지가 없이 확실하다는 말

☐ 모로 가도 서울만 가면 된다 [수능 출제]
수단이나 방법은 어찌 되었든 간에 목적만 이루면 된다는 말

☐ 목마른 놈이 우물 판다 = 갈이천정(渴而穿井)
제일 급하고 일이 필요한 사람이 그 일을 서둘러 하게 되어 있다는 말

☐ 바늘허리에 실 매어 쓸까
일에는 일정한 순서가 있고 때가 있는 것이므로, 아무리 급해도 순서를 밟아서 일해야 함을
비유적으로 이르는 말

☐ **손 안 대고 코 풀기**
일을 힘들이지 않고 아주 쉽게 해치움을 이르는 말

☐ **하늘의 별 따기**
성취하기 매우 어려운 일을 이르는 말

☐ **호랑이 굴에 가야 호랑이 새끼를 잡는다** = 불입호혈 부득호자(不入虎穴 不得虎子)
뜻하는 성과를 얻으려면 그에 마땅한 일을 하여야 함을 비유적으로 이르는 말

실수와 실패

☐ **개미구멍으로 공든 탑 무너진다**
조그마한 실수나 방심으로 큰일을 망쳐 버린다는 말

☐ **다 된 밥에 재 뿌린다** 수능 출제
다 된 일을 그만 망쳐 버렸다는 말 ⑪ 다 된 죽에 코 풀기

☐ **닭 쫓던 개 지붕만 쳐다본다** 수능 출제
애써 하던 일이 실패로 돌아가서 어찌할 도리가 없이 됨을 비유적으로 이르는 말

☐ **봉사 개천 나무란다**
개천을 건너다가 잘못하여 빠진 봉사가 제 눈 탓을 않고 개천을 나무란다는 뜻으로, 제 잘
못을 남에게 전가하는 경우를 비유적으로 이르는 말

☐ **사공이 많으면 배가 산으로 올라간다** 수능 출제
참견하는 사람이 많으면 일을 이루기가 어렵다는 말

☐ **서투른 무당이 장구만 탓한다**
자기 기술이나 능력이 부족한 것은 생각하지 않고 애매한 도구나 조건만 가지고 나쁘다고
탓함을 이르는 말 ⑪ 서투른 목수 연장 탓만 한다

☐ **한 번 실수는 병가(兵家)의 상사(常事)**

이기고 지는 일은 전쟁터에서 흔히 있으니 실패에 절망하지 말라는 말

☐ **혹 떼러 갔다가 혹 붙여 온다** 수능 출제

좋은 일을 기대하고 갔다가 도리어 불리한 일을 당하고 돌아온다는 말

헛수고/실속 없음

☐ **그림의 떡 = 화중지병(畵中之餠)**

아무리 마음에 들어도 이용할 수 없거나 차지할 수 없는 경우를 이르는 말

☐ **꿩 구워 먹은 자리**

❶ 어떠한 일의 흔적이 전혀 없음을 비유적으로 이르는 말 ❷ 일은 하였으나 뒤에 아무런 결과도 드러나지 아니함을 비유적으로 이르는 말

☐ **달걀로 바위 치기**

대항해도 도저히 이길 수 없는 경우를 비유적으로 이르는 말

☐ **마른논에 물 대기**

일이 매우 힘들거나, 힘들여 해 놓아도 성과가 없는 경우를 비유적으로 이르는 말

☐ **밑 빠진 독에 물 붓기** 수능 출제

아무리 힘이나 밑천을 들여도 보람 없이 헛된 일이 되는 상태를 비유적으로 이르는 말

☐ **섣달 그믐날 시루 얻으러 다니기**

되지도 않을 일에 애를 쓰는 미련한 짓을 이르는 말

☐ **소 궁둥이에다 꼴을 던진다**

아무리 힘쓰고 밑천을 들여도 보람이 없음을 이르는 말

☐ **시루에 물 퍼 붓기**

아무리 수고를 하고 공을 들여도 효과가 나타나지 않는 일을 비유적으로 이르는 말

☐ **재주는 곰이 넘고 돈은 되놈이 번다**
정작 수고한 사람은 보수를 받지 못하고 엉뚱한 사람이 그 이익을 차지함을 이르는 말

☐ **죽 쑤어 개 좋은 일 한다**
엉뚱한 사람에게 이로운 일을 한 결과가 되었음을 이르는 말

불행

☐ **가난한 집 제삿날 돌아오듯**
고통스러운 일이 연이어 자주 닥쳐옴을 일컫는 말

☐ **계란에도 뼈가 있다 = 계란유골(鷄卵有骨)**
늘 일이 안 되던 사람이 모처럼 기회를 만났지만 그 일마저 역시 잘 안 됨을 비유적으로 이르는 말

☐ **끈 떨어진 망석중이**
의지할 데가 없어진 처지를 이르는 말 ⑲ 턱 떨어진 광대

☐ **눈 위에 서리 친다 = 설상가상(雪上加霜)**
어려운 일이 공교롭게 계속됨을 비유적으로 이르는 말 ⑲ 엎친 데 덮친다 ⑲ 금상첨화(錦上添花)

☐ **도둑을 맞으려면 개도 안 짖는다**
운수가 나쁘면 될 일도 안 됨을 이르는 말

☐ **마른하늘에 날벼락**
뜻하지 아니한 상황에서 뜻밖에 입는 재난을 이르는 말

☐ **바람 앞의 등불 = 풍전등화(風前燈火)**
매우 위태로운 처지에 있음을 비유적으로 이르는 말

□ **범을 피하니 이리가 앞을 막는다** `수능 출제`
한 가지 위험에서 벗어나니 또 새로운 위험이나 난관에 부닥치게 됨을 비유적으로 이르는 말

□ **안되는 사람은 뒤로 넘어져도 코가 깨진다**
운수가 사나운 사람은 대수롭지 않은 일에서도 자꾸만 낭패를 본다는 말

□ **쪽박 쓰고 벼락 피하랴**
봉변을 당하였을 때 당황하여 저도 모르는 사이에 어리석은 방법으로 변을 벗어나려 하는 경우를 이르는 말

경험

□ **고기도 먹어 본 사람이 많이 먹는다**
무슨 일이든 늘 하던 사람이 더 잘한다는 말

□ **구관(舊官)이 명관(名官)이다**
❶ 무슨 일이든 경험이 많거나 익숙한 이가 더 잘하는 법임을 비유적으로 이르는 말
❷ 나중 사람을 겪어 봄으로써 먼저 사람이 좋은 줄을 알게 된다는 말

□ **묵은 거지보다 햇거지가 더 어렵다**
무슨 일이나 오래 해 온 사람은 처음 시작한 사람보다 참을성이 많고 마음이 굳다는 말

□ **초년고생은 은 주고 산다**
젊은 시절의 고생은 장래 발전을 위하여 중요한 경험이 되므로 그 고생을 달게 여기라는 말

□ **하나를 보고 열을 안다**
일부만 보고 전체를 미루어 안다는 말

심리

□ **앓던 이 빠진 것 같다**
걱정거리가 없어져서 후련함을 비유적으로 이르는 말

□ **자라 보고 놀란 가슴 솥뚜껑 보고 놀란다**
어떤 사물에 몹시 놀란 사람은 비슷한 사물만 보아도 겁을 냄을 이르는 말

□ **콩으로 메주를 쑨다 해도 곧이듣지 않는다**
아무리 사실대로 말하여도 믿지 아니함을 비유적으로 이르는 말

□ **팥으로 메주를 쑨대도 곧이듣는다**
지나치게 남의 말을 믿는 경우를 놀림조로 이르는 말

세태

□ **눈 뜨고 코 베어 갈 세상**
자기가 보는 데서 해를 받을 만큼 무서운 세상이라는 말

□ **뺨을 맞아도 은가락지를 낀 손에 맞는 것이 좋다**
이왕 꾸지람을 듣거나 벌을 받을 바에는 권위 있고 덕망 있는 사람에게 당하는 것이 낫다는 말

□ **원님 덕에 나팔 분다 = 호가호위(狐假虎威)**
남의 덕으로 당치도 아니한 행세를 하게 되거나 그런 대접을 받고 우쭐대는 모습을 비유적으로 이르는 말

□ **정승의 말 죽은 데는 문상을 가도 정승 죽은 데는 문상을 안 간다**
권력을 가진 자 앞에서는 아첨을 하다가도 그가 죽은 뒤에는 돌아다보지 아니함을 비유적으로 이르는 말

세상인심

□ **광에서 인심 난다**
자기의 살림이 넉넉하고 유복해야 다른 사람도 도울 수 있음을 이르는 말

□ **긴병에 효자 없다**
무슨 일이거나 너무 오래 끌면 그 일에 대한 성의가 없어져 소홀해짐을 비유적으로 이르는 말

□ **남의 염병이 내 고뿔만 못하다**
남의 큰 불행을 하찮게 여기고, 자기의 작은 불행을 더 걱정하며 절박한 것으로 여긴다는 말

□ **물이 깊어야 고기가 모인다**
❶ 자기에게 덕망이 있어야 사람들이 따르게 됨을 비유적으로 이르는 말 ❷ 일정한 바탕이나 조건이 갖추어져야 그것에 합당한 내용이 따르게 됨을 비유적으로 이르는 말

□ **오뉴월 겻불도 쬐다 나면 서운하다**
당장에 쓸데없거나 대단치 않게 생각되던 것도 막상 없어진 뒤에는 아쉽게 생각된다는 말

운명

□ **대문 밖이 저승이다**
이승을 벗어나면 바로 저승이란 뜻으로, 죽음이 먼 듯하나 실상은 바로 가까이에 있음을 일컫는 말

□ **팔자는 독에 들어가서도 못 피한다**
운명은 아무리 피하려고 하여도 피할 수 없다는 말 ㉮ 팔자 도망은 못 한다

인생사/지혜

□ **개 꼬리 삼 년 묻어도 황모(黃毛) 되지 않는다**
본래의 천성을 바꾸기는 쉽지 않다는 말

□ **개똥밭에 굴러도 이승이 좋다**
천하고 고생스럽게 살더라도 죽는 것보다는 사는 것이 낫다는 말 ⑪ 죽은 정승이 산 개만
못하다

□ **개 팔자가 상팔자**
놀고 있는 개가 부럽다는 뜻으로, 바쁘고 고생스러울 때 하는 말

□ **고생 끝에 낙이 온다**
어려운 일이나 고된 일을 겪은 뒤에는 반드시 즐겁고 좋은 일이 생긴다는 말 ⑪ 고진감래
(苦盡甘來)

□ **기린이 늙으면 노마만 못하다**
탁월한 사람도 늙으면 그 재능을 발휘하지 못한다는 말

□ **꼬리가 길면 밟힌다**
나쁜 일을 아무리 남모르게 한다고 해도 오래 두고 여러 번 계속하면 결국에는 들키게 된
다는 말

□ **달도 차면 기운다**
❶ 세상의 온갖 것이 한번 번성하면 다시 쇠하기 마련이라는 말 ❷ 행운이 언제까지나 계속
되는 것은 아님을 비유적으로 이르는 말 ⑪ 달이 둥글면 이지러지고 그릇이 차면 넘친다

□ **마디가 있어야 새순이 난다**
무슨 일이든지 어떤 계기가 있어야 참신한 일이 생긴다는 말

□ **메뚜기도 유월이 한철이다**
❶ 모든 것은 그 전성기가 매우 짧다는 말 ❷ 제때를 만난 듯이 한창 날뜀을 풍자적으로 이
르는 말

□ **물은 흘러도 여울은 여울대로 있다**
세상의 모든 것이 변하여도 개중에는 변하지 않는 것이 있다는 말

□ **비 온 뒤에 땅이 굳어진다**
풍파를 겪고 나서야 일이 더욱 단단해짐을 이르는 말

□ **뻗어 가는 칡도 한(限)이 있다**
무슨 일이든지 일정한 한계가 있다는 말

□ **뿌리 깊은 나무 가뭄 안 탄다**
근원이 깊고 튼튼하면 어떤 시련도 견뎌 낸다는 말

□ **양지가 음지 되고, 음지가 양지 된다**
사람의 운수는 늘 돌고 돌며 변한다는 말

□ **입에 쓴 약이 병에는 좋다**
충고나 비판이 당장은 듣기에 좋지 않지만 그것을 달게 받아들이면 자기 수양에 이로움을
이르는 말

□ **재미나는 골에 범 난다**
재미있는 일이 지나치게 많으면 끝에 가서 재미롭지 못한 일이 생긴다는 말

□ **쥐구멍에도 볕 들 날 있다**
몹시 고생을 하는 삶도 좋은 운수가 터질 날이 있다는 말

□ **태산을 넘으면 평지를 본다**
고생을 이겨 내면 즐거운 날이 온다는 것을 비유적으로 이르는 말 ㉻ 고생 끝에 낙이 온다

□ **하늘이 무너져도 솟아날 구멍은 있다**
아무리 어려운 처지라도 그것을 벗어나서 다시 잘될 수 있는 방책이 서게 된다는 말

평범한 사람들

☐ **갑남을녀(甲男乙女)** 갑 갑+사내 남+새 을+여자 녀
갑이라는 남자와 을이라는 여자라는 뜻으로, 평범한 사람들

☐ **선남선녀(善男善女)** 착할 선+사내 남+착할 선+여자 녀
❶ 성품이 착한 남자와 착한 여자라는 뜻으로, 착하고 어진 사람들 ❷ 곱게 단장을 한 남자와 여자

☐ **장삼이사(張三李四)** 베풀 장+석 삼+성씨 이+넉 사
장씨의 셋째 아들과 이씨의 넷째 아들이라는 뜻으로, 이름이나 신분이 특별하지 않은 평범한 사람들

☐ **초동급부(樵童汲婦)** 나무할 초+아이 동+길을 급+아내 부
나무하는 아이와 물 긷는 아낙네라는 뜻으로, 평범한 사람들

☐ **필부필부(匹夫匹婦)** 짝 필+지아비 부+짝 필+아내 부
한 사람의 남자와 한 사람의 여자, 즉 평범한 남녀

뛰어난 인물

☐ **군계일학(群鷄一鶴)** 무리 군+닭 계+한 일+학 학
닭의 무리 가운데서 한 마리의 학이란 뜻으로, 여럿 가운데서 가장 뛰어난 사람을 이르는 말

☐ **낭중지추(囊中之錐)** 주머니 낭+가운데 중+어조사 지+송곳 추
주머니 속의 송곳이라는 뜻으로, 재능이 뛰어난 사람은 숨어 있어도 저절로 사람들에게 알려짐을 이르는 말

□ **능소능대(能小能大)** 능할 능+작을 소+능할 능+클 대 수능 출제
모든 일에 두루 능함

□ **동량지재(棟梁之材)** 마룻대 동+들보 량+어조사 지+재목 재
마룻대와 들보로 쓸 만한 재목이라는 뜻으로, 집안이나 나라를 떠받치는 중대한 일을 맡을 만한 인재를 이르는 말

□ **문일지십(聞一知十)** 들을 문+한 일+알 지+열 십
한 가지를 듣고 열 가지를 미루어 안다는 뜻으로, 지극히 총명함을 이르는 말

□ **백미(白眉)** 흰 백+눈썹 미
흰 눈썹이라는 뜻으로 여럿 가운데서 가장 뛰어난 사람이나 훌륭한 물건을 비유적으로 이르는 말. 중국 촉한 때 마씨 오 형제 중에서 가장 재주가 뛰어난 맏이의 눈썹이 희었다는 데서 나온 말

□ **선견지명(先見之明)** 먼저 선+볼 견+어조사 지+밝을 명
어떤 일이 일어나기 전에 미리 앞을 내다보고 아는 지혜

□ **철중쟁쟁(鐵中錚錚)** 쇠 철+가운데 중+쇳소리 쟁+쇳소리 쟁
쇠 중에서 소리가 가장 맑다는 뜻으로, 평범한 사람들 중 특별히 뛰어난 사람을 이르는 말

□ **태산북두(泰山北斗)** 클 태+뫼 산+북녘 북+말/싸울 두
세상 사람들로부터 존경받는 뛰어난 존재

□ **팔방미인(八方美人)** 여덟 팔+방위 방+아름다울 미+사람 인
어느 모로 보아도 아름다운 미인이라는 뜻으로, 여러 방면의 일에 능통한 사람을 이르는 말

미인

□ **가인박명(佳人薄命)** 아름다울 가+사람 인+얇을 박+목숨 명 수능 출제
미인은 불행하거나 병약하여 요절하는 일이 많음

☐ **경국지색(傾國之色)** 기울 경+나라 국+어조사 지+빛 색

임금이 혹하여 나라가 기울어져도 모를 정도의 미인이라는 뜻으로, 뛰어나게 아름다운 미인을 이르는 말

☐ **단순호치(丹脣皓齒)** 붉을 단+입술 순+흴 호+이 치

붉은 입술과 흰 이라는 뜻으로, 아름다운 여자를 이르는 말

☐ **설부화용(雪膚花容)** 눈 설+살갗 부+꽃 화+얼굴 용

눈처럼 흰 살갗과 꽃처럼 고운 얼굴이라는 뜻으로, 미인의 용모를 이르는 말

☐ **화용월태(花容月態)** 꽃 화+얼굴 용+달 월+얼굴 태

아름다운 여인의 얼굴과 맵시를 이르는 말

충과 의

☐ **견리사의(見利思義)** 볼 견+이로울 리+생각할 사+옳을 의

눈앞에 이익이 보일 때, 먼저 의리를 생각함

☐ **견마지로(犬馬之勞)** 개 견+말 마+어조사 지+수고로울 로

임금에게 충성을 다하는 자신의 노력을 겸손하게 이르는 말

☐ **견위치명(見危致命)** 볼 견+위태할 위+이를 치+목숨 명

나라가 위급할 때 자기의 몸을 나라에 바침

☐ **고굉지신(股肱之臣)** 넓적다리 고+팔뚝 굉+어조사 지+신하 신

다리와 팔같이 중요한 신하라는 뜻으로, 임금이 가장 믿고 중히 여기는 신하를 이르는 말

☐ **공평무사(公平無私)** 공정할 공+평평할 평+없을 무+사사로울 사 수능 출제

공평하여 사사로움이 없음

☐ **대의멸친(大義滅親)** 클 대+옳을 의+멸할 멸+친할 친

대의를 위해서 사사로움을 버림

□ **맥수지탄(麥秀之嘆)** 보리 맥+빼어날 수+어조사 지+탄식할 탄
고국의 멸망을 한탄함을 이르는 말

□ **멸사봉공(滅私奉公)** 멸할 멸+사사로울 사+받들 봉+공평할 공
사욕을 버리고 공익을 위하여 힘씀

□ **불편부당(不偏不黨)** 아닐 불+치우칠 편+아닐 부+무리 당
아주 공평하여 어느 쪽으로도 치우침이 없음

□ **사생취의(捨生取義)** 버릴 사+날 생+가질 취+옳을 의
목숨을 버리고 의를 좇는다는 뜻으로, 목숨을 버릴지언정 옳은 일을 함을 이르는 말

□ **살신성인(殺身成仁)** 죽일 살+몸 신+이룰 성+어질 인
자기의 몸을 희생하여 인(仁)을 이룸

□ **선공후사(先公後私)** 먼저 선+공 공+뒤 후+사사로울 사
공적인 것을 앞세우고 사적인 것은 뒤로 미룸 ⑪ 빙공영사(憑公營私) : 공적인 것을 빙자하
여 사적인 이득을 꾀함

□ **선우후락(先憂後樂)** 먼저 선+근심 우+뒤 후+즐길 락
근심할 일은 남보다 먼저 근심하고 즐거워할 일은 남보다 나중에 즐거워한다는 뜻으로, 지
사나 어진 사람의 마음씨를 이르는 말

□ **우국충정(憂國衷情)** 근심 우+나라 국+속마음 충+뜻 정
나랏일을 근심하고 염려하는 참된 마음

□ **읍참마속(泣斬馬謖)** 울 읍+벨 참+말 마+일어날 속
제갈량이 군의 질서를 세우기 위해 울면서 사랑하는 신하인 마속을 벤 일에서 유래한 말로,
법의 공정을 지키기 위해 사사로운 정을 버림을 비유하는 말

☐ **독야청청(獨也靑靑)** 홀로 독+어조사 야+푸를 청+푸를 청 [수능 출제]
남들이 모두 절개를 꺾는 상황 속에서도 홀로 절개를 굳세게 지키고 있음을 이르는 말

☐ **빙자옥질(氷姿玉質)** 얼음 빙+맵시 자+구슬 옥+바탕 질
얼음같이 맑고 깨끗한 살결과 구슬같이 아름다운 자질이라는 뜻으로, 매화의 다른 이름

☐ **세한고절(歲寒孤節)** 해 세+찰 한+외로울 고+마디 절
추운 겨울에도 혼자 푸르른 대나무를 이르는 말

☐ **아치고절(雅致高節)** 아담할 아+이를 치+높을 고+마디 절
아담한 풍치와 높은 절개라는 뜻으로, 매화를 이르는 말

☐ **오상고절(傲霜孤節)** 거만할 오+서리 상+외로울 고+마디 절
서릿발이 심한 추위 속에서도 굴하지 않고 홀로 꼿꼿하다는 뜻으로, 충신 또는 국화를 이르는 말

☐ **일편단심(一片丹心)** 한 일+조각 편+붉을 단+마음 심 [수능 출제]
한 조각의 붉은 마음이라는 뜻으로, 진심에서 우러나오는 변치 않는 마음을 이르는 말

☐ **금의환향(錦衣還鄕)** 비단 금+옷 의+돌아갈 환+고향 향
비단옷을 입고 고향에 돌아온다는 뜻으로, 출세하여 고향에 돌아옴을 이르는 말

☐ **백년대계(百年大計)** 일백 백+해 년+클 대+셀 계
먼 앞날까지 미리 내다보고 세우는 크고 중요한 계획

☐ **유방백세(流芳百世)** 흐를 류+꽃다울 방+일백 백+세대 세
꽃다운 이름이 후세에 길이 전함

☐ **입신양명(立身揚名)** 설 립+몸 신+날릴 양+이름 명
출세하여 세상에 널리 이름을 드날림

☐ **청운지지(靑雲之志)** 푸를 청+구름 운+어조사 지+뜻 지
푸른 구름의 뜻을 품는다는 뜻으로, 남보다 출세할 뜻을 지니고 있음을 이르는 말

☐ **호연지기(浩然之氣)** 넓을 호+그럴 연+어조사 지+기운 기
❶ 온 세상에 가득한 크고 넓은 정기(正氣), 곧 무엇에도 구애를 받지 않는 떳떳하고도 유연한 기운 ❷ 사람의 마음에 가득 차 있는 너르고 크고 바른 기운

효

☐ **망운지정(望雲之情)** 바랄 망+구름 운+어조사 지+뜻 정
자식이 객지에서 고향에 계신 어버이를 생각하는 마음

☐ **반의지희(斑衣之戲)** 아롱질 반+옷 의+어조사 지+희롱할 희
늙어서 효도함을 이르는 말. 중국 초나라의 노래자가 일흔 살에 늙은 부모님을 위로하려고 색동저고리를 입고 어린이처럼 기어 다녀 보였다는 데서 유래함

☐ **반포지효(反哺之孝)** 돌이킬 반+먹일 포+어조사 지+효도 효
자식이 자라서 어버이의 은혜에 보답하는 효성 ㉤ 반포보은(反哺報恩)

☐ **풍수지탄(風樹之嘆)** 바람 풍+나무 수+어조사 지+탄식할 탄
효도하고자 할 때에 이미 부모는 돌아가셔서, 효행을 다하지 못하는 슬픔

☐ **혼정신성(昏定晨省)** 어두울 혼+정할 정+새벽 신+살필 성
저녁에는 잠자리를 보아 드리고 아침에는 문안을 드린다는 뜻으로, 부모를 잘 섬기고 효성을 다함을 이르는 말

우정과 관계

☐ **간담상조(肝膽相照)** 간 간+쓸개 담+서로 상+비출 조
간과 쓸개가 가까이 서로 보여 주듯이 서로 마음을 터놓고 사귐

☐ **관포지교(管鮑之交)** 피리 관+절인 어물 포+어조사 지+사귈 교
관중(管仲)과 포숙아(鮑叔牙)의 사귐이란 뜻으로, 우정이 돈독한 친구 관계

□ **교칠지교(膠漆之交)** 아교 교+옻 칠+어조사 지+사귈 교
매우 친밀하여 떨어질 수 없는 사귐

□ **금란지교(金蘭之交)** 쇠 금+난초 란+어조사 지+사귈 교
단단하기가 황금과 같고 아름답기가 난초 향기와 같은 사귐이라는 뜻으로, 서로 마음이 맞고 교분이 두터워서 아무리 어려운 일이라도 해 나갈 만큼 우정이 깊은 사귐을 이르는 말

□ **금석지교(金石之交)** 쇠 금+돌 석+어조사 지+사귈 교
쇠와 돌처럼 굳고 변함없는 사귐

□ **단금지교(斷金之交)** 끊을 단+쇠 금+어조사 지+사귈 교
쇠라도 자를 만큼 강한 교분이라는 뜻으로, 매우 두터운 우정을 이르는 말

□ **막역지우(莫逆之友)** 없을 막+거스를 역+어조사 지+벗 우
마음이 맞아 서로 거스르는 일이 없는, 사생(死生)을 같이할 수 있는 친밀한 벗

□ **문경지교(刎頸之交)** 목 벨 문+목 경+어조사 지+사귈 교
죽고 살기를 같이할 만한 친한 사이나 벗

□ **백아절현(伯牙絶絃)** 맏 백+어금니 아+끊을 절+줄 현
자기를 알아주는 참다운 벗의 죽음을 슬퍼함

□ **수어지교(水魚之交)** 물 수+고기 어+어조사 지+사귈 교
물과 고기의 관계처럼 뗄 수 없는 사이

□ **순망치한(脣亡齒寒)** 입술 순+잃을 망+이 치+찰 한 수능 출제
입술이 없으면 이가 시리다는 뜻으로, 서로 이해관계가 밀접한 사이에 어느 한쪽이 망하면 다른 한쪽도 그 영향을 받아 온전하기 어려움을 이르는 말

□ **유유상종(類類相從)** 무리 유+무리 유+서로 상+좇을 종 수능 출제
같은 무리끼리 서로 사귐

□ **죽마고우(竹馬故友)** 대 죽+말 마+옛 고+벗 우
대말을 타고 놀던 벗이라는 뜻으로, 어릴 때부터 같이 놀며 자란 벗

□ **지기지우(知己之友)** 알 지+몸 기+어조사 지+벗 우 [수능 출제]
자기의 속마음을 참되게 알아주는 친구

□ **지란지교(芝蘭之交)** 지초 지+난초 란+어조사 지+사귈 교
지초(영지)와 난초의 교제라는 뜻으로, 벗 사이의 맑고도 고귀한 사귐을 이르는 말

□ **지음지기(知音知己)** 알 지+음 음+알 지+몸 기
소리를 듣고 나를 인정해 주는 친구

□ **초록동색(草綠同色)** 풀 초+푸를 록+같을 동+빛 색 [수능 출제]
풀색과 녹색은 같은 색이라는 뜻으로, 처지가 같은 사람들끼리 한패가 되는 경우를 비유적으로 이르는 말

학문과 배움

□ **격물치지(格物致知)** 이를 격+만물 물+이를 치+알 지
사물의 이치를 구명하여 자기의 지식을 확고하게 함

□ **곡학아세(曲學阿世)** 굽을 곡+배울 학+아첨할 아+세상 세
바른길에서 벗어난 학문으로 속된 세상에 아부함

□ **교학상장(敎學相長)** 가르칠 교+배울 학+서로 상+길 장
가르치는 사람과 배우는 사람이 서로의 학업을 증진시킴

□ **망양지탄(亡羊之歎)** 잃을 망+양 양+어조사 지+탄식할 탄 [수능 출제]
갈림길이 많아 잃어버린 양을 찾을 길이 없어 탄식한다는 뜻으로, 학문의 길도 여러 갈래여서 진리를 찾기 어렵다는 말

□ **맹모삼천(孟母三遷)** 맏 맹+어미 모+석 삼+옮길 천
맹자의 어머니가 아들을 가르치기 위하여 세 번이나 이사를 하였음을 이르는 말

☐ **법고창신(法古創新)** 법 법+옛 고+창조할 창+새로울 신
옛것을 본받아 새로운 것을 창조한다는 뜻으로, 옛것에 토대를 두되 그것을 변화시킬 줄 알고 새것을 만들어 가되 근본을 잃지 않아야 한다는 뜻

☐ **불치하문(不恥下問)** 아닐 불+부끄러워할 치+아래 하+물을 문
자기보다 아랫사람에게 배우는 것을 부끄럽게 여기지 않음

☐ **수불석권(手不釋卷)** 손 수+아닐 불+풀 석+책 권
손에서 책을 놓을 사이 없이 늘 글을 읽음

☐ **온고지신(溫故知新)** 따뜻할 온+옛 고+알 지+새로울 신 〔수능 출제〕
옛것을 익혀서 그것으로 미루어 새것을 깨달음

☐ **일취월장(日就月將)** 날 일+나아갈 취+달 월+나아갈 장
날로 나아가고 달로 나아간다는 뜻으로, 끊임없이 진보하고 발전함을 이르는 말

☐ **자강불식(自强不息)** 스스로 자+힘쓸 강+아닐 불+숨쉴 식
스스로 힘써 몸과 마음을 가다듬어 쉬지 않음

☐ **절차탁마(切磋琢磨)** 끊을 절+갈 차+쪼을 탁+갈 마
옥돌을 쪼고 갈아서 빛을 낸다는 뜻으로, 부지런히 학문과 덕행을 닦음을 이르는 말

☐ **주경야독(晝耕夜讀)** 낮 주+밭갈 경+밤 야+읽을 독
낮에는 밭을 갈고 밤에는 책을 읽는다는 뜻으로, 어려운 여건 속에서도 꿋꿋이 공부하는 것을 이르는 말

☐ **주마가편(走馬加鞭)** 달릴 주+말 마+더할 가+채찍 편
달리는 말에 채찍을 더한다는 뜻으로, 열심히 하는 사람을 더욱 잘하도록 격려함을 이르는 말

☐ **형설지공(螢雪之功)** 개똥벌레 형+눈 설+어조사 지+공 공
가난한 사람이 반딧불과 눈에 반사된 달빛으로 글을 읽어 가며 고생 속에 공부함을 일컫는 말로, 고생을 하면서도 꾸준히 학문을 닦은 보람을 나타냄. 중국 진나라의 차윤이 반딧불을 모아 글을 읽고 손강이 눈에 반사된 달빛으로 글을 읽었다는 고사에서 유래

□ **환골탈태(換骨奪胎)** 바꿀 환+뼈 골+뺏을 탈+아이 밸 태 [수능 출제]

❶ 뼈대를 바꾸고 태를 바꾸어 쓴다는 뜻으로, 고인의 시문의 형식을 바꾸어서 그 짜임새와 수법이 먼저 것보다 잘되게 함을 이르는 말 ❷ 사람이 보다 나은 방향으로 변하여 전혀 딴 사람처럼 됨

노력과 의지

□ **고군분투(孤軍奮鬪)** 외로울 고+군사 군+떨칠 분+싸움 투

힘에 겨운 적과 용감하게 싸움. 또는 약한 힘으로 남의 도움을 받지 않고 힘에 겨운 일을 잘 해냄

□ **마부작침(磨斧作針)** 갈 마+도끼 부+만들 작+바늘 침

아무리 어려운 일이라도 꾸준히 노력하면 이룰 수 있음

□ **발분망식(發憤忘食)** 필 발+성낼 분+잊을 망+먹을 식

단단히 결심하여 끼니까지 잊고 노력함

□ **분골쇄신(粉骨碎身)** 가루 분+뼈 골+부술 쇄+몸 신

뼈는 가루가 되고 몸은 산산조각이 되도록 있는 힘을 다해 노력함. 또는 남을 위하여 그러한 수고를 아끼지 않음

□ **십벌지목(十伐之木)** 열 십+칠 벌+어조사 지+나무 목

열 번 찍어 안 넘어가는 나무가 없다는 뜻으로, 심지가 굳은 사람이라도 여러 번 권하고 꾀면 따르게 된다는 말

□ **악전고투(惡戰苦鬪)** 악할 악+싸울 전+괴로울 고+싸울 투

매우 어려운 조건을 무릅쓰고 힘을 다하여 고생스럽게 싸움

□ **우공이산(愚公移山)** 어리석을 우+귀 공+옮길 이+뫼 산

우공이 산을 옮긴다는 뜻으로, 남이 보기엔 어리석은 일처럼 보이지만 한 가지 일을 끝까지 밀고 나가면 언젠가는 목적을 달성할 수 있다는 말 ㈜ 마부작침(磨斧作針), 적토성산(積土成山)

☐ **적소성대(積小成大)** 쌓을 적+작을 소+이룰 성+큰 대
작거나 적은 것도 쌓이면 크게 되거나 많아짐

☐ **진인사대천명(盡人事待天命)** 다할 진+사람 인+일 사+기다릴 대+하늘 천+목숨 명
인간으로서 할 수 있는 일을 다 하고 나서 하늘의 뜻을 기다림

☐ **칠전팔기(七顚八起)** 일곱 칠+넘어질 전+여덟 팔+일어날 기
일곱 번 넘어져도 여덟 번 일어선다는 뜻으로, 많은 실패에도 굽히지 않고 분투함

실력

☐ **괄목상대(刮目相對)** 비빌 괄+눈 목+서로 상+대할 대
눈을 비비고 상대편을 본다는 뜻으로, 남의 학식이나 재주가 놀랄 만큼 부쩍 늚을 이르는 말

☐ **난형난제(難兄難弟)** 어려울 난+맏 형+어려울 난+동생 제
누구를 형이라 하고 누구를 아우라 하기 어렵다는 뜻으로, 두 사물이 비슷하여 낫고 못함을
정하기 어려움을 이르는 말

☐ **백중지세(伯仲之勢)** 맏 백+버금 중+어조사 지+기세 세
서로 우열을 가리기 힘든 형세

☐ **용호상박(龍虎相搏)** 용 용+범 호+서로 상+싸울 박
용과 범이 서로 싸운다는 뜻으로, 강자끼리 서로 싸움을 이르는 말

☐ **청출어람(靑出於藍)** 푸를 청+날 출+어조사 어+쪽 람 〔수능 출제〕
제자나 후배가 스승이나 선배보다 낫다는 말

☐ **후생가외(後生可畏)** 뒤 후+날 생+가히 가+두려워할 외
후배들이 선배들보다 훌륭하게 될 가능성이 있기 때문에 두려운 존재가 될 수 있다는 말

□ **귤화위지(橘化爲枳)** 귤 귤+될 화+될 위+탱자 지

회남의 귤을 회북으로 옮기어 심으면 귤이 탱자가 된다는 뜻으로, 환경에 따라 사물의 성질이 달라짐을 이르는 말

□ **근묵자흑(近墨者黑)** 가까울 근+먹 묵+사람 자+검을 흑 수능 출제

먹을 가까이 하면 검게 된다는 뜻으로, 좋지 못한 사람과 가까이 하면 악에 물들게 됨을 이르는 말

□ **근주자적(近朱者赤)** 가까울 근+붉을 주+사람 자+붉을 적

붉은 것을 가까이 하면 붉게 된다는 뜻으로, 주위 환경이 중요함을 이르는 말

□ **마중지봉(麻中之蓬)** 삼 마+가운데 중+어조사 지+쑥 봉

삼밭에 나는 쑥이라는 뜻으로, 구부러진 쑥도 삼밭에 나면 저절로 꼿꼿하게 자라듯이 좋은 환경에 있거나 좋은 벗과 사귀면 자연히 주위의 감화를 받아서 훌륭해짐을 이르는 말

가난

□ **계옥지간(桂玉之艱)** 계수나무 계+구슬 옥+어조사 지+어려울 간

계수나무보다 비싼 장작과 옥보다 귀한 쌀로 생활하는 어려움이라는 뜻으로, 물가가 비싼 도회지에서 고학하는 어려움을 비유적으로 이르는 말

□ **남부여대(男負女戴)** 사내 남+질 부+여자 여+일 대

남자는 지고 여자는 이고 감. 곧 가난한 사람들이 떠돌아다니며 사는 것을 말함

□ **삼순구식(三旬九食)** 석 삼+열흘 순+아홉 구+밥 식

서른 날에 아홉 끼니밖에 못 먹는다는 뜻으로, 몹시 가난함을 이르는 말

□ **풍찬노숙(風餐露宿)** 바람 풍+삼킬 찬+이슬 노+잠잘 숙

바람을 먹고 이슬에 잠잔다는 뜻으로, 객지에서 많은 고생을 겪음을 이르는 말

□ **호구지책(糊口之策)** 풀 호+입 구+어조사 지+방책 책

가난한 살림에서 그저 겨우 먹고살아 가는 방책

☐ **견물생심(見物生心)** 볼 견+만물 물+날 생+마음 심
물건을 보면 누구나 그것을 가지고 싶은 욕심이 생긴다는 뜻

☐ **경거망동(輕擧妄動)** 가벼울 경+들 거+허망할 망+움직일 동
경솔하여 생각 없이 망령되게 행동함

☐ **구상유취(口尙乳臭)** 입 구+아직도 상+젖 유+냄새 취
입에서 아직 젖내가 난다는 뜻으로, 말과 행동이 유치함을 얕잡아 일컫는 말

☐ **두문불출(杜門不出)** 막을 두+문 문+아닐 불+날 출 수능 출제
집에서 은거하면서 관직에 나가지 아니하거나 사회의 일을 하지 아니함을 비유적으로 이르
는 말

☐ **반신반의(半信半疑)** 반 반+믿을 신+반 반+의심할 의 수능 출제
얼마쯤 믿으면서도 한편으로는 의심함

☐ **양자택일(兩者擇一)** 두 양+사람 자+가릴 택+한 일 수능 출제
둘 중에서 하나를 고름

☐ **역지사지(易地思之)** 바꿀 역+땅 지+생각 사+어조사 지
처지를 바꾸어서 생각하여 봄

☐ **유구무언(有口無言)** 있을 유+입 구+없을 무+말씀 언
입이 있어도 할 말이 없음. 즉, 변명의 여지가 없음

☐ **은인자중(隱忍自重)** 숨길 은+참을 인+스스로 자+무거울 중
괴로움을 감추어 참고 스스로 몸가짐을 신중히 함

☐ **자포자기(自暴自棄)** 스스로 자+해칠 포+스스로 자+버릴 기
스스로 자신을 학대하고 돌보지 아니한다는 뜻

☐ **자화자찬(自畫自讚)** 스스로 자+그림 화+스스로 자+기릴 찬 수능 출제
자기가 그린 그림을 스스로 칭찬한다는 뜻으로, 자기가 한 일을 스스로 자랑함을 이르는 말

□ **작심삼일(作心三日)** 지을 작+마음 심+석 삼+날 일

단단히 먹은 마음이 사흘을 가지 못한다는 뜻으로, 결심이 굳지 못함을 이르는 말

□ **적반하장(賊反荷杖)** 도둑 적+돌이킬 반+멜 하+몽둥이 장 `수능 출제`

도둑이 도리어 매를 든다는 뜻으로, 잘못한 사람이 아무 잘못도 없는 사람을 나무람을 이르는 말

□ **좌불안석(坐不安席)** 앉을 좌+아닐 불+편안할 안+자리 석

앉기는 앉았으나 편안한 자리가 되지 못한다는 뜻으로, 마음에 불안이나 근심 등이 있어 가만히 앉아 있지 못함을 이르는 말

□ **허장성세(虛張聲勢)** 빌 허+베풀 장+소리 성+기세 세 `수능 출제`

실속은 없으면서 큰소리치거나 허세를 부림

□ **회빈작주(回賓作主)** 돌아올 회+손님 빈+지을 작+주인 주

손님으로 온 사람이 도리어 주인 행세를 한다는 뜻으로, 어떤 일에 대하여 주장하는 사람을 제쳐 놓고 자기 마음대로 처리함을 이르는 말

문제 해결

□ **격화소양(隔靴搔癢)** 사이 뜰 격+가죽신 화+긁을 소+가려울 양

신을 신고 발바닥을 긁는다는 뜻으로, 성에 차지 않거나 철저하지 못한 안타까움을 이르는 말

□ **결자해지(結者解之)** 맺을 결+사람 자+풀 해+어조사 지

맺은 사람이 풀어야 한다는 뜻으로, 자기가 저지른 일은 자기가 해결하여야 함을 이르는 말

□ **등고자비(登高自卑)** 오를 등+높을 고+~서부터 자+낮을 비

높은 곳에 이르기 위해서는 낮은 곳부터 밟아야 한다는 뜻으로, 무슨 일이든지 순서가 있음을 일컫는 말

□ **발본색원(拔本塞源)** 뺄 발+근본 본+막을 색+근원 원

좋지 않은 일의 근본 원인이 되는 요소를 완전히 없애 버려서 다시는 그러한 일이 생길 수 없도록 함

☐ **삼십육계(三十六計)** 석 삼+열 십+여섯 육+꾀할 계
 ❶ 서른 여섯 가지의 계략. 많은 꾀 ❷ 형편이 불리할 때, 달아나는 일을 속되게 이르는 말

☐ **욕속부달(欲速不達)** 하고자 할 욕+빠를 속+아닐 부+통달할 달
 일을 빨리하려고 하면 도리어 이루지 못함

☐ **유비무환(有備無患)** 있을 유+갖출 비+없을 무+근심 환
 미리 준비가 되어 있으면 근심할 것이 없다는 말

☐ **화룡점정(畫龍點睛)** 그림 화+용 룡+점 찍을 점+눈동자 정
 무슨 일을 하는 데에 가장 중요한 부분을 완성함을 비유적으로 이르는 말

말

☐ **감언이설(甘言利說)** 달 감+말씀 언+이로울 이+말씀 설 [수능 출제]
 귀가 솔깃하도록 남의 비위를 맞추거나 이로운 조건을 내세워 꾀는 말

☐ **거두절미(去頭截尾)** 제거할 거+머리 두+끊을 절+꼬리 미
 자잘한 부분은 잘라 버리고 요점만 말함

☐ **견강부회(牽强附會)** 끌 견+굳셀 강+붙을 부+모일 회 [수능 출제]
 이치에 맞지 않는 말을 억지로 끌어 붙여 자기에게 유리하게 함

☐ **삼인성호(三人成虎)** 석 삼+사람 인+이룰 성+범 호
 세 사람이 짜면(똑같이 말하게 되면) 호랑이가 정말 나타난 줄로 믿게 된다는 뜻으로, 거짓 말이라도 여러 사람이 말하게 되면 곧이듣게 된다는 말

☐ **설왕설래(說往說來)** 말씀 설+갈 왕+말씀 설+올 래
 서로 말을 주고받으며 옳으니 그르니 다툼

☐ **아전인수(我田引水)** 나 아+밭 전+끌 인+물 수
 제 논에 물 대기라는 뜻으로, 자기 좋을 대로 이기적인 행동을 함을 일컫는 말 ⑪ 역지사지 (易地思之)

☐ **어불성설(語不成說)** 말씀 어+아닐 불+이룰 성+말씀 설
말이 조금도 사리에 맞지 아니함

☐ **언중유골(言中有骨)** 말씀 언+가운데 중+있을 유+뼈 골
예사로운 말 속에 뼈 같은 속뜻이 있다는 말

☐ **언행일치(言行一致)** 말씀 언+다닐 행+한 일+이를 치
하는 말과 행동이 같음. 말한 대로 실행함

☐ **유언비어(流言蜚語)** 흐를 유+말씀 언+바퀴벌레 비+말씀 어
아무 근거도 없는 뜬소문

☐ **이구동성(異口同聲)** 다를 이+입 구+같을 동+소리 성
여러 사람의 하는 말이 한결같고 일치함

☐ **이실직고(以實直告)** 써 이+열매 실+곧을 직+아뢸 고
사실 그대로 고함

☐ **일구이언(一口二言)** 한 일+입 구+두 이+말씀 언
한 입으로 두말을 함. 곧 한 가지 일에 대하여 말을 이랬다저랬다 함

☐ **중구난방(衆口難防)** 무리 중+입 구+어려울 난+막을 방
뭇사람의 말을 막기는 어렵다는 뜻으로, 막기 어려울 정도로 마구 떠듦을 이르는 말

☐ **중언부언(重言復言)** 거듭 중+말씀 언+다시 부+말씀 언
이미 한 말을 자꾸 되풀이함

☐ **청산유수(靑山流水)** 푸를 청+뫼 산+흐를 유+물 수
말을 거침없이 잘함을 비유적으로 이르는 말

☐ **탁상공론(卓上空論)** 책상 탁+위 상+빌 공+논의할 론
현실성이나 실현성이 없는 허황한 이론이나 논의

☐ **함구무언(緘口無言)** 봉할 함+입 구+없을 무+말씀 언 수능 출제
입을 다물고 아무 말도 하지 아니함

☐ **횡설수설(橫說竪說)** 가로 횡+말씀 설+세울 수+말씀 설 수능 출제
조리가 없이 말을 이러쿵저러쿵 지껄임

꾀

☐ **조삼모사(朝三暮四)** 아침 조+석 삼+저물 모+넉 사
간사한 꾀로 남을 속여 희롱함을 이르는 말. 중국 송나라의 저공의 고사로, 먹이를 아침에
세 개, 저녁에 네 개씩 주겠다는 말에는 원숭이들이 적다고 화를 내더니 아침에 네 개, 저녁
에 세 개씩 주겠다는 말에는 좋아하였다는 데서 유래함

☐ **지록위마(指鹿爲馬)** 가리킬 지+사슴 록+할 위+말 마
❶ 윗사람을 농락하여 권세를 마음대로 함을 이르는 말. 중국 진나라의 조고가 자신의 권세
를 시험하여 보고자 황제 호해에게 사슴을 가리키며 말이라고 한 데서 유래함 ❷ 모순된 것
을 끝까지 우겨서 남을 속이려는 짓을 비유적으로 이르는 말

☐ **호가호위(狐假虎威)** 여우 호+거짓 가+범 호+위엄 위
남의 권세를 빌려 위세를 부림. 〈전국책〉의 '초책(楚策)'에 나오는 말로 여우가 호랑이의 위
세를 빌려 호기를 부린다는 데에서 유래함

안이한 대처

☐ **고식지계(姑息之計)** 시어미 고+숨 쉴 식+어조사 지+꾀 계
당장의 편안함만을 꾀하는 일시적인 방편

☐ **동족방뇨(凍足放尿)** 얼 동+발 족+놓을 방+오줌 뇨
언 발에 오줌 누기라는 뜻으로, 잠시 동안만 효력이 있을 뿐 효력이 바로 사라짐을 비유적
으로 이르는 말

□ **미봉책(彌縫策)** 두루 미＋꿰맬 봉＋꾀 책
눈가림만 하는 일시적인 계책

□ **임기응변(臨機應變)** 임할 임＋기회 기＋응할 응＋변할 변 수능 출제
그때그때 처한 사태에 맞추어 즉각 그 자리에서 결정하거나 처리함

□ **하석상대(下石上臺)** 아래 하＋돌 석＋위 상＋대 대
아랫돌 빼서 윗돌 괴기. 임시변통으로 이리저리 둘러맞춤을 이르는 말

다툼

□ **갑론을박(甲論乙駁)** 첫째 갑＋말할 론＋새 을＋어긋날 박 수능 출제
여러 사람이 서로 자신의 주장을 내세우며 상대편의 주장을 반박함

□ **견원지간(犬猿之間)** 개 견＋원숭이 원＋어조사 지＋사이 간
개와 원숭이의 사이처럼 매우 나쁜 두 관계 ⊕ 빙탄지간(氷炭之間)

□ **이이제이(以夷制夷)** 써 이＋오랑캐 이＋억제할 제＋오랑캐 이
오랑캐로 오랑캐를 무찌른다는 뜻으로, 한 세력을 이용하여 다른 세력을 제어함을 이르는 말

□ **자중지란(自中之亂)** 스스로 자＋가운데 중＋어조사 지＋어지러울 란 수능 출제
같은 편끼리 하는 싸움

□ **중과부적(衆寡不敵)** 무리 중＋적을 과＋아닐 부＋적수 적
적은 수효로는 많은 수효를 대적하지 못한다는 뜻

□ **호각지세(互角之勢)** 서로 호＋뿔 각＋어조사 지＋형세 세
우열을 가리기 힘든 형국을 일컫는 말

☐ **고장난명(孤掌難鳴)** 외로울 고+손바닥 장+어려울 난+울 명
외손뼉만으로는 소리가 울리지 않는다는 뜻으로, 상대 없는 싸움이 없다는 말. 또는 일은 혼자서만 하여 잘되는 것이 아니라는 말

☐ **동고동락(同苦同樂)** 같을 동+괴로울 고+같을 동+즐거울 락
괴로움을 함께하고 즐거움도 함께한다는 뜻으로, 세상의 즐거운 일과 괴로운 일들을 모두 함께 겪는 것을 이르는 말

☐ **십시일반(十匙一飯)** 열 십+숟가락 시+한 일+밥 반
밥 열 술이 한 그릇이 된다는 뜻으로, 여러 사람이 조금씩 힘을 합하면 한 사람을 돕기 쉬움을 이르는 말

☐ **어부지리(漁父之利)** 고기 잡을 어+아비 부+어조사 지+이로울 리
조개와 도요새가 서로 버티는 통에 어부가 둘을 다 잡아 이득을 봄. 즉 제삼자만 이롭게 하는 다툼을 이르는 말 ㈜ 견토지쟁(犬兎之爭), 방휼지쟁(蚌鷸之爭)

☐ **일거양득(一擧兩得)** 한 일+들 거+두 량+얻을 득 수능 출제
한 가지 일을 하여 두 가지 이익을 얻음
㈜ 일석이조(一石二鳥) : 돌 한 개를 던져 새 두 마리를 잡는다는 뜻으로, 동시에 두 가지 이득을 봄을 이르는 말

☐ **각주구검(刻舟求劍)** 새길 각+배 주+구할 구+칼 검
칼을 강물에 떨어뜨리자 뱃전에 그 자리를 표시했다가 나중에 그 칼을 찾으려 한다는 뜻으로, 판단력이 둔하여 세상일에 어둡고 어리석다는 뜻

☐ **교주고슬(膠柱鼓瑟)** 아교 교+기둥 주+북 고+큰 거문고 슬

비파나 거문고의 기러기발을 아교로 붙여 놓으면 음조를 바꾸지 못하여 한 가지 소리밖에 내지 못하듯이, 고지식하여 융통성이 전혀 없음을 이르는 말

☐ **마이동풍(馬耳東風)** 말 마+귀 이+동녘 동+바람 풍 〔수능 출제〕

동풍이 말의 귀를 스쳐간다는 뜻으로, 남의 말을 귀담아듣지 아니하고 지나쳐 흘려버림을 이르는 말

☐ **미생지신(尾生之信)** 꼬리 미+날 생+어조사 지+믿을 신

우직하여 융통성이 없이 약속만을 굳게 지킴을 비유적으로 이르는 말

☐ **배중사영(杯中蛇影)** 잔 배+가운데 중+뱀 사+그림자 영

술잔 속의 뱀 그림자라는 뜻으로, 아무것도 아닌 일에 의심을 품고 지나치게 근심을 함

☐ **부화뇌동(附和雷同)** 붙을 부+화할 화+우뢰 뇌+한가지 동 〔수능 출제〕

줏대 없이 남의 의견에 따라 움직임

☐ **수수방관(袖手傍觀)** 소매 수+손 수+곁 방+볼 관

팔짱을 끼고 보고만 있다는 뜻으로, 간섭하거나 거들지 아니하고 그대로 버려둠을 이르는 말

☐ **수주대토(守株待兎)** 지킬 수+그루 주+기다릴 대+토끼 토

우연히 토끼가 부딪쳐 죽었던 그루터기만 지키며 토끼를 기다린다는 뜻으로, 고지식하고 융통성이 없어 구습과 전례만 고집함을 이르는 말

☐ **좌정관천(坐井觀天)** 앉을 좌+우물 정+볼 관+하늘 천

우물 속에 앉아 하늘을 본다는 뜻으로, 견문이 매우 좁음을 이르는 말

☐ **주마간산(走馬看山)** 달릴 주+말 마+볼 간+뫼 산

말을 타고 달리며 산천을 구경한다는 뜻으로, 자세히 살피지 아니하고 대충대충 보고 지나감을 이르는 말

☐ **침소봉대(針小棒大)** 바늘 침+작을 소+몽둥이 봉+큰 대 〔수능 출제〕

작은 일을 크게 불리어 떠벌림

☐ **동문서답(東問西答)** 동녘 동+물을 문+서녘 서+답할 답 수능 출제

물음과는 전혀 상관없는 엉뚱한 대답

☐ **목불식정(目不識丁)** 눈 목+아닐 불+알 식+고무래 정

고무래 정(丁) 자를 보고도 그것이 고무래인 줄 모른다는 뜻으로, 글자를 전혀 모름 또는 그러한 사람을 비유해 이르는 말

☐ **숙맥불변(菽麥不辨)** 콩 숙+보리 맥+아닐 불+분별할 변

콩인지 보리인지를 구별하지 못한다는 뜻으로, 사리 분별을 못 하는 어리석음을 이르는 말

☐ **일자무식(一字無識)** 한 일+글자 자+없을 무+알 식

글자를 한 자도 알지 못할 정도로 무식함

☐ **당랑거철(螳螂拒轍)** 사마귀 당+사마귀 랑+막을 거+바큇자국 철

사마귀가 수레바퀴를 막는다는 뜻으로, 자기의 힘은 헤아리지 않고 강자(强者)에게 함부로 덤빔을 이르는 말

☐ **백년하청(百年河淸)** 일백 백+해 년+강 하+푸를 청 수능 출제

중국의 황허강(黃河江)이 늘 흐려 맑을 때가 없다는 뜻으로, 아무리 오랜 시일이 지나도 어떤 일이 이루어지기 어려움을 이르는 말

☐ **연목구어(緣木求魚)** 인연 연+나무 목+구할 구+고기 어 수능 출제

나무에 올라가서 물고기를 구한다는 뜻으로, 도저히 불가능한 일을 하려고 함을 비유적으로 이르는 말

☐ **이란투석(以卵投石)** 써 이+알 란+던질 투+돌 석 수능 출제

달걀로 돌을 친다는 뜻으로, 아주 약한 것으로 강한 것에 대항하려는 어리석음을 비유적으로 이르는 말

지나침

☐ **과대망상(誇大妄想)** 자랑할 과+큰 대+허망할 망+생각 상

털없이 과장하여 엉뚱하게 생각함

☐ **과유불급(過猶不及)** 지날 과+같을 유+아닐 불+미칠 급

정도를 지나침은 미치지 못함과 같다는 뜻으로, 중용(中庸)이 중요함을 이르는 말

☐ **교각살우(矯角殺牛)** 바로잡을 교+뿔 각+죽일 살+소 우

소의 뿔을 바로잡으려다가 소를 죽인다는 뜻으로, 잘못된 점을 고치려다가 그 방법이나 정도가 지나쳐 오히려 일을 그르침을 이르는 말

☐ **교왕과직(矯枉過直)** 바로잡을 교+굽을 왕+지날 과+곧을 직

굽은 것을 바로잡으려다가 정도에 지나치게 곧게 한다는 뜻으로, 잘못된 것을 바로잡으려다가 너무 지나쳐서 오히려 나쁘게 됨을 이르는 말

실패와 극복

☐ **개과천선(改過遷善)** 고칠 개+허물 과+옮길 천+착할 선 [수능 출제]

지난날의 잘못이나 허물을 고쳐 올바르고 착하게 됨

☐ **권토중래(捲土重來)** 말 권+흙 토+거듭할 중+올 래

❶ 땅을 말아 일으킬 것 같은 기세로 다시 온다는 뜻으로, 한 번 실패하였다가 세력을 회복하여 다시 쳐들어옴을 이르는 말 ❷ 한 번 실패한 뒤에 힘을 가다듬어 다시 그 일에 착수함을 비유하여 이르는 말

☐ **백절불굴(百折不屈)** 일백 백+꺾을 절+아닐 불+굽힐 굴

여러 번 꺾어져도 결코 굽히지 않음 ㊜ 백절불요(百折不撓)

☐ **와신상담(臥薪嘗膽)** 누울 와+땔나무 신+맛볼 상+쓸개 담

원수를 갚기 위해 괴롭고 어려운 일을 참고 견딤. 중국 춘추 시대 오나라의 왕 부차가 섶 위에서 잠을 자면서 월나라의 왕 구천에게 패한 설움을 설욕하였고, 구천 역시 쓴 쓸개의 맛을 보면서 부차에게 다시 복수를 하였다는 데서 유래한 성어

이중적 태도

☐ **감탄고토(甘呑苦吐)** 달 감+삼킬 탄+쓸 고+뱉을 토
달면 삼키고 쓰면 뱉는다는 뜻으로, 자신의 비위에 따라서 사리의 옳고 그름을 판단함을 이르는 말

☐ **경이원지(敬而遠之)** 공경 경+말 이을 이+멀 원+어조사 지
겉으로는 존경하는 체하면서 속으로는 멀리함

☐ **교언영색(巧言令色)** 교묘할 교+말씀 언+좋을 령+빛 색
아첨하는 말과 알랑거리는 태도

☐ **구밀복검(口蜜腹劍)** 입 구+꿀 밀+배 복+칼 검
입에는 꿀이 있고 배 속에는 칼이 있다는 뜻으로, 입으로는 친절하나 속으로는 해칠 생각을 품었음을 비유하여 일컫는 말

☐ **권상요목(勸上搖木)** 권할 권+위 상+흔들 요+나무 목
나무에 오르게 하고 흔든다는 뜻으로, 남을 부추겨 놓고 낭패를 보도록 방해함을 이르는 말

☐ **동상이몽(同牀異夢)** 한가지 동+평상 상+다를 이+꿈 몽 [수능 출제]
같은 자리에 자면서 다른 꿈을 꾼다는 뜻으로, 겉으로는 같이 행동하면서도 속으로는 각각 딴생각을 하고 있음을 이르는 말

☐ **면종복배(面從腹背)** 낯 면+따를 종+배 복+등 배 [수능 출제]
겉으로는 복종하는 체하면서 내심으로는 배반함

☐ **양두구육(羊頭狗肉)** 양 양+머리 두+개 구+고기 육
양 머리를 걸어 놓고 개고기를 판다는 뜻으로, 겉은 훌륭해 보이나 속은 그렇지 못한 것을 이르는 말
㉾ 양질호피(羊質虎皮) : 속은 양이고 거죽은 호랑이라는 뜻으로, 거죽은 훌륭하나 실속이 없음을 이르는 말

☐ **자가당착(自家撞着)** 스스로 자+집 가+칠 당+붙을 착
같은 사람의 말이나 행동이 앞뒤가 서로 맞지 아니하고 모순됨

□ **토사구팽(兎死狗烹)** 토끼 토+죽을 사+개 구+삶을 팽

사냥하러 가서 토끼를 잡으면 사냥하던 개는 쓸모가 없게 되어 삶아 먹는다는 뜻으로, 필요할 때는 요긴하게 써 먹고 쓸모가 없어지면 가혹하게 버림을 이르는 말

□ **표리부동(表裏不同)** 겉 표+속 리+아닐 부+같을 동 수능 출제

겉과 속이 다름

무례한 태도

□ **막무가내(莫無可奈)** 없을 막+없을 무+옳을 가+어찌 내

달리 어찌할 수 없음

□ **방약무인(傍若無人)** 곁 방+같을 약+없을 무+사람 인 수능 출제

곁에 사람이 없는 것처럼 아무 거리낌 없이 함부로 행동함

□ **백안시(白眼視)** 흰 백+눈 안+볼 시

남을 업신여기거나 무시하는 태도로 흘겨봄

□ **안하무인(眼下無人)** 눈 안+아래 하+없을 무+사람 인 수능 출제

눈 아래에 사람이 없다는 뜻으로, 방자하고 교만하여 사람을 모두 얕잡아 봄을 이르는 말

□ **천방지축(天方地軸)** 하늘 천+모 방+땅 지+굴대 축

함부로 날뛰는 모양

□ **파렴치한(破廉恥漢)** 깨뜨릴 파+청렴할 렴+부끄러울 치+한수 한

염치를 모르는 뻔뻔한 사람

□ **후안무치(厚顔無恥)** 두터울 후+얼굴 안+없을 무+부끄러워할 치

뻔뻔스러워 부끄러워할 줄 모름

☐ **격세지감(隔世之感)** 막힐 격+세상 세+어조사 지+느낄 감
오래지 않은 동안에 몰라보게 변하여 아주 다른 세상이 된 것 같은 느낌

☐ **고려공사(高麗公事)** 높을 고+고울 려+공평할 공+일 사
정치가 어지러워 법령의 개폐가 심하던 고려 말기의 상황을 빗대어, 한 번 시작한 일이 오래 지속되지 못함을 비유적으로 이르는 말

☐ **상전벽해(桑田碧海)** 뽕나무 상+밭 전+푸를 벽+바다 해 [수능 출제]
뽕나무밭이 푸른 바다가 된다는 뜻으로 세상일의 변천이 심함을 비유적으로 이르는 말

☐ **조변석개(朝變夕改)** 아침 조+변할 변+저녁 석+고칠 개 [수능 출제]
아침저녁으로 뜯어고친다는 뜻으로, 계획이나 결정 따위를 일관성이 없이 자주 고침을 이르는 말 ㉤ 조령모개(朝令暮改) : 아침에 명령을 내리고 저녁에 다시 고침

☐ **주객전도(主客顚倒)** 주인 주+손 객+꼭대기 전+넘어질 도
주인과 손의 위치가 서로 뒤바뀐다는 뜻으로, 사물의 경중·선후·완급 따위가 서로 뒤바뀜을 이르는 말

☐ **천선지전(天旋地轉)** 하늘 천+돌 선+땅 지+구를 전
세상일이 크게 변함

☐ **환부작신(換腐作新)** 바꿀 환+썩을 부+지을 작+새 신
썩은 것을 싱싱한 것으로 바꿈

☐ **건곤일척(乾坤一擲)** 하늘 건+땅 곤+한 일+던질 척
하늘과 땅을 걸고 주사위를 한 번 던져 승패를 건다는 뜻으로, 운명을 걸고 단판걸이로 승부를 겨룸을 이르는 말

☐ **경천동지(驚天動地)** 놀랄 경+하늘 천+움직일 동+땅 지
하늘을 놀라게 하고 땅을 뒤흔든다는 뜻으로, 세상을 몹시 놀라게 함을 비유적으로 이르는 말

☐ **기사회생(起死回生)** 일어날 기+죽을 사+돌아올 회+살 생
거의 죽을 뻔하다가 도로 살아남

☐ **동분서주(東奔西走)** 동녘 동+달아날 분+서녘 서+달릴 주
동쪽으로 뛰고 서쪽으로 뛴다는 뜻으로, 사방으로 이리저리 몹시 바쁘게 돌아다님을 이르
는 말

☐ **무소불위(無所不爲)** 없을 무+바 소+아닐 불+할 위
무슨 일이든 하지 못할 것이 없음

☐ **무위도식(無爲徒食)** 없을 무+할 위+헛될 도+먹을 식
아무 하는 일 없이 놀고먹음

☐ **문전성시(門前成市)** 문 문+앞 전+이룰 성+시장 시
문 앞이 저자(市)를 이룬다는 뜻으로, 권세가나 부잣집 문 앞이 방문객으로 저자를 이루다
시피 붐빈다는 말 ④ 문전여시(門前如市), 문정여시(門庭如市)

☐ **아비규환(阿鼻叫喚)** 언덕 아+코 비+부르짖을 규+부를 환
불교에서 아비지옥과 규환지옥을 아울러 이르는 말로, 여러 사람이 비참한 지경에 빠져 울
부짖는 참상을 비유적으로 이르는 말

☐ **오리무중(五里霧中)** 다섯 오+마을 리+안개 무+가운데 중 |수능 출제|
오 리나 되는 짙은 안개 속에 있다는 뜻으로, 무슨 일에 대하여 방향이나 갈피를 잡을 수 없
음을 이르는 말

☐ **오비이락(烏飛梨落)** 까마귀 오+날 비+배나무 이+떨어질 락
까마귀 날자 배 떨어진다는 뜻으로, 아무 관계도 없이 한 일이 공교롭게도 동시에 일어나
다른 일과 관련이 있는 것처럼 혐의를 받게 됨을 이르는 말

☐ **용두사미(龍頭蛇尾)** 용 용+머리 두+뱀 사+꼬리 미
용의 머리에 뱀의 꼬리라는 뜻으로, 처음 시작은 아주 그럴듯하게 보였으나 끝에 가서는 흐
지부지하는 경우를 일컫는 말

☐ **이전투구(泥田鬪狗)** 진흙 이+밭 전+싸울 투+개 구

진흙탕에서 싸우는 개라는 뜻으로, 명분이 서지 않는 일로 몰골사납게 싸움을 일컫는 말

☐ **일진일퇴(一進一退)** 한 일+나아갈 진+한 일+물러날 퇴 [수능 출제]

한 번 앞으로 나아갔다 한 번 뒤로 물러섰다 함

☐ **자승자박(自繩自縛)** 스스로 자+줄 승+스스로 자+묶을 박 [수능 출제]

자기의 줄로 자기 몸을 옭아 묶는다는 뜻으로, 자기가 한 말과 행동으로 인하여 자신이 곤란하게 됨을 이르는 말

☐ **점입가경(漸入佳境)** 점점 점+들 입+아름다울 가+지경 경 [수능 출제]

❶ 들어갈수록 점점 재미가 있음 ❷ 시간이 지날수록 하는 짓이나 몰골이 더욱 꼴불견임을 비유적으로 이르는 말

☐ **천려일실(千慮一失)** 일천 천+생각할 려+한 일+잃을 실

천 번 생각에 한 번 실수라는 뜻으로, 슬기로운 사람이라도 여러 가지 생각 가운데에는 잘못되는 것이 있을 수 있음을 이르는 말

☐ **천우신조(天佑神助)** 하늘 천+도울 우+귀신 신+도울 조

하늘이 돕고 신령이 도움

☐ **청천벽력(靑天霹靂)** 푸를 청+하늘 천+벼락 벽+벼락 력

마른하늘에 날벼락이라는 뜻으로, 예기치 못한 큰 사고나 사건을 비유적으로 이르는 말

☐ **파죽지세(破竹之勢)** 깨뜨릴 파+대 죽+어조사 지+기세 세

대나무를 쪼개는 듯한 형세, 즉 감히 대적할 수 없을 정도로 막힘없이 밀고 쳐들어가는 형세 ㉰ 기호지세(騎虎之勢)

☐ **함흥차사(咸興差使)** 다 함+일어날 흥+어긋날 차+부릴 사

심부름을 간 사람이 소식이 아주 없거나 또는 회답이 좀처럼 오지 않음을 비유하는 말

□ **고립무원(孤立無援)** 외로울 고+설 립+없을 무+도울 원 [수능 출제]
고립되어 구원을 받을 데가 없음

□ **구사일생(九死一生)** 아홉 구+죽을 사+한 일+날 생 [수능 출제]
아홉 번 죽을 뻔하다 한 번 살아난다는 뜻으로, 죽을 고비를 여러 차례 넘기고 겨우 살아남을 이르는 말

□ **누란지세(累卵之勢)** 여러 누+알 란+어조사 지+형세 세
새알을 쌓아놓은 듯한 위태로운 형세

□ **명재경각(命在頃刻)** 목숨 명+있을 재+단위 경+새길 각 [수능 출제]
거의 죽게 되어 곧 숨이 끊어질 지경에 이름

□ **백척간두(百尺竿頭)** 일백 백+자 척+장대 간+머리 두
백 척 높이의 장대 위에 올라섰다는 뜻으로, 몹시 위태롭고 어려운 지경을 이르는 말

□ **사고무친(四顧無親)** 넉 사+돌아볼 고+없을 무+친척 친 [수능 출제]
의지할 만한 사람이 아무도 없음

□ **사면초가(四面楚歌)** 넉 사+대할 면+초나라 초+노래 가 [수능 출제]
아무에게도 도움을 받지 못하는, 외롭고 곤란한 지경에 빠진 형편을 이르는 말

□ **생사기로(生死岐路)** 날 생+죽을 사+갈림길 기+길 로
사느냐 죽느냐 하는 갈림길

□ **여리박빙(如履薄氷)** 같을 여+밟을 리+얇을 박+얼음 빙
얇은 얼음을 밟는 것과 같다는 뜻으로, 아슬아슬하고 위험한 일을 비유적으로 이르는 말

□ **진퇴양난(進退兩難)** 나아갈 진+물러날 퇴+두 양+어려울 난 [수능 출제]
앞으로 나아가기도 어렵고 뒤로 물러나기도 어려운 매우 곤란한 상태

□ **진퇴유곡(進退維谷)** 나아갈 진+물러날 퇴+바 유+골 곡
앞으로 나아가도 뒤로 물러나도 골짜기만 있다는 뜻으로, 꼼짝할 수 없는 궁지에 빠진 상태를 일컬음

□ **초미지급(焦眉之急)** 그을릴 초+눈썹 미+어조사 지+급할 급
눈썹에 불이 붙었다는 뜻으로, 매우 급함을 이르는 말

□ **풍전등화(風前燈火)** 바람 풍+앞 전+등불 등+불 화
바람 앞에 놓인 등불, 즉 사물이 매우 위태로운 처지에 놓여 있음을 비유적으로 이르는 말

대책

□ **고육지계(苦肉之計)** 괴로울 고+살 육+어조사 지+꾀 계
제 몸을 상해 가면서까지 꾸며 내는 방책이라는 뜻으로, 어려운 상태에서 벗어나기 위해 어쩔 수 없이 꾸며 내는 계책을 이르는 말

□ **배수지진(背水之陣)** 등 배+물 수+어조사 지+진칠 진
물을 등지고 친 진지라는 뜻으로, 어떤 일을 성취하기 위하여 더 이상 물러설 수 없음을 비유적으로 이르는 말 = 배수진(背水陣)

□ **사생결단(死生決斷)** 죽을 사+날 생+결정할 결+끊을 단
죽고 사는 것을 돌보지 않고 끝장을 내려고 함

□ **삼고초려(三顧草廬)** 석 삼+돌아볼 고+풀 초+오두막 려
초가집을 세 번 찾아간다는 뜻으로, 인재를 맞아들이기 위해서 참을성 있게 노력함을 이르는 말

□ **암중모색(暗中摸索)** 어두울 암+가운데 중+살필 모+살필 색 [수능 출제]
은밀한 가운데 일의 실마리나 해결책을 찾아내려 힘

□ **오월동주(吳越同舟)** 오나라 오+월나라 월+같을 동+배 주 [수능 출제]
서로 적의를 품은 사람들이 한자리에 있게 된 경우나 서로 협력하여야 하는 상황을 비유적으로 이르는 말

□ **이열치열(以熱治熱)** 써 이+더울 열+다스릴 치+더울 열 [수능 출제]
열은 열로써 다스림. 곧 열이 날 때에 땀을 낸다든지, 더위를 뜨거운 차를 마셔서 이긴다든
지, 힘은 힘으로 물리친다는 따위를 이를 때에 흔히 쓰는 말

□ **일벌백계(一罰百戒)** 한 일+벌할 벌+일백 백+경계할 계
한 사람을 벌주어 백 사람을 경계한다는 뜻으로, 다른 사람들에게 경각심을 불러일으키기
위하여 본보기로 한 사람에게 엄한 처벌을 하는 일을 이르는 말

교훈

□ **귀감(龜鑑)** 거북 귀+거울 감
거울로 삼아 본받을 만한 모범

□ **반면교사(反面敎師)** 돌이킬 반+낯 면+가르칠 교+스승 사
사람이나 사물 따위의 부정적인 면에서 얻는 깨달음이나 가르침을 주는 대상을 이르는 말

□ **복거지계(覆車之戒)** 엎어질 복+수레 거+어조사 지+경계할 계
앞의 수레가 엎어지는 것을 보고 뒤의 수레는 미리 경계하여 엎어지지 않도록 한다는 뜻으
로, 앞사람의 실패를 거울삼아 자기를 경계함을 이르는 말

□ **정문일침(頂門一鍼)** 정수리 정+문 문+한 일+바늘 침
정수리에 침을 놓는다는 뜻으로, 잘못의 급소를 찔러 따끔하게 비판하거나 충고하는 것을
이르는 말

□ **촌철살인(寸鐵殺人)** 마디 촌+쇠 철+죽일 살+사람 인
단 한 치밖에 되지 않는 쇠로 사람을 죽인다는 뜻으로, 간단한 말이나 글로써 상대방의 급
소를 찔러 당황하게 만들거나 감동을 시킬 수 있음을 이르는 말

□ **타산지석(他山之石)** 다를 타+뫼 산+어조사 지+돌 석
다른 산의 나쁜 돌이라도 자신의 산의 옥돌을 가는 데에 쓸 수 있다는 뜻으로, 본이 되지
않는 남의 말이나 행동도 자신의 지식과 인격을 수양하는 데에 도움이 될 수 있음을 비유
적으로 이르는 말

☐ **교외별전(敎外別傳)** 가르칠 교+바깥 외+다를 별+전할 전
경전 이외의 특별한 전승이라는 뜻으로, 언어나 문자에 근거하지 않고 마음으로써 깊은 뜻을 전함을 의미함

☐ **불립문자(不立文字)** 아닐 불+설 립+글월 문+글자 자
문자나 말로써 도를 전하지 아니함

☐ **심심상인(心心相印)** 마음 심+마음 심+서로 상+도장 인
마음과 마음에 서로를 새긴다는 뜻으로, 묵묵한 가운데 서로 마음이 통함을 이르는 말

☐ **염화미소(拈華微笑)** 집을 염+빛날 화+작을 미+웃을 소
꽃을 집어 들고 웃음을 띤다는 뜻으로, 말로 하지 않고 마음에서 마음으로 전하는 일을 이르는 말

☐ **이심전심(以心傳心)** 써 이+마음 심+전할 전+마음 심
마음에서 마음으로 전함

☐ **각골지통(刻骨之痛)** 새길 각+뼈 골+어조사 지+아플 통 수능 출제
뼈에 사무칠 만큼 원통함. 또는 그런 일

☐ **감개무량(感慨無量)** 느낄 감+슬퍼할 개+없을 무+헤아릴 량
마음속에 품은 느낌이 끝이 없음

☐ **기고만장(氣高萬丈)** 기운 기+높을 고+일만 만+어른 장 수능 출제
일이 뜻대로 잘될 때, 우쭐하여 뽐내는 기세가 대단함

☐ **노심초사(勞心焦思)** 힘쓸 노+마음 심+애 태울 초+생각 사
몹시 마음을 쓰면서 애를 태운다는 말

☐ **대경실색(大驚失色)** 클 대+놀랄 경+잃을 실+빛 색 〔수능 출제〕
몹시 놀라 얼굴빛이 하얗게 질림

☐ **명경지수(明鏡止水)** 밝을 명+거울 경+그칠 지+물 수
❶ 거울과 같이 맑고 잔잔한 물 ❷ 마음이 고요하고 잡념이 없이 아주 맑고 깨끗함

☐ **목불인견(目不忍見)** 눈 목+아닐 불+참을 인+볼 견
눈앞에 벌어진 상황 따위를 눈 뜨고는 차마 볼 수 없음

☐ **아연실색(啞然失色)** 벙어리 아+그럴 연+잃을 실+빛 색
뜻밖의 일에 얼굴빛이 변할 정도로 놀람

☐ **자격지심(自激之心)** 스스로 자+격할 격+어조사 지+마음 심 〔수능 출제〕
자기가 한 일에 대하여 스스로 미흡하게 여기는 마음

☐ **전전긍긍(戰戰兢兢)** 무서워 떨 전+무서워 떨 전+조심할 긍+조심할 긍 〔수능 출제〕
몹시 두려워서 벌벌 떨며 조심함

☐ **좌고우면(左顧右眄)** 왼쪽 좌+돌아볼 고+오른쪽 우+곁눈질할 면
이쪽저쪽을 돌아본다는 뜻으로, 앞뒤를 재고 망설임을 이르는 말

☐ **학수고대(鶴首苦待)** 학 학+머리 수+괴로워할 고+기다릴 대
학의 목처럼 목을 길게 늘여 몹시 기다린다는 뜻

☐ **혼비백산(魂飛魄散)** 넋 혼+날 비+넋 백+흩어질 산
혼백이 어지러이 흩어진다는 뜻으로, 몹시 놀라거나 두려워서 넋을 잃음을 이르는 말

은혜

☐ **각골난망(刻骨難忘)** 새길 각+뼈 골+어려울 난+잊을 망
남에게 입은 은혜가 뼈에 새길 만큼 커서 잊히지 않음 ⑨ 백골난망(白骨難忘)

☐ **결초보은(結草報恩)** 맺을 결+풀 초+갚을 보+은혜 은 수능 출제
죽은 뒤에라도 은혜를 잊지 않고 갚음을 이르는 말

☐ **배은망덕(背恩忘德)** 배반할 배+은혜 은+잊을 망+덕 덕
남한테 입은 은덕을 저버리고 배신하는 태도가 있음

그리움

☐ **간운보월(看雲步月)** 볼 간+구름 운+걸음 보+달 월
낮에는 구름을 바라보고 밤에는 달빛 아래 거닌다는 뜻으로, 객지에서 고향을 그리워하는
마음을 이르는 말

☐ **상사불망(相思不忘)** 서로 상+생각 사+아닐 불+잊을 망
서로 그리워하여 잊지 못함

☐ **수구초심(首丘初心)** 머리 수+언덕 구+처음 초+마음 심
여우가 죽을 때에 머리를 저 살던 굴 쪽으로 향한다는 뜻으로, 고향을 그리워하는 마음을
이르는 말 ⑨ 호사수구(狐死首丘)

☐ **오매불망(寤寐不忘)** 잠 깰 오+잠잘 매+아닐 불+잊을 망 수능 출제
자나 깨나 잊지 못함

☐ **전전반측(輾轉反側)** 돌아누울 전+구를 전+되돌릴 반+곁 측
이리 뒤척 저리 뒤척한다는 뜻으로, 걱정거리로 마음이 괴로워 잠을 이루지 못함을 이르는
말 ⑨ 전전불매(輾轉不寐)

슬픔

☐ **동병상련(同病相憐)** 같을 동+병 병+서로 상+불쌍히 여길 련 〔수능 출제〕
같은 병의 환자끼리 서로 가엾게 여김. 즉 처지가 비슷한 사람끼리 동정함

☐ **애이불비(哀而不悲)** 슬플 애+어조사 이+아닐 불+슬플 비
속으로는 슬프지만 겉으로는 슬픔을 나타내지 아니함. 김소월 '진달래꽃'의 태도

☐ **애이불상(哀而不傷)** 슬플 애+어조사 이+아닐 불+다칠 상
슬퍼하되 정도를 넘지 아니함

기쁨과 웃음

☐ **금상첨화(錦上添花)** 비단 금+위 상+더할 첨+꽃 화
비단 위에 꽃을 더한다는 뜻으로, 좋은 일 위에 또 좋은 일이 더하여짐을 비유적으로 이르는 말

☐ **다다익선(多多益善)** 많을 다+많을 다+더할 익+착할 선 〔수능 출제〕
많으면 많을수록 더욱 좋음

☐ **박장대소(拍掌大笑)** 칠 박+손바닥 장+클 대+웃음 소
손뼉을 치며 크게 웃음

☐ **포복절도(抱腹絶倒)** 안을 포+배 복+끊을 절+넘어질 도
배를 끌어안고 넘어질 정도로 몹시 웃음

분노

☐ **분기탱천(憤氣撑天)** 성낼 분+기운 기+버팀목 탱+하늘 천
분한 마음이 하늘을 찌를 듯 격렬하게 북받쳐 오름 ㈜ 분기충천(憤氣衝天)

☐ **비분강개(悲憤慷慨)** 슬플 비+성낼 분+강개할 강+분개할 개
슬프고 분한 느낌이 마음속에 가득 차 있음

□ **절치부심(切齒腐心)** 끊을 절+이 치+썩을 부+마음 심

몹시 분하여 이를 갈면서 속을 썩임

□ **천인공노(天人共怒)** 하늘 천+사람 인+함께 공+성낼 노

하늘과 사람이 함께 분노한다는 뜻으로, 누구나 분노할 만큼 증오스럽거나 도저히 용납할 수 없음을 이르는 말

□ **함분축원(含憤蓄怨)** 머금을 함+분할 분+쌓을 축+원망할 원

분한 마음을 품고 원한을 쌓음

불행

□ **계란유골(鷄卵有骨)** 닭 계+알 란+있을 유+뼈 골

달걀에도 뼈가 있다는 뜻으로, 운수가 나쁜 사람은 모처럼 좋은 기회를 만나도 역시 일이 잘 안됨을 이르는 말

□ **설상가상(雪上加霜)** 눈 설+위 상+더할 가+서리 상 수능 출제

눈 위에 서리가 덮인다는 뜻으로, 난처한 일이나 불행한 일이 잇따라 일어남을 이르는 말

□ **칠전팔도(七顚八倒)** 일곱 칠+엎드러질 전+여덟 팔+넘어질 도

일곱 번 넘어지고 여덟 번 거꾸러진다는 말로, 실패를 거듭하거나 몹시 고생함을 이르는 말

기회

□ **만시지탄(晚時之歎)** 늦을 만+때 시+어조사 지+탄식할 탄 수능 출제

시기에 늦어 기회를 놓쳤음을 안타까워하는 탄식

□ **천재일우(千載一遇)** 일천 천+해 재+한 일+만날 우 수능 출제

천 년 동안 단 한 번 만난다는 뜻으로, 좀처럼 만나기 어려운 좋은 기회를 이르는 말

☐ **고진감래(苦盡甘來)** 쓸 고+다할 진+달 감+올 래 [수능 출제]
쓴 것이 다하면 단 것이 온다는 뜻으로, 고생 끝에 즐거움이 옴을 이르는 말

☐ **사필귀정(事必歸正)** 일 사+반드시 필+돌아갈 귀+바를 정 [수능 출제]
모든 일은 반드시 바른길로 돌아감

☐ **새옹지마(塞翁之馬)** 변방 새+늙은이 옹+어조사 지+말 마 [수능 출제]
❶ 세상만사가 변화가 많아 어느 것이 화가 되고, 어느 것이 복이 될지 예측하기 어렵다는 말 ❷ 인생의 길흉화복은 변화가 많아서 예측하기가 어렵다는 말

☐ **인과응보(因果應報)** 인할 인+실과 과+응할 응+갚을 보
선을 행하면 선의 결과가, 악을 행하면 악의 결과가 반드시 뒤따름

☐ **자업자득(自業自得)** 스스로 자+업 업+스스로 자+얻을 득
자기가 저지른 일의 결과를 자기가 받음

☐ **전화위복(轉禍爲福)** 구를 전+재앙 화+될 위+복 복 [수능 출제]
재앙과 근심, 걱정이 바뀌어 오히려 복이 됨

☐ **호사다마(好事多魔)** 좋을 호+일 사+많을 다+마귀 마
좋은 일에는 흔히 방해되는 일이 많음. 또는 그런 일이 많이 생김

☐ **회자정리(會者定離)** 모일 회+사람 자+정할 정+떠날 리 [수능 출제]
만난 자는 반드시 헤어진다는 뜻으로, 모든 것이 무상함을 나타내는 말

☐ **흥진비래(興盡悲來)** 일어날 흥+다할 진+슬플 비+올 래 [수능 출제]
즐거운 일이 다하면 슬픈 일이 닥쳐온다는 뜻으로, 세상일은 순환되는 것임을 이르는 말

☐ **남가일몽(南柯一夢)** 남녘 남+가지 가+한 일+꿈 몽
꿈과 같이 헛된 한때의 부귀영화를 의미하는 말

☐ **일장춘몽(一場春夢)** 한 일+마당 장+봄 춘+꿈 몽 수능 출제
한바탕의 봄꿈이라는 뜻으로, 헛된 영화나 덧없는 일을 비유적으로 이르는 말

☐ **초로인생(草露人生)** 풀 초+이슬 로+사람 인+날 생
풀잎에 맺힌 이슬과 같은 인생이라는 뜻으로, 허무하고 덧없는 인생을 비유적으로 이르는 말

☐ **한단지몽(邯鄲之夢)** 땅 이름 한+땅 이름 단+어조사 지+꿈 몽
세상의 부귀영화가 허황됨을 이르는 말. 당나라의 노생이 한단에서 여옹의 베개를 빌려 잠을 자다가 영화로운 꿈을 꾸었다는 데서 유래함 ⑩ 노생지몽(盧生之夢)

가난과 여유

☐ **단사표음(簞食瓢飮)** 대광주리 단+밥 사+표주박 표+마실 음
대나무로 만든 밥그릇에 담은 밥과 표주박에 든 물이라는 뜻으로, 청빈하고 소박한 생활을 이르는 말

☐ **단표누항(簞瓢陋巷)** 대광주리 단+표주박 표+누추할 누+거리 항
좁고 지저분한 거리에서 먹는 도시락의 밥과 표주박의 물이라는 뜻으로, 소박한 시골 살림 또는 선비의 청빈한 생활을 비유하여 이르는 말

☐ **빈이무원(貧而無怨)** 가난할 빈+어조사 이+없을 무+원망할 원
가난해도 세상에 대한 원망이 없음

☐ **안분지족(安分知足)** 편안할 안+분수 분+알 지+만족할 족
편안한 마음으로 제 분수를 지키며 만족할 줄을 앎

☐ **안빈낙도(安貧樂道)** 편안할 안+가난할 빈+즐길 낙+길 도 수능 출제
가난한 생활을 하면서도 편안한 마음으로 도를 즐겨 지킴

□ **무릉도원(武陵桃源)** 굳셀 무+큰 언덕 릉+복숭아나무 도+근원 원
　속세와 완전히 동떨어진 별천지, 곧 이상향을 이르는 말

□ **산자수명(山紫水明)** 뫼 산+자줏빛 자+물 수+밝을 명
　산수의 경치가 눈부시도록 아름다움을 이르는 말

□ **천자만홍(千紫萬紅)** 일천 천+자줏빛 자+일만 만+붉을 홍
　가지각색의 꽃이 만발한 것을 이르는 말

□ **청풍명월(淸風明月)** 맑을 청+바람 풍+밝을 명+달 월
　맑은 바람과 밝은 달이라는 뜻으로, 아름다운 자연 경치를 이르는 말 ㉤ 연하일휘(煙霞日輝)

자연 친화적 풍류

□ **무위자연(無爲自然)** 없을 무+할 위+스스로 자+그럴 연
　사람의 힘을 더하지 않은 그대로의 자연. 또는 그런 이상적인 경지

□ **물아일체(物我一體)** 만물 물+나 아+한 일+몸 체 〔수능 출제〕
　외물(外物)과 자아, 객관과 주관, 또는 물질계와 정신계가 어울려 하나가 됨

□ **연하고질(煙霞痼疾)** 연기 연+놀 하+고질 고+병 질
　자연의 아름다운 경치를 깊이 사랑하고 즐기는 성격

□ **요산요수(樂山樂水)** 좋아할 요+뫼 산+좋아할 요+물 수
　산을 즐기고 물을 즐긴다는 말로, 산수의 경치를 좋아함을 이름 ㉤ 지자요수 인자요산(知者
　樂水 仁者樂山)

□ **우화등선(羽化登仙)** 깃 우+될 화+오를 등+신선 선
　사람의 몸에 날개가 돋아 하늘로 올라가 신선이 된다는 말로, 번잡한 세상일에서 떠나 즐겁
　게 지내는 상태를 비유하는 말

□ **유유자적(悠悠自適)** 멀 유+멀 유+스스로 자+즐길 적 수능 출제
속세를 떠나 아무 속박 없이 조용하고 편안하게 삶

□ **음풍농월(吟風弄月)** 읊을 음+바람 풍+희롱할 농+달 월
맑은 바람과 밝은 달을 보며 시를 짓고 읊으며 즐긴다는 말로, 풍류를 즐긴다는 뜻

□ **일망무제(一望無際)** 한 일+바라볼 망+없을 무+사이 제
한눈에 바라볼 수 없을 정도로 아득하게 멀고 넓어서 끝이 없음

□ **주객일체(主客一體)** 주인 주+나그네 객+한 일+몸 체
주체와 객체가 하나가 됨

□ **천석고황(泉石膏肓)** 샘 천+돌 석+살찔 고+명치끝 황
자연을 사랑하는 것이 정도에 지나쳐 마치 불치의 병과 같음

□ **풍월주인(風月主人)** 바람 풍+달 월+주인 주+사람 인
맑은 바람과 밝은 달을 벗하여 노는 한가한 사람이라는 뜻으로, 자연 풍경을 좋아하고 즐기는 사람을 이르는 말

태평한 세월

□ **강구연월(康衢煙月)** 편안할 강+네거리 구+연기 연+달 월
강구는 사방으로 두루 통하고 사람의 왕래가 많은 거리, 연월은 연기가 나고 달빛이 비친다는 뜻으로, 태평한 세상의 평화로운 풍경을 이르는 말

□ **고복격양(鼓腹擊壤)** 북 고+배 복+칠 격+흙덩이 양
배를 두드리며 흙덩이를 침. 곧 풍족한 상황에서 태평한 세월을 즐김을 이르는 말 ㈜ 함포고복(含哺鼓腹), 격양노인(擊壤老人)

□ **비옥가봉(比屋可封)** 견줄 비+집 옥+옳을 가+봉할 봉
집집마다 덕행이 있어 모두 표창할 만하다는 뜻으로, 나라에 어진 사람이 많음을 비유적으로 이르는 말

☐ **태평성대(太平聖代)** 클 태+평평할 평+성인 성+대신할 대
어질고 착한 임금이 다스리는 태평한 세상

☐ **가렴주구(苛斂誅求)** 가혹할 가+거둘 렴+꾸짖을 주+구할 구 수능 출제
가혹하게 세금을 거두거나 백성의 재물을 억지로 빼앗음

☐ **가정맹어호(苛政猛於虎)** 가혹할 가+정사 정+사나울 맹+어조사 어+범 호
가혹한 정치는 호랑이보다 무섭다는 뜻으로, 혹독한 정치의 폐해가 큼을 이르는 말

☐ **골육상쟁(骨肉相爭)** 뼈 골+고기 육+서로 상+다툴 쟁
형제처럼 같은 혈족끼리 다투고 싸우는 것

☐ **권불십년(權不十年)** 권세 권+아닐 불+열 십+해 년 수능 출제
권세는 십 년을 가지 못한다는 뜻으로, 아무리 높은 권세라도 오래가지 못함을 이르는 말

☐ **내우외환(內憂外患)** 안 내+근심 우+밖 외+근심 환 수능 출제
나라 안팎의 여러 가지 어려움

☐ **약육강식(弱肉强食)** 약할 약+살 육+강할 강+먹을 식
약한 자가 강한 자에게 먹힌다는 뜻으로, 강한 자가 약한 자를 희생시켜서 번영하거나 또는
약한 자가 강한 자에게 끝내는 멸망됨을 이르는 말

☐ **염량세태(炎涼世態)** 더울 염+서늘할 량+세상 세+모양 태
세력이 있을 때는 아첨하여 따르고 세력이 없어지면 푸대접하는 세상인심을 비유적으로
이르는 말

☐ **적자생존(適者生存)** 맞을 적+사람 자+날 생+있을 존
환경에 적응하는 생물만이 살아남고, 그렇지 못한 것은 도태되어 멸망하는 현상

☐ **주지육림(酒池肉林)** 술 주+못 지+고기 육+수풀 림

술로 못을 이루고 고기로 숲을 이룬다는 뜻으로, 극히 호사스럽고 방탕한 술잔치를 이르는 말 ㉔ 육산포림(肉山脯林), 육산주해(肉山酒海)

☐ **구우일모(九牛一毛)** 아홉 구+소 우+한 일+털 모 [수능 출제]

아홉 마리의 소 가운데 박힌 하나의 털이란 뜻으로, 매우 많은 것 가운데 극히 적은 수를 이르는 말

☐ **금과옥조(金科玉條)** 쇠 금+조목 과+구슬 옥+조목 조

금이나 옥과 같이 귀중히 여기며 신봉(信奉)하는 법칙이나 규정

☐ **대동소이(大同小異)** 큰 대+같을 동+작을 소+다를 이

큰 차이 없이 거의 같고 조금만 다름

☐ **동가홍상(同價紅裳)** 같을 동+값 가+붉을 홍+치마 상

같은 값이면 다홍치마. 기왕에 같은 조건이면 보기 좋은 것을 골라 가진다는 뜻

☐ **명약관화(明若觀火)** 밝을 명+같을 약+볼 관+불 화

불을 보는 듯이 환하게 분명히 알 수 있음. 더할 나위 없이 명백하다는 뜻

☐ **미증유(未曾有)** 아닐 미+일찍 증+있을 유

지금까지 한 번도 있어 본 일이 없음

☐ **시시비비(是是非非)** 옳을 시+옳을 시+아닐 비+아닐 비

❶ 여러 가지의 잘잘못 ❷ 옳고 그름을 따지며 다툼

☐ **식자우환(識字憂患)** 알 식+글자 자+근심 우+근심 환 [수능 출제]

학식이 있는 것이 오히려 근심을 사게 됨

□ **유일무이(唯一無二)** 오직 유+한 일+없을 무+두 이 수능 출제
오직 하나뿐이고 둘도 없음

□ **이왕지사(已往之事)** 이미 이+갈 왕+어조사 지+일 사 수능 출제
이미 지나간 일

□ **전대미문(前代未聞)** 앞 전+대신할 대+아닐 미+들을 문
이제까지 들어 본 적이 없음

□ **전무후무(前無後無)** 앞 전+없을 무+뒤 후+없을 무
전에도 없었고 앞으로도 없음

□ **전인미답(前人未踏)** 앞 전+사람 인+아닐 미+밟을 답
이제까지 아무도 발을 들여놓거나 도달한 사람이 없음

□ **조족지혈(鳥足之血)** 새 조+발 족+어조사 지+피 혈
'새 발의 피'라는 뜻으로, 극히 적은 분량을 비유하는 말

□ **천양지차(天壤之差)** 하늘 천+흙 양+어조사 지+어긋날 차 수능 출제
하늘과 땅 사이와 같이 엄청난 차이

□ **천편일률(千篇一律)** 일천 천+책 편+한 일+법 률
모두 비슷하여 개별적 특성이 없음

□ **효시(嚆矢)** 울릴 효+화살 시
전쟁을 시작할 때 우는살을 먼저 쏘았다는 데서 유래한 말로, 어떤 사물이나 현상이 시작되어 나온 맨 처음을 비유적으로 이르는 말

필수 관용어

ㄱ

☐ **가닥을 잡다**
분위기를 파악하거나 상황을 이해하다.

☐ **가랑이가 찢어지다**
❶ 몹시 가난한 살림살이를 비유적으로 이르는 말 ❷ 하는 일이 힘에 부쳐 해 나가기가 몹시 벅참을 비유적으로 이르는 말

☐ **가려운 데를 긁어 주다**
남에게 꼭 필요한 것을 잘 알아서 그 욕구를 시원스럽게 만족시켜 줌

☐ **가슴에 맺히다**
원한이나 근심 따위가 가슴에 꽉 차다.

☐ **가슴에 멍이 들다**
마음속에 쓰라린 고통과 모진 슬픔이 지울 수 없이 맺히다.

☐ **가슴에 못을 박다**
마음속 깊이 원통한 생각이 맺히게 하다.

☐ **가슴에 새기다**
오래도록 잊지 않게 단단히 기억하다.

☐ **가슴에 손을 얹다**
양심에 근거를 두다.

☐ **가슴을 터놓다**
속마음을 드러내다.

☐ **가슴이 뜨끔하다**
자극을 받아 마음이 깜짝 놀라거나 양심의 가책을 받다.

☐ **가슴이 미어지다**
마음이 슬픔이나 고통으로 가득 차 견디기 힘들게 되다.

☐ **가슴이 벅차다**
감격, 기쁨, 희망 등이 가득 차서 넘치는 듯하다.

☐ **가슴이 뿌듯하다**
기쁨이나 감격이 가득 차서 벅차다.

☐ **가슴이 설레다**
기대나 불안 등으로 가슴이 두근거리다.

☐ **가슴이 아프다**
마음이 몹시 쓰리다.

☐ **가슴이 철렁하다**
놀라거나 몹시 충격을 받다.

☐ **가슴이 타다**
고민 때문에 가슴이 뜨거워지는 것 같다.

☐ **가시가 돋다**
공격의 의도나 불평불만이 있다.

☐ **가시밭길을 가다**
힘겹고 험한 삶을 살다.

☐ **각광을 받다**
많은 사람들로부터 주목을 받다.

☐ **간담을 털어놓다〔열어 놓다〕**
속마음을 숨김없이 다 말하다.

☐ **간담이 서늘하다**
몹시 놀라서 섬뜩하다.

☐ **간도 쓸개도 없다**
용기나 줏대 없이 남에게 굽히다.

☐ **간에 기별(奇別)도 안 가다**
먹은 것이 적어서 먹으나 마나 하다.

☐ **간을 녹이다**
감언이설이나 애교로 매혹되게 하다.

☐ **간을 빼 먹다**
겉으로는 비위를 맞추며 좋게 대하는 척하면서 요긴한 것을 다 빼앗다.

☐ **간을 졸이다**
매우 걱정되고 불안스러워 마음을 놓지 못하다.

☐ **간이 떨어지다**
몹시 놀라다.

☐ **간이 붓다**
지나치게 대담해 겁이 없다.

☐ **간이 서늘하다**
위험하고 두려워 매우 놀라다.

☐ **간이 콩알만 해지다**
몹시 두려워지거나 무서워지다.

□ **간이 크다**

겁이 없고 매우 대담하다. 也 간이 작다 : 대담하지 못하고 몹시 겁이 많다.

□ **갈 데까지 가다**

도달할 수 있는 가장 극단의 상태나 상황이 되다.

□ **감투를 쓰다**

벼슬자리나 높은 지위에 오름을 속되게 이르는 말

□ **강 건너 불구경**

자기에게 관계없는 일이라고 하여 무관심하게 방관하는 모양

□ **개 발에 땀 나다**

어려운 일을 이루기 위해 부지런히 움직이다.

□ **거덜이 나다**

재산이나 살림 같은 것이 여지없이 허물어지거나 없어지다.

□ **거칠 것이 없다**

❶ 일이 순조로워서 막힘이 없다. ❷ 사람을 대함에 있어 아무런 거리낌이 없다.

□ **거품을 물다**

감정이 몹시 격해진 상태로 말하다.

□ **걸신이 들리다**

배고파 먹는 것에 대한 욕심이 몹시 나다.

□ **게 눈 감추듯**

음식을 허겁지겁 빨리 먹어 치움을 비유적으로 이르는 말

□ **경(黥)을 치다**

호되게 꾸중을 듣거나 심하게 벌을 받다.

☐ **경종(警鐘)을 울리다**
잘못이나 위험을 미리 경계하여 주의를 환기시키다.

☐ **고개를 내밀다**
세력, 감정 따위가 나타나거나 생기다.

☐ **고개를 들다**
(주로 부정적인 의미로) 숨겨져 있던 일·세력·감정·생각 따위가 일어나다.

☐ **고배를 마시다〔들다〕**
패배, 실패 따위의 쓰라린 일을 당하다.

☐ **고삐가 풀리다**
얽매이지 않거나 통제를 받지 않다.

☐ **고삐를 조이다**
사태를 조금도 늦추지 않고 긴장되게 하다.

☐ **골머리를 앓다**
어떻게 해야 할지 몰라서 머리가 아플 정도로 생각에 몰두하다.

☐ **골수에 박히다**
어떤 생각이나 감정이 빠져나갈 수 없게 마음속 깊이 자리 잡히다.

☐ **국물도 없다**
아무 이득이 없다.

☐ **굴레를 씌우다**
자유롭게 활동하지 못하도록 구속하다.

☐ **귀가 가렵다〔간지럽다〕**
남이 제 말을 하는 것으로 생각하다.

□ **귀가 따갑다〔아프다〕**

　❶ 소리가 날카롭고 커서 듣기에 괴롭다. ❷ 싫증이 나도록 여러 번 들어 듣기가 싫다.

□ **귀가 뚫리다**

　말을 알아듣게 되다.

□ **귀가 밝다**

　❶ 작게 나는 소리도 잘 구별하여 듣다. ❷ 남이 하는 말을 잘 알아듣다. ❸ 정보나 소식 같
　은 것을 남보다 먼저 알다.
　⑪ 귀가 어둡다 : ❶ 남의 말을 잘 못 알아듣다. ❷ 시대에 뒤떨어져 새 소식에 늦다.

□ **귀가 번쩍 뜨이다**

　들리는 소리에 선뜻 마음이 끌리다.

□ **귀가 빠지다**

　태어나다.

□ **귀가 솔깃하다**

　어떤 말이 그럴듯하게 여겨져 마음이 쏠리다.

□ **귀가 얇다〔여리다〕**

　남의 말을 곧이곧대로 쉽게 받아들이다.

□ **귀가 절벽이다**

　❶ 귀가 아주 들리지 아니하다. ❷ 세상 소식에 어둡다.

□ **귀를 기울이다**

　남이 하는 말을 주의 깊게 듣다.

□ **귀를 의심하다**

　잘못 들은 것이 아닌가 하여 믿지 못하다.

☐ **귀에 거슬리다**
남이 하는 말이 언짢게 느껴지다.

☐ **귀에 거칠다**
하는 말이 온당치 않아 듣기에 거북하다.

☐ **귀에 들어가다**
누구에게 알려지다.

☐ **귀에 못이 박히다**
같은 말을 여러 번 들어 싫은 느낌이 들다. ㈜ 귀에 딱지가 앉다.

☐ **귀에 익다**
❶ 들은 기억이 있다. ❷ 어떤 말이나 소리를 자주 들어 버릇이 되다.

☐ **귓등으로 듣다**
듣고도 들은 체 만 체하다.

☐ **금이 가다**
서로의 사이가 벌어지거나 틀어지다.

☐ **급물살을 타다**
일이나 논의 따위가 빠르게 진행되다.

☐ **급한 불을 끄다**
우선 절박한 문제를 처리하여 해결하다.

☐ **기름을 끼얹다**
감정이나 행동을 부추겨 정도를 심하게 만들다.

☐ **김이 새다**
흥이 깨지거나 맥이 빠져 싱겁게 되다.

☐ **깨가 쏟아지다**

❶ 오붓하고 아기자기하여 매우 재미가 있다. ❷ 신혼 초기의 행복한 부부 생활을 가리키는 말

☐ **꼬리가 길다**

❶ 방문을 닫지 않고 드나들다. ❷ 못된 짓을 오래 두고 계속하다.

☐ **꼬리를 내리다**

상대편에게 기세가 꺾여 물러서거나 움츠러들다.

☐ **꼬리를 흔들다**

잘 보이려고 아양을 떨다.

☐ **꼬리표가 붙다**

어떤 사람에게 나쁜 평가나 평판이 내려지다.

☐ **꽁무니를 빼다**

슬그머니 피하여 물러나다.

ㄴ

☐ **낙동강 오리알**

무리에서 떨어져 나오거나 홀로 소외되어 처량해진 신세

☐ **날개 돋치다**

❶ 상품이 시세를 만나 빠른 속도로 팔려 나가다. ❷ 의기가 치솟다. ❸ 소문 같은 것이 빠르게 퍼져 나가다. ❹ 돈 같은 것이 빠르게 불어나다.

☐ **날개를 펴다**

생각, 감정, 기세 따위를 힘차게 펼치다.

☐ **날이 서다**
❶ 연장의 날이 날카로워지다. ❷ 성격이나 표현, 판단력 따위가 날카롭다. ❸ 바람 따위의 기세가 세차다.

☐ **남의 다리 긁는다**
기껏 한 일이 결국 남 좋은 일이 됨

☐ **낯〔얼굴〕을 붉히다**
부끄럽거나 성이 나서 얼굴빛이 붉어지다.

☐ **낯〔얼굴〕이 깎이다**
체면이나 명예가 손상되다.

☐ **낯〔얼굴〕이 두껍다**
도무지 염치가 없고 뻔뻔스러우며 부끄러운 줄 모르다.

☐ **낯〔얼굴〕이 뜨겁다**
남 보기가 부끄러워서 얼굴이 빨개지다.

☐ **냄새를 맡다**
눈치나 낌새를 알아채다.

☐ **녹초가 되다**
아주 맥이 풀어져 힘을 못 쓰고 늘어지다.

☐ **눈감다**
죽다.

☐ **눈감아 주다**
남의 잘못을 알고도 모른 체하다.

☐ **눈도 깜짝 안 하다**
조금도 놀라지 아니하고 태연하다.

☐ **눈 뜨고 볼 수 없다**
눈앞의 광경이 참혹하거나 민망할 정도로 아니꼬워 차마 볼 수가 없다.

☐ **눈 밖에 나다**
신임을 잃고 미움을 받게 되다.

☐ **눈썹도 까딱하지 않다**
놀라기는커녕 아주 태연하다.

☐ **눈에 넣어도 아프지 않다**
매우 귀엽다.

☐ **눈에 띄다**
남보다 훨씬 두드러지다.

☐ **눈에 밟히다**
잊히지 않고 자꾸 눈에 떠오르다.

☐ **눈에 불을 켜다**
❶ 몹시 욕심을 내거나 관심을 기울이다. ❷ 화가 나서 눈을 부릅뜨다.

☐ **눈에 쌍심지를 켜다**
몹시 화가 나서 눈을 부릅뜨다.

☐ **눈에 차다** 수능 출제
마음에 들어 만족스럽다.

☐ **눈에 흙이 들어가다**
죽어 땅에 묻히다.

☐ **눈을 돌리다**
관심을 돌리다.

☐ **눈을 붙이다**
잠을 자다.

☐ **눈이 높다**
❶ 정도 이상의 좋은 것만 찾는 버릇이 있다. ❷ 안목이 높다.

☐ **눈이 뒤집히다**
충격적인 일을 당하거나 어떤 일에 집착하여 이성을 잃다.

☐ **눈칫밥을 먹다**
다른 사람의 눈치를 살피면서 기를 펴지 못하고 불편하게 생활하다.

ㄷ

☐ **다리를 건너다**
말이나 물건 따위가 어떤 사람을 거쳐 다른 사람에게로 넘어가다.

☐ **다리를 놓다**
일이 잘되게 하기 위하여 둘 또는 여럿을 연결하다.

☐ **다리를 뻗고 자다**
걱정을 해소하고 편하게 잠을 자다.

☐ **다리품을 팔다**
❶ 길을 많이 걷다. ❷ 남의 심부름으로 보수를 받고 먼 길을 다녀오다.

☐ **담을 쌓다**
관계를 끊어 버리고 속마음을 터놓지 않다.

☐ **담이 크다**
겁이 없고 용감하다.

☐ **덜미를 잡히다**
❶ 약점을 잡히다. ❷ 죄가 드러나다. ❸ 못된 일 따위를 꾸미다가 발각되다.

☐ **덤터기를 쓰다**
억울한 누명이나 오명을 뒤집어쓰다.

☐ **도마 위에 오르다**
어떤 사물이 비판의 대상이 되다.

☐ **동티가 나다**
건드려서는 안 될 것을 공연히 건드려서 스스로 걱정거리를 불러들이거나 해를 입다.

☐ **된서리를 맞다**
❶ 되게 내리는 서리를 맞다. ❷ 모진 재앙이나 억압을 당하다.

☐ **뒤가 구리다**
숨겨 둔 약점이나 잘못이 있다.

☐ **뒤가 든든하다**
❶ 먹은 것이 있어서 허전하지 않고 힘이 있다. ❷ 뒤에서 받쳐 주는 세력이나 사람이 있다.

☐ **듣도 보도 못하다**
전혀 모르다.

☐ **들었다 놓다**
❶ 굉장히 큰 영향을 미치다. ❷ 몹시 분주하게 굴거나 부산을 피우다.

☐ **등골을 빼먹다**
남의 재물을 착취하거나 농락하여 빼앗아 먹다.

☐ **등골이 빠지다**
견디기 어려울 정도로 힘들다.

☐ **등에 업다**
남의 세력에 기대다. ㉙ 등(을) 대다, 등 진 가재

☐ **등을 돌리다**
뜻을 같이하던 사람이나 단체와 관계를 끊고 배척하다.

☐ **등을 떠밀다**
일을 억지로 시키거나 부추기다.

☐ **등을 벗겨 먹다**
위협하여 남의 재물을 빼앗다.

☐ **등이 달다**
일이 마음대로 되지 않아 안타까워하다. ㉙ 등살(이) 달다

☐ **딴전을 부리다**
❶ 하고자 하던 일을 제쳐 두고 오히려 다른 일에 더 매달리다. ❷ 눈앞에 놓인 문제와는 아무런 연관이 없는 말이나 행동을 함으로써 문제의 핵심을 흐리게 하다.
❨참고❩ 딴전 : 어떤 일을 하는 데 그 일과는 전혀 관계없는 일이나 행동

☐ **딴죽을 걸다**
동의하였던 일을 딴전을 부려 어기다.

☐ **떼어 놓은 당상(堂上)**
❶ 어떤 일이 확실하여 조금도 틀림없이 계획된 대로 진행될 것임을 믿는 말 ❷ 어떤 일이나 자리를 자기가 꼭 차지할 것이 틀림없음을 일컫는 말

□ **마(魔)가 끼다**

일이 안 되도록 훼방을 하는 사건이나 상황이 생기다.

□ **마각(馬脚)을 드러내다**

말의 다리로 분장한 사람이 자기 모습을 드러낸다는 뜻으로, 숨기고 있던 일이나 정체를 드러냄을 이르는 말

□ **마음을 붙이다**

어떤 것에 마음을 자리 잡게 하거나 전념하다.

□ **마음이 굴뚝같다**

무엇을 간절히 하고 싶거나 원하다.

□ **마침표를 찍다**

어떤 일이 끝장이 나거나 끝장을 내다.

□ **막다른 골목**

더는 어떻게 할 수 없는 절박한 경우를 비유적으로 이르는 말

□ **말을 맞추다**

제삼자에게 같은 말을 하기 위해 다른 사람과 말의 내용이 다르지 않게 하다.

□ **머리가 굳다**

❶ 사고방식이나 사상 따위가 완고하다. ❷ 기억력 따위가 무디다.

□ **머리가 깨다**

뒤떨어진 생각에서 벗어나다.

□ **머리가 돌아가다**

❶ 생각이 미치다. ❷ 두뇌 회전이 빠르다.

☐ **머리가 젖다**
어떤 사상이나 인습 따위에 물들다.

☐ **머리가 크다**
어른처럼 생각하거나 판단하게 되다. ⑨ 머리(가) 굵다

☐ **머리를 내밀다**
어떤 자리에 모습을 나타내다.

☐ **머리를 맞대다**
어떤 문제를 의논하거나 결정하기 위해 여러 사람이 만나 지혜를 모으다.

☐ **머리를 모으다**
❶ 중요한 이야기를 하기 위해 서로 바투 모이다. ❷ 여러 사람의 의견을 종합하다.

☐ **머리를 싸매다**
있는 힘을 다하여 노력하다.

☐ **머리를 쥐어짜다**
몹시 애를 써서 궁리하다.

☐ **머리에 피도 안 마르다**
아직 어른이 되려면 멀었다. 또는 나이가 어리다.

☐ **머리 위에 올라앉다**
❶ 상대방의 생각이나 행동을 꿰뚫다. ❷ 잘난 체하며 남을 업신여기다.

☐ **머리털이 곤두서다**
무섭거나 놀라서 날카롭게 신경이 긴장되다.

☐ **멍석을 깔다**
하고 싶은 대로 할 기회를 주거나 마련하다.

☐ **명암이 엇갈리다**
(어떤 현상으로 인해) 이익을 보는 쪽과 손해를 보는 쪽이 있다.

☐ **모골(毛骨)이 송연(悚然)하다**
끔찍스러워서 몸이 으쓱하고 털끝이 쭈뼛해지다.

☐ **목구멍까지 차오르다**
분노, 욕망, 충동 따위가 참을 수 없는 지경이 되다.

☐ **목구멍에 풀칠하다**
굶지 않고 겨우 살아가다.

☐ **목에 거미줄 치다**
곤궁하여 아무것도 먹지 못하는 처지가 되다.

☐ **목에 걸리다**
❶ 충격으로 음식 따위가 목구멍으로 잘 넘어가지 않다. ❷ 어떤 일이 잘 진척되지 않고 막히다. ❸ 마음이 편치 않고 걱정되다.

☐ **목에 핏대를 세우다**
몹시 노하거나 흥분하다.

☐ **목에 힘을 주다**
거드름을 피우거나 남을 깔보는 듯한 태도를 취하다.

☐ **목을 걸다**
❶ 목숨을 바칠 각오를 하다. ❷ 직장에서 쫓겨나는 것을 무릅쓰다.

☐ **목을 빼다**
몹시 초조하게 기다리다. ㉮ 목이 빠지다.

☐ **몸을 풀다**
아이를 낳다.

☐ **몸이 달다**
마음이 조급하여 안타까워하다.

☐ **못을 박다**
❶ 다른 사람에게 원통한 생각을 마음속 깊이 맺히게 하다. ❷ 어떤 사실을 꼭 집어 분명하게 하다.

☐ **문턱을 낮추다**
쉽고 편하게 접할 수 있게 만들다.

☐ **물로 보다**
사람을 하찮게 보거나 쉽게 생각하다.

☐ **물망에 오르다**
주로 높은 직위의 인재를 뽑을 때 유력한 인물로 지목되거나 어떤 일에서 성공할 가능성이 많은 대상으로 점쳐지다.

☐ **물샐틈없다**
조금도 빈틈이 없다.

☐ **미역국을 먹다**
❶ 시험에서 떨어지다. ❷ 직위에서 떨려 나다. ❸ 퇴짜를 맞다.

ㅂ

☐ **바가지를 긁다**
주로 아내가 남편에게 생활의 어려움에서 오는 불평과 잔소리를 심하게 하다.

☐ **바가지를 쓰다**
❶ 요금이나 물건값을 실제 가격보다 비싸게 지불하여 억울한 손해를 보다. ❷ 어떤 일에 대한 부당한 책임을 억울하게 지다.

□ **바닥을 보다**
돈이나 물건을 다 쓰거나 끝장이 나다.

□ **바람을 일으키다**
❶ 사회적으로 많은 사람들에게 영향을 미치다. ❷ 사회적 문제를 만들거나 소란을 일으키다.

□ **바람을 잡다**
❶ 허황된 짓을 꾀하거나 그것을 부추기다. ❷ 마음이 들떠서 돌아다니다.

□ **반죽이 좋다**
성품이 유들유들하여 쉽사리 노여움이나 부끄러움을 타지 않다.

□ **발등을 찍히다**
다른 사람에게 배신을 당하다.

□ **발목을 잡히다**
❶ 어떤 일에 꽉 잡혀서 벗어나지 못하다. ❷ 남에게 어떤 약점이나 단서를 잡히다.

□ **발바닥에 불이 나다**
부리나케 여기저기 돌아다니다.

□ **발 벗고 나서다**
어떤 일에 적극적으로 나서다.

□ **발 뻗고 자다**
마음 놓고 편히 자다.

□ **발을 (동동) 구르다** 수능 출제
몹시 안타까워하거나 애를 태우다.

□ **발을 끊다**
오가지 않거나 관계를 끊다.

□ **발을 붙일 곳이 없다**
정착할 곳이 없다.

□ **발을 빼다**
어떤 일에서 관계를 완전히 끊고 물러나다.

□ **발이 길다**
우연히 음식 먹는 자리에 끼게 되어 먹을 복이 있다.

□ **발이 내키지 않다**
선뜻 행동으로 옮길 마음이 나지 않다.

□ **발이 넓다**
활동 범위가 넓어 아는 사람이 많다.

□ **발이 뜨다**
어떤 곳에 자주 다니지 아니하다.

□ **발이 맞다**
❶ 여러 사람이 걸을 때에 같은 쪽의 발이 동시에 떨어지다. ❷ 여러 사람의 말이나 행동이 같은 방향으로 일치하다.

□ **발이 익다**
여러 번 다녀 보아서 그 길에 익숙하다.

□ **발이 저리다**
잘못한 것이 있어 마음이 편하지 아니하다.

□ **배가 등에 붙다**
먹은 것이 없어서 배가 홀쭉하고 몹시 허기지다.

□ **배가 아프다**
남이 잘되어 심술이 나다.

□ **배를 두드리다**

생활이 풍족하거나 살림살이가 윤택하여 안락하게 지내다.

□ **배를 불리다**

재물이나 이득을 많이 차지하여 사리사욕을 채우다.

□ **배알이 꼴리다〔뒤틀리다〕**

어떤 사람이 하는 행동이나 일이 비위에 맞지 않아 아니꼽게 생각되다. **참고** 배알 : ❶ '창자'를 비속하게 이르는 말 ❷ '속마음'을 낮잡아 이르는 말 ❸ '배짱'을 낮잡아 이르는 말

□ **변죽(邊-)을 울리다**

바로 본론을 말하지 않고 빙 둘러서 말하다.

참고 변죽 : 그릇이나 물건의 가장자리

□ **보따리를 싸다**

관계하던 일을 그만두다.

□ **복장 터지다**

몹시 마음에 답답함을 느끼다.

□ **볼 장 다 보다**

손 쓸 수 없을 만큼 일이 글러 버리다.

□ **부아가 나다**

마음속에서 화나 분한 마음이 일어나다.

□ **북새통을 이루다**

여러 사람이 한곳에 모여 부산하게 법석이다.

□ **불똥이 튀다**

재앙이나 화가 미치다.

□ **비행기를 태우다**

남을 높이 추어올려 주다.

□ **빼도 박도 못하다**

일이 몹시 난처하게 되어 그대로 할 수도, 그만둘 수도 없다.

□ **뼈가 빠지게**

육체적으로 매우 힘든 일을 해 나가는 것을 비유적으로 이르는 말

□ **뼈도 못 추리다**

죽은 뒤에 추릴 뼈조차 없다는 뜻으로, 상대와 싸움의 적수가 될 수 없음을 과장되게 이르는 말

□ **뼈를 깎다**

몹시 견디기 어려울 정도로 고통스럽다.

□ **뼈에 사무치다**

원한이나 고통 따위가 뼛속에 파고들 정도로 깊고 강하다.

ㅅ

□ **산통(算筒)을 깨다**

다 잘되어 가던 일을 이루지 못하게 뒤틀다. **참고** 산통 : 맹인(盲人)이 점을 칠 때 쓰는, 산가지를 넣은 통

□ **살을 붙이다**

바탕에 여러 가지를 덧붙여 보태다.

□ **삼수갑산(三水甲山)을 가다**

일이 매우 힘들게 되거나 어려운 지경에 이르게 되다.

참고 삼수갑산 : 우리나라에서 가장 험한 산골이라 이르던 삼수와 갑산. 조선 시대 귀양지의 하나

□ **색안경을 쓰다**
좋지 아니한 감정이나 주관적인 선입관을 가지다.

□ **서슬이 시퍼렇다**
권세나 기세 따위가 아주 대단하다.

□ **소 죽은 귀신 같다**
몹시 고집 세고 질긴 사람의 성격을 비유적으로 이르는 말

□ **속을 긁다**
남의 속이 뒤집히게 비위를 살살 건드리다.

□ **속을 뽑다**
일부러 남의 마음을 떠보고 그 속내를 드러나게 하다.

□ **속을 썩이다**
뜻대로 되지 아니하거나 좋지 못한 일로 몹시 괴로워하다.

□ **속을 쓰다**
❶ 걱정하거나 염려하다. ❷ 남을 돌보거나 좋은 마음을 베풀다.

□ **속을 주다**
마음속에 있는 것을 숨김없이 드러내 보이다.

□ **속을 태우다**
걱정이 되어 마음을 졸이다.

□ **속이 깊다**
생각하는 폭이 넓고 이해심이 많다.

□ **속이 뒤집히다**
❶ 비위가 상해 욕지기가 날 듯하게 되다. ❷ 몹시 아니꼽게 느껴지다.

☐ **속이 마르다**
❶ 성격이 꼬장꼬장하다. ❷ 생각하는 것이 답답하고 너그럽지 못하다.

☐ **속이 보이다**
엉큼한 마음이 들여다보이다.

☐ **속이 시원하다**
바라던 대로 되어서 기분이 후련하다.

☐ **손가락질을 받다**
남에게 얕보이거나 비웃음을 당하다.

☐ **손금을 보듯 하다**
낱낱이 환히 다 알다.

☐ **손바닥을 뒤집듯**
❶ 태도를 갑자기 또는 노골적으로 바꾸기를 아주 쉽게 ❷ 일하기를 아주 쉽게

☐ **손발이 따로 놀다**
함께 일을 하는 데에 마음이나 의견, 행동 방식 따위가 서로 맞지 않다.

☐ **손발이 맞다**
함께 일을 하는 데에 마음이나 의견, 행동 방식 따위가 서로 맞다.

☐ **손사래를 치다**
거절이나 부인을 하며 손을 펴서 마구 휘젓다.

☐ **손에 땀을 쥐다**
아슬아슬하여 마음이 조마조마하도록 몹시 애달다.

☐ **손에 붙다**
하는 일에 능숙해져서 능률이 오르다. ㉔ 손(에) 익다

□ **손에 잡힐 듯하다**
매우 가깝게 또는 또렷하게 보이다.

□ **손을 거치다**
❶ 어떤 사람을 경유하다. ❷ 어떤 사람의 노력으로 손질되다.

□ **손을 끊다**
교제나 거래 따위를 중단하다. 관계를 끊다.

□ **손을 나누다**
❶ 서로 헤어지다. ❷ 일을 여럿이 나누어 하다.

□ **손을 놓다**
하던 일을 그만두거나 잠시 멈추다.

□ **손을 늦추다**
긴장을 풀고 일을 더디게 하다.

□ **손을 맞잡다**
서로 뜻을 같이하여 긴밀하게 협력하다.

□ **손을 빼다**
하고 있던 일에서 빠져나오다.

□ **손을 씻다**
❶ 부정적인 일이나 찜찜한 일에 대하여 관계를 청산하다. ❷ 본전을 모두 잃다.

□ **손이 거칠다**
❶ 도둑질하는 손버릇이 있다. ❷ 일을 하는 솜씨가 꼼꼼하지 못하고 서투르다.

□ **손이 나다**
어떤 일에서 조금 쉬거나 다른 일을 할 틈이 생기다.

☐ **손이 닿다**
❶ 힘이나 능력이 미치다. ❷ 연결이 되거나 관계가 맺어지다.

☐ **손이 뜨다**
일하는 동작이 매우 느리다.

☐ **손이 맑다**
❶ 재수가 없어 생기는 것이 없다. ❷ 인색하여 남에게 물건을 주는 품이 후하지 못하다.

☐ **손이 맵다**
❶ 손으로 슬쩍 때려도 매우 아프다. ❷ 일하는 것이 빈틈없고 매우 야무지다.

☐ **손이 발이 되도록 빌다**
용서해 달라고 애처롭게 빌다.
참고 발이 손이 되다 : 손만으로는 부족하여, 발까지 동원할 지경에 이르다.

☐ **손이 비다**
❶ 할 일이 없어 아무 일도 하지 아니하고 있다. ❷ 수중에 돈이 없다.

☐ **손이 싸다** 수능 출제
일 처리가 빠르다. ㈜ 손이 빠르다, 손이 재다

☐ **손이 크다**
❶ 씀씀이가 후하고 넉넉하다. ❷ 수단이 좋고 많다.

☐ **숨을 돌리다**
❶ 가쁜 숨을 가라앉히다. ❷ 잠시 여유를 얻어 휴식을 취하다.

☐ **시치미를 떼다**
자기가 하고도 하지 아니한 체하거나 알고 있으면서도 모르는 체하다.
참고 시치미 : ❶ 매의 주인을 밝히기 위하여 주소를 적어 매의 꽁지 속에다 매어 둔 네모꼴의 뿔 ❷ 자기가 하고도 아니한 체, 알고도 모르는 체하는 태도

☐ **식은 죽 먹듯**
거리낌 없이 아주 쉽게 예사로 하는 모양

☐ **신물이 나다**
지긋지긋하고 진절머리가 나다.

☐ **신바람이 나다**
신이 나서 기분이 좋고 기운이 솟다.

☐ **심금(心琴)을 울리다**
감동하게 하다.

☐ **쌍수(雙手)를 들다**
기쁜 마음으로 지지하거나 환영하다.

☐ **쐐기를 박다**
❶ 뒤탈이 없도록 미리 단단히 다짐을 두다. ❷ 남을 이간하기 위하여 훼방을 놓다. ❸ 두 사람의 이야기에 끼어들어 방해를 하다. ❹ 서로 관련되어 있는 사물의 관계를 끊어지게 하거나 순조롭지 못하게 하다.

☐ **쑥대밭이 되다**
한 사람이나 집안 등의 영화나 번영이 사라지고 초라하게 되다.

☐ **쓴맛 단맛 다 보다**
세상의 괴로움과 즐거움을 모두 겪다.

☐ **쓸개가 빠지다**
하는 행동이 줏대가 없고 온당하지 못하다.

☐ **씨도 먹히지 않다**
제기한 방법이나 의견이 받아들여지지 않다.

□ **아귀가 맞다**
 ❶ 앞뒤가 빈틈없이 들어맞다. ❷ 일정한 수량 따위가 들어맞다.

□ **아귀를 짓다**
 ❶ 어떤 일을 끝내어 확실하게 맺다. ❷ 진행하던 일의 끝매듭을 짓거나 어떤 일의 가부를 결정하다.

□ **악머구리 끓듯**
 많은 사람들이 모여서 시끄럽게 마구 떠드는 모양

□ **알토란 같다**
 ❶ 속이 꽉 차서 실속이 있다. ❷ 오붓하여 아무 걱정이 없다.

□ **애가 끊어질 듯하다**
 몹시 슬퍼서 창자가 끊어질 것처럼 고통스럽다.

□ **애간장을 태우다**
 몹시 초조하고 안타까워서 속을 많이 태우다.

□ **애를 말리다**
 남을 안타깝고 속상하게 만들다.

□ **어깃장을 놓다**
 짐짓 반항하는 행동을 하다.

□ **어깨가 가볍다**
 무거운 책임이나 부담에서 벗어나 홀가분하다.
 ⑲ 어깨가 무겁다 : 무거운 책임을 져서 부담이 크다.

□ **어깨가 올라가다**
 칭찬을 받거나 하여 기분이 으쓱해지다.

□ **어깨가 움츠러들다**
떳떳하지 못하거나 창피하고 부끄러운 기분을 느끼다.

□ **어깨가 처지다**
낙심하여 풀이 죽고 기가 꺾이다.

□ **어깨를 겨루다**
대등한 위치에 서서 서로 세력이나 힘을 겨루다.

□ **어깨를 겯다**
같은 목적을 위하여 서로 행동을 같이하다. ㊠ 어깨를 나란히 하다.

□ **어깨를 낮추다**
겸손하게 자기를 낮추다.

□ **어깨를 짓누르다**
의무나 책임, 제약 따위가 중압감을 주다.

□ **어깨에 지다**
어떤 일에 대한 책임이나 의무를 마음에 두다.

□ **억장(億丈)이 무너지다**
극심한 슬픔이나 절망 따위로 몹시 가슴이 아프고 괴롭다.

□ **억지 춘향**
억지로 어떤 일을 이루게 하거나 어떤 일이 억지로 겨우 이루어지는 경우를 비유적으로 이르는 말

□ **얼굴만 쳐다보다**
❶ 남의 도움을 기대하고 눈치를 보거나 비위를 맞추다. ❷ 아무 대책 없이 서로에게 기대기만 하다.

☐ **얼굴을 고치다**
❶ 화장을 다시 하다. ❷ 사람을 대할 때 마음가짐이나 태도를 바꾸다.

☐ **얼굴을 내밀다**
모임 따위에 모습을 나타내다.

☐ **얼굴을 보다**
체면을 고려하다.

☐ **얼굴이 피다**
얼굴에 살이 오르고 화색이 돌다.

☐ **얼음에 박 밀듯**
말이나 글을 거침없이 줄줄 내리읽거나 내리외는 모양을 비유적으로 이르는 말

☐ **엉덩이가 근질근질하다**
한군데 가만히 앉아 있지 못하고 자꾸 일어나 움직이고 싶어 하다.

☐ **엉덩이가 무겁다**
한번 자리를 잡고 앉으면 좀처럼 일어나지 아니하다.

☐ **엉덩이를 붙이다**
자리 잡고 앉다.

☐ **엎친 데 덮치다**
어렵거나 불행한 일이 겹치어 일어나다.

☐ **오금을 못 쓰다**
몹시 마음이 끌리거나 두려워 꼼짝 못 하다.

☐ **오금을 박다**
❶ 큰소리치며 장담하던 사람이 그와 반대되는 행동을 할 때에, 장담하던 말을 빌미로 삼아 논박하다. ❷ 다른 사람에게 함부로 말이나 행동을 하지 못하게 단단히 이르거나 으르다.

☐ **오금을 펴다**
마음을 놓고 여유 있게 지내다.

☐ **오금이 쑤시다**
무슨 일을 하고 싶어 가만히 있지 못하다.

☐ **오금이 저리다**
저지른 잘못이 들통이 나거나 그 때문에 나쁜 결과가 있지 않을까 마음을 졸이다.

☐ **오지랖이 넓다**
❶ 쓸데없이 지나치게 아무 일에나 참견하는 면이 있다. ❷ 염치없이 행동하는 면이 있다.

☐ **이가 빠지다**
❶ 그릇의 가장자리나 칼날의 일부분이 떨어져 나가다. ❷ 갖추어져야 할 것 가운데서 일부분이 빠져서 온전하지 못하다.

☐ **이골이 나다**
어떤 방면에 길이 들어서 버릇처럼 아주 익숙해지다.

☐ **이를 갈다**
몹시 화가 나거나 분을 참지 못하여 독한 마음을 먹고 벼르다.

☐ **이를 악물다**
❶ 힘에 겨운 곤란이나 난관을 헤쳐 나가려고 비상한 결심을 하다. ❷ 매우 어렵거나 힘든 상황을 애써 견디거나 꾹 참다.

☐ **인구(人口)에 회자(膾炙)되다**
여러 사람들의 입에 자주 오르내리다.

☐ **입만 살다**
❶ 말에 따르는 행동은 없으면서 말만 그럴듯하게 잘하다. ❷ 격에 맞지 아니하게 음식을 가려 먹다.

☐ **입만 아프다**
여러 번 말하여도 받아들이지 아니하여 말한 보람이 없다.

☐ **입술을 깨물다**
❶ 북받치는 감정을 힘껏 참다. ❷ 어떤 결의를 굳게 하다.

☐ **입에 달고 다니다**
❶ 말이나 이야기 따위를 습관처럼 되풀이하거나 자주 사용하다. ❷ 먹을 것을 쉴 새 없이 입에서 떼지 아니하고 지내다.

☐ **입에 발린 소리**
마음에도 없이 겉치레로 하는 말

☐ **입에 침이 마르다**
다른 사람이나 물건에 대하여 거듭해서 말하다.

☐ **입을 막다**
시끄러운 소리나 자기에게 불리한 말을 하지 못하게 하다.

☐ **입을 모으다**
여러 사람이 같은 의견을 말하다.

☐ **입을 씻기다**
돈이나 물건 따위를 주어 자기에게 불리한 말을 못 하도록 하다.

☐ **입을 씻다〔닦다〕**
이익 따위를 혼자 차지하거나 가로채고서는 모르는 체 시치미를 떼다.

☐ **입의 혀 같다**
일을 시키는 사람의 뜻대로 움직여 주다.

☐ **입이 걸다**
말솜씨가 거리낌이 없고 험하다.

□ **입이 무겁다**

말이 적거나 아는 말을 함부로 옮기지 아니하다.

□ **입이 벌어지다** [수능 출제]

매우 놀라거나 좋아하다.

□ **입이 쓰다**

어떤 일이나 말 따위가 못마땅하여 기분이 언짢다.

□ **입추(立錐)의 여지(餘地)가 없다**

송곳 끝도 세울 수 없을 정도라는 뜻으로, 발을 들여놓을 수 없을 정도로 많은 사람들이 꽉 들어찬 경우를 비유적으로 이르는 말

ㅈ

□ **자리가 잡히다**

❶ 서투르던 것이 익숙해지다. ❷ 규율이나 질서 따위가 정착되어 제대로 이루어지다.
❸ 생활이 제대로 꾸려지며 안정되다.

□ **자리를 잡다**

❶ 일정한 지위나 공간을 차지하다. ❷ 생각이 마음속에 뿌리를 박은 듯 계속 남아 있다.

□ **잔뼈가 굵다**

오랜 기간 일정한 곳이나 직장에서 일을 하여 그 일에 익숙하다.

□ **장사진(長蛇陳)을 치다**

많은 사람이 줄을 지어 길게 늘어서 있는 모양

□ **재갈을 먹이다**

❶ 말의 입에 재갈을 물리다. ❷ 말이나 소리를 내지 못하게 입을 틀어막다.
참고 재갈 : 소리를 내거나 말을 하지 못하도록 입에 물리는 물건

☐ **전철(前轍)을 밟다**
이전 시대의 과오나 잘못을 되풀이하다.

☐ **정곡(正鵠)을 찌르다**
어떤 문제의 핵심을 지적하다.

☐ **젖비린내가 나다**
정신적으로나 육체적으로 성숙하지 못한 태도나 기색이 보이다.

☐ **좀이 쑤시다**
마음이 들뜨거나 초조하여 가만히 있지 못하다.

☐ **주눅이 들다**
기운을 제대로 펴지 못하고 움츠러들다.

☐ **죽 끓듯 하다**
화나 분통 따위의 감정을 참지 못하여 마음속이 부글부글 끓어오르다.

☐ **죽도 밥도 안 되다**
어중간하여 이것도 저것도 안 되다.

☐ **죽을 쑤다**
어떤 일을 망치거나 실패하다.

☐ **줄행랑을 놓다**
낌새를 채고 피하여 달아나다.

☐ **중정(中情)을 떠보다**
수단을 써서 넌지시 남의 속마음을 알아보다.

☐ **쥐구멍을 찾다**
부끄럽거나 난처하여 어디에라도 숨고 싶어 하다.

□ **직성(直星)이 풀리다**
제 성미대로 되어 마음이 흡족해지다.

□ **진을 치다**
자리를 차지하다.

□ **쪽박을 차다**
거지가 되다.

□ **찜 쪄 먹다**
❶ 꾀, 재주, 수단 따위가 다른 것에 견주어 비교가 안 될 만큼 월등하다. ❷ 남을 해치거나 꼼짝 못 하게 하다.

ㅊ

□ **찬물을 끼얹다**
잘 진행되는 일에 뛰어들어 방해하다.

□ **찬밥 더운밥 가리다**
어려운 형편에 있으면서 배부른 행동을 하다.

□ **척하면 삼천리**
상대편의 의도나 돌아가는 상황을 재빠르게 알아차림을 비유적으로 이르는 말

□ **철퇴를 가하다**
호되게 처벌하거나 큰 타격을 주다.

□ **첫 단추를 끼우다**
새로운 과정을 출발하거나 일을 시작하다.

□ **초(醋)를 치다**
한창 잘되고 있거나 잘되려는 일에 방해를 놓아서 일이 잘못되거나 시들해지도록 만들다.

□ **치가 떨리다**

참을 수 없이 몹시 분하거나 지긋지긋하다.

□ **치도곤을 안기다〔먹이다〕**

① 심한 벌을 주다. ② 화를 입게 하다.

참고 치도곤 : 조선 시대에, 죄인의 볼기를 치는 데 쓰던 곤장의 하나

□ **침을 뱉다**

아주 치사스럽게 생각하거나 더럽게 여기어 돌아보지도 아니하고 멸시하다.

□ **침을 흘리다〔삼키다〕**

① 음식 따위를 몹시 먹고 싶어 하다. ② 자기 소유로 하고자 몹시 탐내다.

ㅋ

□ **칼자루를 쥐다〔잡다〕**

어떤 일에 실제적인 권한을 가지다.

□ **코가 꿰이다**

약점이 잡히다.

□ **코가 납작해지다**

몹시 무안을 당하거나 기가 죽어 위신이 깎이다.

□ **코가 높다**

잘난 체하고 뽐내는 기세가 있다. ㉮ 콧대가 높다. 코가 우뚝하다

□ **코가 빠지다**

근심에 싸여 기가 죽고 맥이 빠지다.

☐ **코가 솟다**
남에게 자랑할 일이 있어 우쭐해지다.

☐ **코를 떼다**
무안을 당하거나 핀잔을 맞다.

☐ **코를 빠뜨리다**
못 쓰게 만들거나 일을 망치다.

☐ **코에 걸다**
무엇을 자랑삼아 내세우다.

☐ **콧대가 세다**
고집이 세고 자존심이 강하다.

☐ **콧대를 꺾다**
잘난 체하는 사람의 기를 죽이다.

☐ **콩가루가 되다**
❶ 어떤 물건이 완전히 부서지다. ❷ 집안이나 어떤 조직이 망하다.

ㅌ

☐ **터무니가 없다**
허황하여 전혀 근거가 없다.

☐ **털끝도 못 건드리게 하다**
조금도 손을 대지 못하게 하다.

☐ **토를 달다**
어떤 말 끝에 그 말에 대하여 덧붙여 말하다.

□ **파김치가 되다**
몹시 지쳐서 기운이 아주 느른하게 되다.

□ **파리를 날리다**
영업이나 사업 따위가 잘 안되어 한가하다.

□ **피가 거꾸로 솟다**
피가 머리로 모인다는 뜻으로, 매우 흥분한 상태를 비유적으로 이르는 말

□ **피가 끓다**
❶ 기분이나 감정 따위가 북받쳐 오르다. ❷ 젊고 혈기가 왕성하다.

□ **피가 되고 살이 되다**
큰 도움이 되다.

□ **피가 마르다**
몹시 괴롭거나 애가 타다.

□ **피도 눈물도 없다**
조금도 인정이 없다.

□ **피를 나누다**
혈육의 관계가 있다.

□ **피를 보다**
❶ 싸움으로 피를 흘리는 사태가 벌어져 사상자를 내다. ❷ 크게 봉변을 당하거나 손해를 보다.

□ **하늘이 노랗다**
❶ 지나친 과로나 상심으로 기력이 몹시 쇠하다. ❷ 큰 충격을 받아 정신이 아찔하다.

□ **학(瘧)을 떼다**
괴롭거나 어려운 상황을 벗어나느라고 진땀을 빼거나, 그것에 거의 질려 버리다.

□ **한몫 잡다〔보다〕**
단단히 이익을 보다.

□ **한배를 타다**
운명을 같이하다.

□ **한술 더 뜨다**
❶ 이미 어느 정도 잘못되어 있는 일에 대하여 한 단계 더 나아가 엉뚱한 짓을 하다. ❷ 남이 생각하고 있는 것을 미리 헤아려 거기에 대처할 계획을 세우다.

□ **허리띠를 졸라매다**
❶ 검소한 생활을 하다. ❷ 마음먹은 일을 이루려고 새로운 결의와 단단한 각오로 일에 임하다. ❸ 배고픔을 참다.

□ **허리를 펴다**
어려운 고비를 넘기고 편하게 지낼 수 있게 되다.

□ **허울 좋다**
실속은 없으면서 겉으로는 번지르르하다.

□ **혀끝에 놀아나다**
남의 말을 따라 움직이다.

□ **혀를 내두르다** 수능 출제
몹시 놀라거나 어이없어서 말을 못 하다.

□ **허를 차다**

마음이 언짢거나 유감의 뜻을 나타내다.

□ **혈안이 되다**

어떠한 일에 광분하다.

□ **호들갑을 떨다**

경망스럽고 야단스럽게 말하거나 행동하다.

□ **호흡을 맞추다**

일을 할 때 서로의 행동이나 의향을 잘 알고 처리하여 나가다.

□ **홍역을 치르다**

몹시 애를 먹거나 어려움을 겪다.

□ **활개를 치다**

❶ 힘차게 두 팔을 앞뒤로 어긋나게 흔들며 걷다. ❷ 의기양양하게 행동하다. 또는 제 세상인 듯 함부로 거들먹거리며 행동하다. ❸ 부정적인 것이 크게 성행하다.

□ **회(蛔)가 동(動)하다**

구미가 당기거나 무엇을 하고 싶은 마음이 생기다.

□ **획을 긋다**

어떤 범위나 시기를 분명하게 구분 짓다.

10 필수 다의어/유의어

☐ **가다**
  ❶ 운행(運行)하다 : 자동차, 배, 기차 따위가 정해진 길로 다니다.
    ⓔ 소매물도로 가는[운행하는] 배는 어디서 탑니까?
  ❷ 이동(移動)하다 : 움직여 자리를 옮기다.
    ⓔ 체육 시간이 되어 운동장으로 갔다[이동하였다].
  ❸ 작동(作動)하다 : 기계 따위가 기능이나 목적에 맞게 움직이다.
    ⓔ 시계가 가지[작동하지] 않는 듯하다.
  ❹ 호가(呼價)하다 : 물건 가격이 어느 정도에 미치다.
    ⓔ 이 시계는 2천만 원이 간다[호가한다].

☐ **가리키다** 수능 출제
  지적(指摘)하다 : 꼭 집어서 가리키다.
    ⓔ 선생님이 나를 가리키셨다[지적하셨다].

☐ **값**
  ❶ 가격(價格) : 돈으로 표시한 물건의 가치.
    ⓔ 분유도 값[가격]이 오를 전망이다.
  ❷ 가치(價値) : 사물의 중요성이나 의미.
    ⓔ 봉사하는 삶은 값[가치] 있는 것이다.
  ❸ 수치(數値) : 계산하여 얻은 수.
    ⓔ 다음에서 X의 값[수치]은 0이다.

☐ **갖추다** 수능 출제
  ❶ 구비(具備)하다 : 있어야 할 것을 빠짐없이 갖추다. ㉤ 완비(完備)하다
    ⓔ 최신 시설을 갖추고[구비하고] 있는 연구실
  ❷ 정비(整備)하다 : 흐트러진 체계를 정리하여 제대로 갖추다.
    ⓔ 조직을 새로이 갖추었다[정비하였다].

□ **견주다**

비교(比較)하다 : 사물을 서로 견주어 살펴보다.

⑩ 국산 차의 성능을 외제 차와 견주어[비교해] 보았다.

□ **고르다** [수능 출제]

❶ 균등(均等)하다 : 고르고 가지런하여 차별이 없다.

⑩ 이익을 고르게[균등하게] 분배하다.

❷ 균일(均一)하다 : 한결같이 고르다.

⑩ 효과가 고르게[균일하게] 나타나다.

❸ 동등(同等)하다 : 등급이나 정도가 같다.

⑩ 사람들을 고르게[동등하게] 대우하다.

❹ 평평(平平)하다 : 바닥이 고르고 판판하다.

⑩ 방바닥이 고르고[평평하고] 단단하다.

□ **고치다**

❶ 개선(改善)하다 : 잘못된 것이나 나쁜 것을 좋게 고치다.

⑩ 처우를 고쳐[개선해] 줄 것을 요구했다.

❷ 개조(改造)하다 : 고쳐 만들거나 바꾸다.

⑩ 베란다를 터 거실로 고쳤다[개조했다].

❸ 교정(矯正)하다 : 틀어지거나 잘못된 것을 바로잡다.

⑩ 잘못된 자세를 바르게 고쳐야[교정해야] 한다.

❹ 수리(修理)하다 : 고장 나거나 허름한 것을 손보아 고치다.

⑩ 밥솥이 고장 나 고치기로[수리하기로] 했다.

❺ 정정(訂正)하다 : 글자나 글 따위의 잘못을 고쳐서 바로잡다.

⑩ 잘못 표시된 숫자를 고쳐야[정정해야] 한다.

□ **기대다**

❶ 의거(依據)하다 : 어떤 사실이나 원리 따위에 근거하다.

⑩ 잘못된 관습에 기댄[의거한] 행동은 옳지 않다.

❷ 의지(依支)하다 : 다른 것에 마음을 기대어 도움을 받다.

⑩ 아내를 잃은 후 종교에 기대[의지해] 살았다.

☐ **꾸미다**

❶ 가장(假裝)하다 : 태도나 자세를 거짓으로 꾸미다.

　⟨예⟩ 애써 침착한 듯 꾸며도[가장해도] 티가 나게 마련이다.

❷ 변장(變裝)하다 : 본래의 모습을 알아볼 수 없게 하기 위해, 옷차림이나 얼굴, 머리 모양 등을 바꾸다.

　⟨예⟩ 잠입 수사를 위해 마술사로 꾸몄다[변장했다].

❸ 수식(修飾)하다 : 문장의 표현을 더욱 화려하게 또는 기교 있게 꾸미다.

　⟨예⟩ 이 글은 화려하게 꾸민[수식한] 문장이 돋보인다.

❹ 장식(裝飾)하다 : 액세서리 따위로 예쁘게 꾸미다.

　⟨예⟩ 프러포즈를 위해 식당을 풍선으로 꾸몄다[장식했다].

❺ 치장(治粧)하다 : 잘 매만져서 꾸미다.

　⟨예⟩ 그는 외모를 꾸미는[치장하는] 데 관심이 많다.

☐ **나누다**

❶ 분류(分類)하다 : 종류에 따라서 가르다.

　⟨예⟩ 옷들을 세 종류로 나누었다[분류했다].

❷ 분배(分配)하다 : 몫으로 갈라 나누다.

　⟨예⟩ 피자를 한 조각씩 나누었다[분배했다].

❸ 분리(分離)하다 : 서로 나누어 떨어지게 하다.

　⟨예⟩ 관람석을 일반석과 특별석으로 나누었다[분리했다].

❹ 분할(分割)하다 : 나누어 쪼개다.

　⟨예⟩ 재산을 둘로 나누어[분할하여] 투자하였다.

☐ **나다**

❶ 발생(發生)하다 : 어떤 현상이나 사건이 일어나다.

　⟨예⟩ 화재가 나지[발생하지] 않도록 철저히 관리해야 한다.

❷ 배출(輩出)되다 : 인재가 계속하여 나오다.

　⟨예⟩ 우리 모교는 연예인이 많이 나기로[배출되기로] 유명하다.

❸ 산출(産出)되다 : 물건이 생산되거나 인물·사상 따위가 나오다.

　⟨예⟩ 이 평야에서는 유기농 쌀이 난다[산출된다].

❹ 유명(有名)하다 : 이름이 널리 알려져 있다.

　⟨예⟩ 그녀는 세계적으로 이름이 난[유명한] 학자이다.

☐ **내놓다**

❶ 공개(公開)하다 : 모두 알 수 있게 여러 사람에게 널리 알리다.

　　🔴 그 가수가 드디어 신곡을 내놓았다[공개했다].

❷ 기증(寄贈)하다 : 선물이나 기념으로 남에게 물품을 거저 주다.

　　🔴 불우 이웃 돕기 바자회에 물건을 내놓았다[기증했다].

❸ 노출(露出)하다 : 겉으로 드러나 보이게 하다.

　　🔴 휴가지에는 어깨를 내놓은[노출한] 티셔츠를 입은 사람들이 많다.

❹ 방목(放牧)하다 : 가축을 놓아기르다.

　　🔴 요즘은 내놓아[방목하여] 키운 가축들이 인기가 높다.

❺ 제시(提示)하다 : 사실, 의견, 결과 따위를 나타내 보이다.

　　🔴 좋은 의견 있으면 내놓아[제시해] 주십시오.

❻ 희생(犧牲)하다 : 목적을 위해 귀중한 것을 바치다.

　　🔴 안중근은 조선의 독립을 위해 자신의 목숨을 내놓은[희생한] 것이나 다름없다.

☐ **높이다** 수능 출제

❶ 제고(提高)하다 : 수준이나 정도 따위를 끌어올리다.

　　🔴 교육 및 산업 잠재력은 도시의 경쟁력을 높이는[제고하는] 데 중요한 요소이다.

❷ 존대(尊待)하다 : 존경하는 말투로 대하다.

　　🔴 그녀는 아이들에게도 말을 높인다[존대한다].

❸ 고취(鼓吹)하다 : 힘을 내도록 격려하여 용기를 북돋우다. ㉠ 고무(鼓舞)하다

　　🔴 병사들의 사기를 높여야[고취해야] 이 싸움에 승산이 있다.

☐ **늘리다**

❶ 연장(延長)하다 : 시간이나 거리 따위를 본래보다 길게 늘이다.

　　🔴 계약 기간을 늘리는[연장하는] 데 성공했다.

❷ 증대(增大)하다 : 양을 늘리거나 규모를 크게 하다.

　　🔴 국민들의 소득을 늘리는[증대하는] 방안을 모색 중이다.

❸ 확대(擴大)하다 : 모양이나 규모 따위를 더 크게 하다.

　　🔴 실업자 문제를 해소하기 위해서는 고용을 늘리는[확대하는] 방안을 찾아야 한다.

❹ 확장(擴張)하다 : 범위, 규모, 세력 따위를 늘려서 넓히다.

　　🔴 사업 규모를 늘리기[확장하기] 위해 중국에 진출하기로 했다.

□ **다루다**

❶ 구사(驅使)하다 : 말이나 수사법, 기교, 수단 따위를 능숙하게 마음대로 부려 쓰다.
　　⬥ 그는 영어를 유창하게 다뤘다[구사했다].

❷ 조종(操縱)하다 : ① 비행기나 선박, 자동차 따위의 기계를 다루어 부리다. ② 다른 사람을 자기 마음대로 다루어 부리다.
　　⬥ 배를 다루기[조종하기] 위해 자격증을 취득했다.

❸ 처리(處理)하다 : 사무나 사건 따위를 절차에 따라 정리하여 치르거나 마무리를 짓다.
　　⬥ 이 일을 신속하게 다뤄[처리해] 줄 것을 요청합니다.

❹ 취급(取扱)하다 : 물건이나 일 따위를 대상으로 삼거나 처리하다.
　　⬥ 우리 가게는 신선한 생선만 다룹니다[취급합니다].

□ **대다**

❶ 공급(供給)하다 : 물건 등을 마련하여 대어 주거나 제공하다.
　　⬥ 삼촌은 시장에 물건을 대[공급해] 주는 일을 하신다.

❷ 발설(發說)하다 : 입 밖으로 말을 내다.
　　⬥ 이 일을 시킨 사람이 누구인지 빨리 대래[발설해라].

❸ 연결(連結)하다 : 서로 이어서 맺다.
　　⬥ 수도꼭지에 호스를 대었다[연결했다].

□ **돕다** 수능 출제

❶ 구제(救濟)하다 : 재해를 입거나 어려운 처지에 있는 사람을 도와주다.
　　⬥ 난민들이 기아에서 벗어나도록 도왔다[구제했다].

❷ 보필(輔弼)하다 : 윗사람의 일을 돕다.
　　⬥ 벼슬길에 올라 상감을 돕는[보필하는] 게 어떻겠소.

❸ 조력(助力)하다 : 힘을 써 도와주다.
　　⬥ 많은 분들이 도와[조력해] 주셔서 행사를 잘 마쳤습니다.

❹ 제휴(提携)하다 : 행동을 함께하기 위해 서로 붙들어 도와주다.
　　⬥ 우리 회사는 외국 회사와 서로 도와[제휴하여] 신제품을 개발하기로 했습니다.

□ **따르다** 수능 출제

❶ 모방(模倣)하다 : 다른 것을 본뜨거나 본받다.
　　⬥ 고흐의 자화상을 따라[모방해] 자화상을 그려 보았다.

❷ 수반(隨伴)하다 : ① 붙좇아서 따르다. ② 어떤 일과 더불어 생기다.
　　⬥ 고도의 경제 성장에는 물가 상승의 위험성이 따르기도[수반하기도] 한다.

❸ 순응(順應)하다 : 환경이나 변화에 적응하여 익숙하여지거나 체계, 명령 따위에 적응하여 따르다.

  ◎ 운명에 따르는[순응하는] 삶을 살지는 않겠다.

☐ **뛰어넘다**

❶ 극복(克服)하다 : 악조건이나 고생 따위를 이겨 내다.

  ◎ 고난을 뛰어넘다[극복하다].

❷ 초과(超過)하다 : 일정한 수나 한도 따위가 넘어가다.

  ◎ 지출이 수입을 뛰어넘었다[초과했다].

❸ 초월(超越)하다 : 어떠한 한계나 표준을 뛰어넘다.

  ◎ 시공간을 뛰어넘은[초월한] 러브 스토리

☐ **마음먹다**

❶ 결심(決心)하다 : 할 일에 대하여 어떻게 하기로 마음을 굳게 정하다.

  ◎ 시험에 꼭 합격하리라 마음먹었다[결심했다].

❷ 결의(決意)하다 : 뜻을 정하여 굳게 마음을 먹다.

  ◎ 이번 투쟁을 끝까지 이어 갈 것을 마음먹었다[결의했다].

❸ 의도(意圖)하다 : 무엇을 하고자 생각하거나 계획하다. 또는 무엇을 하려고 꾀하다.

  ◎ 일이 마음먹은[의도한] 대로 되지 않으면 나는 일을 포기하겠다.

☐ **막다**

❶ 결제(決濟)하다 : 증권 또는 대금을 주고받아 거래 관계를 끝맺다.

  ◎ 카드 대금을 막지[결제하지] 못해 카드 이용이 정지됐다.

❷ 방어(防禦)하다 : 상대편의 공격을 막다.

  ◎ 적군의 공격을 전력을 다해 막았다[방어했다].

❸ 방지(防止)하다 : 어떤 일이나 현상이 일어나지 못하게 막다.

  ◎ 산불을 미연에 막기[방지하기] 위한 노력이 필요하다.

❹ 저해(沮害)하다 : 막아서 하지 못하도록 해치다.

  ◎ 서로 다투기만 하는 태도는 상호 발전을 막는[저해하는] 법이다.

❺ 제지(制止)하다 : 말려서 못 하게 하다.

  ◎ 떠나는 그를 막지[제지하지] 못했다.

❻ 차단(遮斷)하다 : 통하지 않게끔 막거나 끊다.

  ◎ 양산으로 햇빛을 막았다[차단했다].

□ **만들다**

❶ 건설(建設)하다 : ① 건물, 설비, 시설 따위를 새로 만들어 세우다. ② 조직체 따위를 새로 이룩하다.

    ⑩ 강 상류에 댐을 만들었다[건설했다].

❷ 결성(結成)하다 : 조직이나 단체 따위를 짜서 만들다.

    ⑩ 그들은 노동자들을 위한 정당을 만들겠다[결성하겠다]고 선언했다.

❸ 야기(惹起)하다 : 어떤 일이나 사건 따위를 일으키다.

    ⑩ 오해를 만드는[야기하는] 행동은 자제해 주십시오.

❹ 작성(作成)하다 : 서류나 원고 따위를 만들다.

    ⑩ 지금 보고서를 만드는[작성하는] 중이다.

□ **말하다**

❶ 논평(論評)하다 : 어떤 글이나 말 또는 사건 따위의 내용에 대하여 논하여 비평하다.

    ⑩ 그는 향후 부동산 시장에 대해 지나치게 비관적으로 말하고[논평하고] 있다.

❷ 보고(報告)하다 : 일의 내용이나 결과를 말이나 글로 알리다.

    ⑩ 상사에게 새로운 기획안에 대해 말했다[보고했다].

❸ 언급(言及)하다 : 어떤 문제에 대하여 말하다.

    ⑩ 그는 자신의 장점이 넓은 마음이라고 말했다[언급했다].

❹ 의미(意味)하다 : 말이나 글이 무엇을 뜻하다.

    ⑩ 그녀의 책이 말하는[의미하는] 것은 가족 간의 사랑이었다.

□ **맞다**

❶ 상통(相通)하다 : 서로 마음과 뜻이 통하다.

    ⑩ 나와 내 친구는 맞는[상통하는] 부분이 많아서 편하다.

❷ 적당(適當)하다 : 정도에 알맞다.

    ⑩ 나에게 맞는[적당한] 진로를 고민하고 있다.

❸ 합당(合當)하다 : 어떤 기준, 조건, 용도, 도리 따위에 꼭 알맞다.

    ⑩ 부모님의 뜻에 맞는[합당한] 결정을 내리기 위해 고심했다.

□ **맞추다**

❶ 정렬(整列)하다 : 가지런히 줄지어 늘어서다.

    ⑩ 두 줄로 맞춰[정렬해] 서도록 해라.

❷ 조립(組立)하다 : 여러 부품을 하나의 구조물로 짜 맞추다.

    ⑩ 아이가 장난감 블럭을 맞추고[조립하고] 있다.

❸ 조정(調整)하다 : 기준이나 실정에 맞게 정돈하다.
⒜ 시곗바늘을 8시 30분으로 맞추었다[조정했다].

□ **맡기다**

❶ 기탁(寄託)하다 : 어떤 일을 부탁하여 맡겨 두다.
⒜ 폐품을 팔아 모은 돈을 장학 재단에 맡겼다[기탁했다].

❷ 위탁(委託)하다 : 남에게 사물이나 사람의 책임을 맡기다.
⒜ 형편이 어려워진 그는 아이들을 잠시 본가에 맡겼다[위탁했다].

❸ 의지(依支)하다 : 다른 것에 몸을 기대다.
⒜ 할아버지는 지팡이에 몸을 맡겼다[의지했다].

□ **머무르다**

❶ 거처(居處)하다 : 일정하게 자리를 잡고 살다.
⒜ 그때 선생님은 작은 움막집에 머무르셨다[거처하셨다].

❷ 체류(滯留)하다 : 객지에 가서 머물러 있다.
⒜ 그들은 당분간 외국에 머무를[체류할] 예정이다.

□ **먹다**

❶ 복용(服用)하다 : 약 따위를 먹다.
⒜ 속이 더부룩해 소화제를 먹었다[복용하였다].

❷ 착복(着服)하다 : 남의 금품을 부당하게 자기 것으로 하다.
⒜ 검찰이 뇌물을 먹고[착복하고] 범인을 풀어 주었다.

❸ 획득(獲得)하다 : 얻어 내거나 얻어 가지다.
⒜ 우리 팀이 전반전에서 100점을 먹었다[획득했다].

❹ 흡수(吸收)하다 : 빨아서 거두어들이다.
⒜ 스펀지가 물을 먹어[흡수해] 무거워졌다.

□ **모으다**

❶ 수렴(收斂)하다 : 의견이나 사상 따위를 하나로 모아 정리하다.
⒜ 각계의 의견을 모아[수렴해] 정책을 세우기로 했다.

❷ 수집(蒐集)하다 : 취미나 연구를 위하여 여러 가지 물건이나 재료를 찾아 모으다.
⒜ 논문을 쓰기 위해 사례를 모았다[수집했다].

❸ 저축(貯蓄)하다 : 쓰지 않고 절약해서 모아 두다.
⒜ 돈을 열심히 모아[저축해] 학비를 마련했다.

❹ 집중(集中)하다 : 한 가지 일에 모든 힘을 쏟아붓다.

　예 학업에 정신을 모을[집중할] 필요가 있다.

❺ 채집(採集)하다 : 널리 캐고 찾아서 모으다.

　예 나는 곤충을 모으는[채집하는] 취미가 있다.

☐ **무겁다**

❶ 과중(過重)하다 : 부담이 커서 힘에 벅차다.

　예 농민들은 무거운[과중한] 세금에 이의를 제기했다.

❷ 신중(愼重)하다 : 몹시 조심스럽다.

　예 그는 잠시 침묵을 지키더니 무겁게[신중하게] 입을 열었다.

❸ 위중(危重)하다 : 병세가 위험할 정도로 중하다.

　예 부친의 병세가 무겁다[위중하다]는 소식이 들려왔다.

❹ 침울(沈鬱)하다 : 마음이나 분위기 따위가 언짢고 우울하다.

　예 무거운[침울한] 분위기를 바꾸기 위해 농담을 해 보았다.

☐ **미치다** [수능 출제]

❶ 당도(當到)하다 : 어떤 곳에 다다르다.

　예 백성들의 원성이 왕에게까지 미치지[당도하지] 못했다.

❷ 비견(比肩)하다 : 서로 비슷한 위치에서 견주다.

　예 그녀의 솜씨는 아직 어머니 솜씨에 미치지[비견하지] 못했다.

❸ 작용(作用)하다 : 어떠한 현상을 일으키거나 영향을 미치다.

　예 광고가 물건 판매에 미치는[작용하는] 영향이 크다.

☐ **바꾸다**

❶ 경질(更迭)하다 : 어떤 직위에 있는 사람을 다른 사람으로 바꾸다.

　예 이번 사태의 책임을 물어 관계 장관을 바꾸기로[경질하기로] 했다.

❷ 교체(交替)하다 : 사람이나 사물을 다른 사람이나 사물로 대신하다.

　예 감독이 선수를 바꿀[교체할] 것을 요청했다.

❸ 교환(交換)하다 : 서로 바꾸다.

　예 불량품을 바꾸기[교환하기] 위해 백화점에 갔다.

❹ 변경(變更)하다 : 바꿔서 새롭게 고치다.

　예 그 회사는 최근 업종을 바꾸었다[변경하였다].

❺ 전환(轉換)하다 : 다른 상태나 방향으로 바꾸다.

　예 그의 희생은 역사의 방향을 바꾸는[전환하는] 계기가 되었다.

☐ **밝히다**

❶ 규명(糾明)하다 : 어떤 사실을 자세히 따져서 바로 밝히다.

　⑩ 진상을 밝히기[규명하기] 위해 특수 조사 팀이 구성되었다.

❷ 설명(說明)하다 : 어떤 일이나 대상의 내용을 상대편이 잘 알 수 있도록 밝혀 말하다.

　⑩ 명수는 김 과장이 밝힌[설명한] 내용을 믿을 수 없었다.

☐ **버리다**

❶ 유기(遺棄)하다 : 내다 버리다.

　⑩ 반려동물을 키우는 사람이 늘면서 키우던 동물을 버리는[유기하는] 이들 또한 늘고 있다.

❷ 제외(除外)하다 : 따로 떼어 내어 한데 헤아리지 아니하다.

　⑩ 10원 미만의 금액은 계산에서 버려라[제외해라].

❸ 포기(抛棄)하다 : 자기의 권리나 자격, 물건 따위를 내던져 버리다.

　⑩ 언니는 부모님의 반대로 해외 유학의 꿈을 버렸다[포기했다].

❹ 훼손(毁損)하다 : 헐거나 깨뜨려 망가뜨리다.

　⑩ 산업화는 자연환경을 버리는[훼손하는] 결과 또한 가져왔다.

☐ **보다**

❶ 간주(看做)하다 : 상태, 모양, 성질 따위가 그와 같다고 보거나 그렇다고 여기다.

　⑩ 이번 사업은 성공적일 것으로 보고[간주하고] 있다.

❷ 고려(考慮)하다 : 깊이 생각하고 헤아려 보다.

　⑩ 내 사정을 좀 봐[고려해] 줄 수 없겠니?

❸ 진찰(診察)하다 : 의사가 여러 방법으로 환자의 병이나 증상을 살피다.

　⑩ 의사 선생님이 곧 봐[진찰해] 주실 겁니다.

❹ 처리(處理)하다 : 일을 절차에 따라 치르거나 마무리 짓다.

　⑩ 밀린 업무 좀 보고[처리하고] 뒤따라갈게.

☐ **붙다**

❶ 부착(附着)되다 : 떨어지지 아니하게 붙다.

　⑩ 아이의 가슴에는 이름표가 붙어[부착되어] 있었다.

❷ 증진(增進)되다 : 기운이나 세력 따위가 점점 더 늘어 가고 나아가다.

　⑩ 체력이 붙으니[증진되니] 식욕이 돌아왔다.

❸ 합격(合格)하다 : 조건을 갖춰서 시험 따위에서 자격이나 지위를 얻다.

　⑩ 드디어 대학에 붙었다[합격했다].

□ **살다**

❶ 거주(居住)하다 : 일정한 곳에 머물러 살다.

  ◉ 그녀는 영국으로 유학을 간 후 계속 그곳에 살고[거주하고] 있다.

❷ 생활(生活)하다 : ① 사람이나 동물이 일정한 환경에서 활동하며 살아가다. ② 생계나 살림을 꾸려 나가다.

  ◉ 혼자 벌어서는 다섯 식구가 살기[생활하기] 어렵다.

❸ 서식(棲息)하다 : 생물 따위가 일정한 곳에 자리를 잡고 살다.

  ◉ 그 계곡에는 천연기념물인 어름치와 열목어가 살고[서식하고] 있다.

❹ 연명(延命)하다 : 목숨을 겨우 이어 살아가다.

  ◉ 난민들은 산나물을 캐어 먹으며 간신히 살고[연명하고] 있다.

❺ 존재(存在)하다 : 현실에 실재하다.

  ◉ 과연 우주에는 외계인이 살고[존재하고] 있을까?

□ **살피다**

❶ 관찰(觀察)하다 : 사물이나 현상을 주의하여 자세히 살펴보다.

  ◉ 글감을 찾기 위해서는 주변을 주의 깊게 살피는[관찰하는] 태도가 필요하다.

❷ 검사(檢査)하다 : 사실이나 일의 상태 또는 물질의 구성 성분 따위를 조사하여 옳고 그름과 낫고 못함을 판단하다.

  ◉ 등급을 매기기 위해 과일의 품질을 자세히 살폈다[검사했다].

❸ 성찰(省察)하다 : 자기의 마음을 반성하고 살피다.

  ◉ 시인은 늘 자신의 내면을 살피고[성찰하고] 탐구해야 한다.

❹ 참고(參考)하다 : 살펴서 생각하다.

  ◉ 답을 찾기 위해 이 책 저 책을 살폈다[참고했다].

□ **생각**

❶ 각오(覺悟) : 앞으로 해야 할 일이나 겪을 일에 대한 마음의 준비.

  ◉ 죽어도 이기겠다는 생각[각오]으로 싸움에 임했다.

❷ 구상(構想) : 앞으로 이루려는 일에 대하여 그 일의 내용이나 규모, 실현 방법 따위를 어떻게 정할 것인지 이리저리 생각함. 또는 그 생각.

  ◉ 그 프로젝트와 관련해 기막힌 생각[구상]이 떠올랐다.

❸ 명상(冥想) : 고요히 눈을 감고 깊이 생각함. 또는 그런 생각.

  ◉ 조용한 음악을 들으며 생각[명상]에 잠겼다.

❹ 사고(思考) : 생각하고 궁리함.

  ◉ 그는 남녀 문제에 있어 진보적 생각[사고]을 지니고 있다.

❺ 심경(心境) : 마음의 상태.

  예 시험을 앞두고 복잡한 <u>생각[심경]</u>으로 밤잠을 못 이루고 있다.

❻ 의향(意向) : 마음이 향하는 바. 또는 무엇을 하려는 생각.

  예 나와 같이 갈 <u>생각[의향]</u>이 없으면 지금 말해 줘.

☐ **세우다**

❶ 수립(樹立)하다 : 국가나 정부, 제도, 계획 따위를 이룩하여 세우다.

  예 대책을 <u>세우기[수립하기]</u> 위해 회의를 열었다.

❷ 옹립(擁立)하다 : 임금으로 받들어 모시다.

  예 선왕의 동생을 새 왕으로 <u>세웠다[옹립했다]</u>.

❸ 정립(定立)하다 : 정하여 세우다.

  예 구체적인 실천 방안을 <u>세우다[정립하다]</u>.

☐ **알다**

❶ 각성(覺醒)하다 : 깨달아 알다.

  예 그는 자신의 잘못을 <u>알고[각성하고]</u> 깊이 뉘우쳤다.

❷ 감지(感知)하다 : 느끼어 알다.

  예 동물들에게는 본능적으로 위험을 <u>아는[감지하는]</u> 능력이 있다.

❸ 인지(認知)하다 : 어떤 사실을 인정하여 알다.

  예 우리 모두가 이번 사태의 심각성을 <u>알아야[인지해야]</u> 한다.

❹ 파악(把握)하다 : 어떤 대상의 내용이나 본질을 확실하게 이해하여 알다.

  예 책은 우리에게 현실의 옳고 그름을 <u>알게[파악하게]</u> 해 준다.

☐ **없애다**

❶ 말살(抹殺)하다 : 있는 사물을 뭉개어 아주 없애 버리다.

  예 지나친 규제가 자유를 <u>없애고[말살하고]</u> 있다.

❷ 소탕(掃蕩)하다 : 휩쓸어 죄다 없애 버리다.

  예 적군을 <u>없애기[소탕하기]</u> 위한 작전에 나섰다.

❸ 퇴치(退治)하다 : 물리쳐서 아주 없애 버리다.

  예 의료진들은 암을 <u>없애는[퇴치하는]</u> 기술을 연구 중이다.

☐ **이끌다** `수능 출제`

❶ 감화(感化)하다 : 좋은 영향을 받아 생각이나 감정이 바람직하게 변화하다.

  예 그의 성실함에 <u>이끌려[감화되어]</u> 나도 부지런해지고자 했다.

❷ 유도(誘導)하다 : 사람이나 물건을 목적한 장소나 방향으로 이끌다.

> 🔵 사람들의 시선을 이끌기[유도하기] 위해 우스꽝스러운 춤을 추었다.

❸ 주도(主導)하다 : 주동적인 처지가 되어 이끌다.

> 🔵 최근 서비스 요금 인상이 물가 상승을 이끌고[주도하고] 있다.

☐ **일어나다**

발발(勃發)하다 : 전쟁이나 큰 사건 따위가 갑자기 일어나다.

> 🔵 대규모 버스 파업이 일어났다[발발했다].

☐ **잊어버리다**

망각(忘却)하다 : 어떤 사실을 잊어버리다.

> 🔵 그는 지난날의 잘못을 잊어버리고[망각하고] 잘난 체하고 있다.

☐ **잃어버리다**

❶ 분실(紛失)하다 : 자기도 모르는 사이에 물건 따위를 잃어버리다.

> 🔵 잃어버린[분실한] 물건을 찾아 드립니다.

❷ 상실(喪失)하다 : 어떤 것을 아주 잃거나 사라지게 하다.

> 🔵 계속되는 실패에 의욕을 잃어버리고[상실하고] 있다.

☐ **자르다**

❶ 절단(切斷)하다 : 자르거나 베어서 끊다.

> 🔵 전선을 잘라[절단해] 냈다.

❷ 해고(解雇)하다 : 고용주가 고용 계약을 해제하여 피고용인을 내보내다.

> 🔵 부당한 이유로 직원들을 자른[해고한] 회사 측이 노조에 의해 고발당했다.

❸ 거절(拒絕)하다 : 상대편의 요구, 제안, 선물, 부탁 따위를 받아들이지 않고 물리치다.

> 🔵 그는 나의 간절한 부탁을 단칼에 잘라[거절해] 버렸다.

☐ **잡다**

❶ 설정(設定)하다 : 새로 만들어 정해 두다.

> 🔵 새로운 목표를 잡았다[설정했다].

❷ 장악(掌握)하다 : 무엇을 마음대로 할 수 있게 휘어잡다.

> 🔵 사장의 딸이 새로 경영권을 잡았다[장악했다].

□ **주다**

❶ 가(可)하다 : 어떤 행위를 하도록 영향을 끼치다.

　　⑩ 미국은 농산물 시장 개방을 놓고 압력을 주고[가하고] 있다.

❷ 선사(膳賜)하다 : 존경, 친근, 애정의 뜻을 나타내기 위하여 남에게 선물을 주다.

　　⑩ 졸업을 축하하는 의미에서 언니에게 꽃다발을 주었다[선사했다].

❸ 수여(授與)하다 : 증서, 상장, 훈장 따위를 주다.

　　⑩ 1등에게 상장과 트로피를 주었다[수여하였다].

❹ 투여(投與)하다 : 약 따위를 남에게 주다.

　　⑩ 환자에게 진통제를 주었다[투여하였다].

□ **줄어들다**

❶ 경감(輕減)되다 : 부담이나 고통 따위가 줄어서 가볍게 되다.

　　⑩ 항소심을 통해 10년 형이 7년 형으로 줄어들었다[경감되었다].

❷ 쇠(衰)하다 : 힘이나 세력이 점점 줄어서 약해지다.

　　⑩ 기력이 줄어들어[쇠하여] 누워 지내는 날이 많다.

❸ 수축(收縮)하다 : 부피나 규모가 줄다.

　　⑩ 건조한 공기로 인해 목재가 줄어들었다[수축하였다].

□ **헤아리다**

❶ 대중하다 : 어림짐작으로 헤아려 짐작하다.

　　⑩ 수량을 헤아려[대중해] 보니 백 개는 족히 되겠다.

❷ 요량(料量)하다 : 앞일을 잘 헤아려 생각하다.

　　⑩ 우리와 싸워 이로울 게 없다는 것을 잘 헤아려[요량해] 보길 바란다.

❸ 추측(推測)하다 : 미루어 생각하여 헤아리다.

　　⑩ 앞으로 일이 어떻게 전개될 것인지 헤아려[추측해] 보았다.

헷갈리는 어휘

11. 혼동하기 쉬운 말　12. 잘못 적기 쉬운 말

11 혼동하기 쉬운 말

ㄱ

☐ **가늠**
❶ 목표나 기준에 맞고 안 맞음을 헤아려 봄. 또는 그 목표나 기준 ❷ 사물을 어림잡아 헤아림 **예** 여기서 집까지 얼마나 걸리는지 가늠이 안 된다.

가름
❶ 쪼개거나 나누어 따로따로 되게 하는 일 ❷ 승부나 등수 따위를 정하는 일 **예** 이기고 지는 것은 마지막 판에서 가름이 난다.

갈음
다른 것으로 바꾸어 대신함 **예** 주례사를 시 한 편으로 갈음했다.

☐ **가르다**
❶ 쪼개거나 나누어 따로따로 되게 하다. **예** 세 조각으로 가르다. ❷ 물체가 공기나 물을 양옆으로 열며 움직이다. **예** 바람을 가르고 날아가다. ❸ 옳고 그름을 따져서 구분하다.

가리다
❶ 여럿 가운데서 하나를 구별하여 고르다. **예** 우승 팀을 가리다. ❷ 낯선 사람을 대하기 싫어하다. ❸ 잘잘못이나 좋은 것과 나쁜 것 따위를 따져서 분간하다. **예** 시비를 가리다.

☐ **가르치다**
지식이나 기능, 이치 따위를 깨닫게 하거나 익히게 하다. **예** 수학을 가르치다.

가리키다
손가락 따위로 어떤 방향이나 대상을 집어서 보이거나 말하거나 알리다. **예** 간판을 가리키다.

☐ **갖다**
'가지다'의 준말 **예** 가방을 안 갖고 왔다.

갔다
'가다'의 과거형 **예** 백화점에 갔다.

☐ **갖은**
골고루 다 갖춘. 또는 여러 가지의 **예** 갖은 양념

가진
소유한. 자기 것으로 한 **예** 가진 것을 다 내놓다.

☐	개발(開發)	토지나 천연자원 따위를 유용하게 만들거나 산업이나 경제 따위를 발전하게 함(주로 물질적인 면과 관련) 예 유전 개발 / 산업 개발
	계발(啓發)	재능이나 소질, 사상 따위를 일깨워 줌(주로 정신적인 면과 관련) 예 외국어 능력 계발 / 자기 계발

☐	개재(介在)	어떤 것들 사이에 끼여 있음 예 사적 감정이 개재되었다.
	게재(揭載)	글이나 그림 따위를 신문이나 잡지 따위에 실음 예 내 소설이 신문에 게재되었다.

☐	갱신(更新)	❶ 계약이나 서류의 유효 기간이 만료되었을 때, 그 기간을 연장함 예 소속사와 계약을 갱신했다. ❷ 다시 새롭게 만듦
	경신(更新)	기록경기 등에서 종전의 기록을 깨뜨림 예 개인 최고 기록을 경신했다.

☐	거름	식물을 잘 자라게 하려고 흙에 주는 양분 예 나무에 거름을 줬다.
	걸음	발을 옮겨 딛는 움직임 예 공원으로 걸음을 옮겼다.

☐	거저	❶ 아무런 노력이나 대가 없이 예 그는 친구에게 땅을 거저 주었다. ❷ 아무것도 가지지 않고 빈손으로
	그저	❶ 변함없이 이제까지 ❷ 다른 일은 하지 않고 그냥 ❸ 어쨌든지 무조건 ❹ 특별한 목적이나 이유 없이 예 그저 한번 해 본 말이다.

☐	거치다	오가는 도중에 어디를 지나거나 들르다. 예 문구점을 거쳐 집으로 왔다.
	걷히다	구름이나 안개 따위가 흩어져 없어지다. 예 안개가 걷히자 장관이 펼쳐졌다.

☐	걷잡다	한 방향으로 치우쳐 흘러가는 형세 따위를 바로잡거나 진정시키다. 예 일이 걷잡을 수 없게 되었다.
	겉잡다	겉으로 보고 대강 짐작하여 헤아리다. 예 겉잡아도 스무 마리는 되어 보였다.

☐ 겨누다	❶ 목표물을 향해 방향과 거리를 잡다. ⓔ 과녁을 겨눴다. ❷ 한 물체의 길이나 너비 등을 알기 위하여 다른 물체에 견주어 헤아리다.
겨루다	서로 버티어 실력을 다투다. ⓔ 우승을 겨루다.
견주다	둘 이상의 사물을 질이나 양 따위에서 어떠한 차이가 있는지 알기 위하여 서로 대어 보다. ⓔ 실력을 견주다.

☐ 결재(決裁)	아랫사람이 올린 안건을 상관이 헤아려 승인함 ⓔ 사장님의 결재가 필요합니다.
결제(決濟)	❶ 일을 처리하여 끝을 냄 ❷ 증권 또는 대금을 주고받아 매매 당사자 사이의 거래 관계를 끝맺는 일 ⓔ 현금으로 결제하다.

☐ 곤욕(困辱)	심한 모욕. 또는 참기 힘든 일 ⓔ 곤욕을 겪다.
곤혹(困惑)	곤란을 당하여 어찌할 바를 모르는 상태 ⓔ 갑작스러운 질문에 곤혹을 느꼈다.

☐ 구별(區別)	어떤 것과 다른 것 사이에서 나타나는 차이. 또는 그 차이에 따라서 나눔 ⓔ 요즘 옷은 남녀의 구별이 없다.
구분(區分)	일정한 기준에 따라 전체를 몇 개로 갈라 나눔 ⓔ 기준에 따라 다양한 구분이 가능하다.

☐ 구명(究明)	사물의 본질, 원인 따위를 깊이 연구하여 밝힘 ⓔ 자연 현상의 원리를 구명하다.
규명(糾明)	어떤 사실을 자세히 따져서 바로 밝힘 ⓔ 사건의 진상 규명

☐ 구연(口演)	말로 재미있게 이야기함 ⓔ 동화 구연
구현(具現·具顯)	어떤 내용이 구체적인 사실로 나타나게 함 ⓔ 정의 구현

☐ 그러다	❶ '그리하다(그렇게 하다)'의 준말 ⓔ 그러는 법이 어디 있니? ❷ 그렇게 말하다. ⓔ 이거 주라고 그러던데?
그렇다	❶ 상태, 모양, 성질 따위가 그와 같다. ❷ 특별한 변화가 없다. ⓔ 그냥 그렇다. ❸ 만족스럽지 않다. ⓔ 이 음식은 좀 그렇다.

☐ **그러잖아도**	'그러지 않아도'가 줄어든 말(행동을 나타내는 말을 대신)
그렇잖아도	'그렇지 않아도'가 줄어든 말(상태를 나타내는 말을 대신)

☐ **그러모으다**	흩어져 있는 것을 한곳에 모으다. 줄임 끄러모으다(×) 예 병력을 그러모으다.
긁어모으다	❶ 물건을 긁어서 한데 모으다. 예 낙엽을 긁어모았다. ❷ 이리저리 부정한 방법으로 재물을 모으다.

☐ **금새**	물건의 값. 또는 물건의 비싸고 싼 정도 예 금새를 알아보러 왔다.
금세	'금시(今時)에(지금 바로)'의 준말 예 금세 밥이 식었다.

☐ **금슬(琴瑟)**	거문고와 비파. '금실'의 원말
금실(琴瑟)	부부 사이의 화목한 즐거움

☐ **깃들다**	❶ 아늑하게 서려 들다. 예 어느새 어둠이 깃들었다. ❷ 감정, 생각, 노력 따위가 어리거나 스미다. 예 추억이 깃든 장소
깃들이다	❶ 짐승이 보금자리를 만들어 그 속에 들어 살다. 예 처마에 비둘기 가족이 깃들였다. ❷ 사람이 어디에 살거나 건물 따위가 그곳에 자리 잡다.

☐ **껍질**	물체의 겉을 싸고 있는 단단하지 않은 물질 예 사과 껍질
껍데기	겉을 싸고 있는 단단한 물질 예 달걀 껍데기, 조개껍데기

ㄴ	

☐ **나다**	무엇이 생기거나 상태에 변화가 일어나다. 예 가지에 새싹이 났다. / 창고에 화재가 났다.
낫다	❶ 병이나 상처 따위가 고쳐져 본래대로 되다. 예 병이 씻은 듯이 나았다. ❷ 보다 더 좋거나 앞서 있다. 예 너보단 내가 낫다.

낮다	높이나 수치, 정도 등이 기준보다 미치지 못하는 상태에 있다. ⑩ 책상이 낮아서 불편하다.
낳다	❶ 배 속의 아이나 새끼, 알을 몸 밖으로 내놓다. ❷ 어떤 결과를 이루거나 가져오다. ⑩ 그간의 노력이 좋은 결과를 낳았다.

☐ **낟**	낟알. 껍질을 벗기지 않은 곡식의 알
낫	곡식, 나무, 풀 등을 베는 데 쓰는 농기구
낯	❶ 얼굴의 바닥 ❷ 남을 대할 만한 체면
낱	셀 수 있는 물건의 하나하나

☐ **난삽하다(難澁-)**	글이나 말이 매끄럽지 못하면서 어렵고 까다롭다. ⑩ 난삽한 글
난잡하다(亂雜-)	❶ 행동이 막되고 문란하다. ⑩ 난잡한 짓만 골라서 하다니. ❷ 사물의 배치나 사람의 차림새 따위가 어수선하고 너저분하다. ⑩ 난잡하게 널려 있는 물건들

☐ **내려치다**	사람이 어떤 대상을 위에서 아래로 힘껏 때리거나 치다. ⑩ 주먹으로 탁자를 내려쳤다.
내리치다	❶ 위에서 아래로 힘껏 치다. ❷ 비바람, 번개 따위가 세차게 몰아치다. ⑩ 천둥 번개가 내리치다.

☐ **너머**	높이나 경계로 가로막은 사물의 저쪽. 또는 그 공간 ⑩ 고개 너머
넘어	❶ 일정한 수치를 벗어나 지나다. ❷ 높은 부분의 위를 지나가다. ⑩ 산을 넘어 할머니 댁으로 향하는 길

☐ **너비**	평면이나 넓은 물체의 가로로 건너지른 거리 ⑩ 도로의 너비를 재다.
넓이	일정한 평면에 걸쳐 있는 공간이나 범위의 크기 ⑩ 한 평 넓이

☐ **늦다**	기준이 되는 때보다 뒤져 있다. ⑭ 이르다 ⑩ 시계가 오 분 늦다.
느리다	어떤 동작을 하는 데 걸리는 시간이 길다. ⑭ 빠르다
늘리다	본디보다 크게 하거나 많게 하다. ⑩ 시험 시간을 20분 늘리다.
늘이다	본디보다 길게 하다. ⑩ 고무줄을 늘이다.

□ **다니다**   어떤 볼일이 있어 일정한 곳을 정하여 놓고 드나들다. ⑩ 병원에 다니다.

   당기다   물건 따위를 힘을 주어 자기 쪽이나 일정한 방향으로 가까이 오게 하다. ⑩ 방아쇠를 당기다.

   댕기다   불이 옮아 붙다. 또는 그렇게 하다. ⑩ 초에 불을 댕기다.

□ **다르다**   비교가 되는 두 대상이 같지 아니하다. ⑭ 같다 ⑩ 나는 너와 생각이 다르다.

   틀리다   사실이나 이치, 계산 등이 맞지 아니하다. ⑭ 맞다 ⑩ 네 생각은 틀렸어.

□ **다리다**   옷이나 천 따위의 주름을 펴기 위해 다리미로 문지르다. ⑩ 교복을 다리다.

   달이다   끓여서 진하게 만들다. ⑩ 약을 달이다.

□ **다치다**   부딪히거나 맞거나 하여 상처가 생기다. ⑩ 넘어져서 다쳤다.

   닫치다   ❶ '닫다'의 힘줌말. 문이나 창 등을 힘주어 닫다. ❷ 입을 굳게 다물다. ⑩ 닫친 입은 열릴 줄 몰랐다.

   닫히다   '닫다'의 피동사. 열려 있던 것이 닫아지다. ⑩ 바람에 문이 닫혔다.

□ **단박(에)**   그 자리에서 바로 ⑩ 단박에 범인을 알아보았다.

   대번(에)   서슴지 않고 단숨에 ⑩ 대번 답을 맞혔다.

□ **단합(團合)**   많은 사람이 마음을 한데 뭉침. 단결 ⑩ 우리 반은 단합이 잘 된다.

   담합(談合)   ❶ 서로 의논하여 합의함 ❷ 경쟁 입찰을 할 때 입찰 참가자가 서로 의논하여 미리 입찰 가격이나 낙찰자 따위를 협정하는 일 ⑩ 가격 담합으로 벌금을 내게 되었다.

□ **달리다**   재물이나 기술, 힘 따위가 모자라다. ⑩ 힘이 달리다.

   딸리다   어떤 것에 매이거나 붙어 있다. ⑩ 딸린 자식들이 많다.

☐ **담그다**	❶ 액체 속에 넣다. **예** 냇물에 발을 담그다. ❷ 김치·술·장·젓갈 따위를 만드는 재료를 버무리거나 물을 부어서, 익거나 삭도록 그릇에 넣어 두다. **예** 김치 언제 담갔어?
담다	❶ 어떤 물건을 그릇 따위에 넣다. **예** 김치를 어떤 그릇에 담았어? ❷ 어떤 내용이나 사상을 그림, 글, 말, 표정 따위 속에 포함하거나 반영하다.
☐ **-대**	❶ 어떤 사실을 주어진 것으로 치고 그 사실에 대한 의문을 나타내는 종결 어미. 놀라거나 못마땅하게 여기는 뜻이 섞여 있음 **예** 왜 이렇게 일이 많대? ❷ '-다고 해'가 줄어든 말 **예** 내일 비 온대.
-데	과거 어느 때에 직접 경험하여 알게 된 사실을 현재의 말하는 장면에 그대로 옮겨 와서 말함을 나타내는 종결 어미 **예** 경치가 참 좋데. **참고** '-데'는 화자가 직접 경험한 사실을 나중에 보고하듯이 말할 때 쓰이는 말로 '-더라'와 같은 의미를 전달하는 데 비해, '-대'는 직접 경험한 사실이 아니라 남이 말한 내용을 간접적으로 전달할 때 쓰임
☐ **대로**	❶ 어떤 모양이나 상태와 같이 **예** 말하는 대로 되면 좋겠다. ❷ 어떤 상태나 행동이 나타나는 그 즉시 **예** 동이 트는 대로 떠나자.
데(로)	'곳'이나 '장소' **예** 넓은 데로 가자.
☐ **-던**	❶ 과거의 어떤 상태를 나타내는 어미 **예** 깨끗했던 계곡물에 발을 담그고 놀았다. ❷ 어떤 일이 과거에 완료되지 않고 중단되었다는 미완의 의미를 나타내는 어미 **예** 먹던 사과를 버렸다.
-든	'-든지'의 준말. 어떤 것이 선택되어도 아무런 상관이 없음을 나타내는 어미 **예** 싫든 좋든 상관없다.
☐ **-던지**	막연한 의문이 있는 채로 그것을 뒤 절의 사실이나 판단과 관련시키는 데 쓰는 연결 어미. 지난 사실을 돌이켜 서술하여 문장을 이어 주거나 끝맺을 때 사용함 **예** 얼마나 춥던지 얼어 죽는 줄 알았다.

-든지	나열된 동작이나 상태, 대상들 중에서 어느 것이든 선택될 수 있음을 나타내는 연결 어미 ⓔ 굶어 죽든지 말든지 마음대로 해.

☐ 돋구다	안경 따위의 도수를 더 높게 하다.
돋우다	❶ 위로 끌어 올려 높아지게 하다. ❷ 기분·느낌·의욕 등의 감정을 자극하여 일어나게 하다. ⓔ 화를 돋우다. ❸ 입맛이 좋아지게 하다.

☐ 두텁다	신의, 믿음, 관계, 인정 따위가 굳고 깊다. ⓔ 사장의 신임이 두텁다.
두껍다	두께가 보통의 정도보다 크다. ⓔ 두꺼운 책

☐ 드러나다	❶ 가려 있거나 보이지 않던 것이 보이게 되다. ⓔ 물이 빠지자 갯벌이 드러났다. ❷ 알려지지 않은 사실이 널리 밝혀지다. ⓔ 진실은 드러나게 마련이다.
드러내다	가려 있거나 보이지 않던 것을 보이게 하다. ⓔ 하얀 이를 드러내며 웃다.
들어내다	물건을 들어서 밖으로 옮기다. ⓔ 이삿짐을 들어내다.

☐ 드리다	❶ 웃어른께 말이나 인사, 부탁 따위를 건네다. ⓔ 어머니께 말씀을 드리다. ❷ 여러 가닥의 실이나 끈을 하나로 땋거나 꼬다. ❸ 집을 지을 때 방·마루·창 따위를 만들다. ⓔ 아이들 방에 벽장을 드리다.
들이다	❶ 들어오게 하다. ⓔ 손님을 안으로 들이다. ❷ 집 안에서 부릴 사람을 고용한다. ❸ 물감 등을 스며들게 하다. ❹ 어떤 일에 돈, 시간, 노력, 물자 따위를 쓴다. ⓔ 그는 실내 장식에 많은 돈을 들였다. ❺ 버릇이나 습관을 몸에 배게 하다.

☐ 들이켜다	세게 들이마시다. ⓔ 술을 들이켜다.
들이키다	안쪽으로 가까이 옮기다. ⓔ 화분을 안으로 들이키다.

☐ 들추다	❶ 물건을 찾으려고 자꾸 뒤지다. ❷ 지난 일, 숨긴 일 등을 끄집어 드러나게 하다. ⓔ 왜 자꾸 과거를 들춰?
들치다	물건의 한쪽 끝을 쳐들다. ⓨ 젖히다 ⓔ 천막을 들치고 나왔다.

□ **떨구다**	❶ 시선을 아래로 향하다. ㉑ 시선을 떨구다. ❷ 위에 있던 것을 아래로 내려가게 하다. ㉑ 동전을 바닥에 떨구다. ❸ 가지고 있던 물건을 빠뜨려 흘리다.
떨치다	❶ 명성·위세 등이 널리 퍼지다. 또는 널리 퍼뜨리다. ㉑ 대한민국의 이름을 전 세계에 떨치다. ❷ 세게 흔들어 떨어지게 하다. ㉑ 그는 붙잡는 손을 떨치고 나가 버렸다. ❸ 불길한 생각이나 욕심 따위를 완강하게 버리다. ㉑ 걱정을 떨쳐 버리다.

| □ **뜨이다** | 감았던 눈이 벌려지다. ㉑ 눈이 확 뜨이는 발견 |
| **띄우다** | ❶ 편지나 소포 따위를 부치거나 전하다. ㉑ 띄우지 못한 편지 ❷ 뜨게 하다. ❸ 공간이나 시간에 간격을 두다. |

| □ **띠다** | ❶ 물건을 몸에 지니다. ❷ 용무나 직책, 사명 따위를 지니다. ㉑ 중대한 임무를 띠다. |
| **띄다** | '뜨이다'와 '띄우다'의 준말 ㉑ 눈에 띄는 집 / 한 칸 띄고 써라. |

| **ㄹ** | |

| □ **라야** | 사물을 지정하거나 꼭 그러해야 함을 나타내는 보조사 ㉑ 구두는 신던 것이라야 편하다. |
| **-래야** | '-라고 해야'의 준말 ㉑ 집이래야 방 한 칸에 불과하다. |

| □ **-(으)러** | 가거나 오거나 하는 동작의 목적을 나타내는 연결 어미 ㉑ 나물 캐러 가자. |
| **-(으)려** | 어떤 행동을 할 의도나 욕망을 가지고 있음을 나타내는 연결 어미 ㉑ 남을 해치려 하다니. |

| □ **(으)로서** | ❶ 자격, 신분을 나타내는 격 조사 ㉑ 친구로서 뭘 해 줄 수 있을까? ❷ 어떤 동작이 일어나거나 시작되는 곳을 나타내는 격 조사 |
| **(으)로써** | ❶ 물건의 재료나 원료를 나타내는 격 조사 ❷ 일의 수단이나 도구를 나타내는 격 조사 ㉑ 콩으로써 메주를 쑨다. |

□ 마는		앞의 사실을 인정을 하면서도 그에 대한 의문이나 그와 어긋나는 상황 따위를 나타내는 보조사 **예** 공부는 열심히 했다마는 합격할 수 있을는지……
만은		어떤 것을 다른 것과 대조적으로 매우 한정하여 강조하는 보조사 **예** 너만은 내가 믿는다.

□ 마치다	일이나 절차 따위를 끝내다. **예** 일을 마치고 밥을 먹자.
맞추다	❶ 서로 떨어져 있는 부분을 제자리에 맞게 대어 붙이다. **예** 문짝을 문틀에 맞추다. ❷ 둘 이상의 일정한 대상들을 나란히 놓고 비교하여 살피다. **예** 친구와 답을 맞추어 보다. ❸ 서로 어긋남이 없이 조화를 이루다. **예** 다른 부서와 보조를 맞추다.
맞히다	❶ 물음에 옳은 답을 하다. **예** 어려운 문제를 척척 맞히다. ❷ 물체를 쏘거나 던져 어떤 물체에 닿게 하다. **예** 과녁에 화살을 맞히다.

□ 막역하다(莫逆-)	서로 허물없이 매우 친하게 지내다. 절친하다. **예** 막역한 친구 사이
막연하다(漠然-)	뚜렷하지 못하고 어렴풋하다. **예** 막연한 기대를 버려라.

□ 매기다	차례·값·등수·점수 등을 정하다. **예** 시험지에 점수를 매기다.
메기다	두 편이 노래를 주고받을 때 한편이 먼저 부르다.

□ 메다	❶ 물건을 어깨에 지다. **예** 가방을 메다. ❷ 어떤 장소에 가득 차다. **예** 넓은 강당이 사람들로 메어 터질 지경이었다. ❸ 감정이 북받쳐 목소리가 잘 나지 않다. **예** 나는 너무 기뻐 목이 메었다.
매다	❶ 풀리지 않게 묶다. **예** 넥타이를 매다. ❷ 논이나 밭 등지의 잡풀을 뽑다. **예** 밭을 매다.

□ 몹쓸	몹시 악독하고 고약한 **예** 몹쓸 사람
못쓸	옳지 않은. 바람직한 상태가 아닌 **예** 그는 너무 게을러서 도저히 못쓸 정도이다.

☐ **무르다**	❶ 여리고 단단하지 않다. ❷ 샀던 물건을 도로 주고 돈을 되찾다. **예** 책을 돈으로 무르다. ❸ 이미 행한 일을 그 전의 상태로 돌리다.
물리다	❶ 싫증이 나다. **예** 이제 치킨도 물리는 느낌이야. ❷ 날짜를 뒤로 미루다. ❸ 다른 자리로 옮기거나 옮기게 하다. **예** 밥상을 물리다.
☐ **묵다**	❶ 일정한 때를 지나서 오래된 상태가 되다. **예** 묵은 김치 ❷ 일정한 곳에서 나그네로 머무르다. **예** 여관에 묵다.
묶다	끈, 줄 따위를 매듭으로 만들다. **예** 신발 끈을 묶다.
☐ **-므로**	까닭이나 근거를 나타내는 연결 어미 **예** 기회가 있으므로 절망하지 않겠다.
-ㅁ으로	명사형 어미 'ㅁ'에 조사 '으로'가 붙은 것으로 수단이나 방법을 나타냄 **예** 이 일을 함으로 새로 시작해 보자.

ㅂ	
☐ **바라다**	생각대로 또는 소원대로 되기를 기대하다. **예** 동생이 합격하기를 바라다.
바래다	❶ 볕이나 습기를 받아 색이 변하다. **예** 빛이 바랜 사진 ❷ 가는 사람을 일정한 곳까지 배웅하거나 바라보다.
☐ **바치다**	❶ 신이나 웃어른에게 정중하게 드리다. ❷ 반드시 내거나 물어야 할 돈을 가져다주다. ❸ 무엇을 위하여 모든 것을 아낌없이 내놓거나 쓰다. **예** 평생을 연구에 몸 바친 학자
받치다	❶ 물건의 밑이나 옆 따위에 다른 물체를 대다. ❷ 옷의 색깔이나 모양이 조화를 이루도록 함께 하다. ❸ 어떤 일을 잘할 수 있도록 뒷받침해 주다. ❹ 우산 등을 펴서 들다.
받히다	'받다(머리나 뿔 따위로 세차게 부딪치다)'의 피동사 **예** 마을 이장이 소에게 받혀서 꼼짝을 못한다.
밭치다	'밭다(액체만 따로 받아 내다)'를 강조하여 이르는 말 **예** 술을 밭치다.

☐ **박이다**	❶ 버릇, 생각, 태도 따위가 깊이 배다. 예 일찍 일어나는 습관이 몸에 박여 있다. ❷ 손바닥, 발바닥 따위에 굳은살이 생기다. 예 손에 못이 박이다. ❸ 인쇄물이나 사진을 찍게 하다.
박히다	❶ 두들겨 치이거나 틀려서 꽂히다. 예 손에 가시가 박히다. ❷ 붙여지거나 끼워 넣어지다. ❸ 인쇄물 따위에 글자나 그림이 넣어지다. 예 종이에 또박또박 박힌 글씨
☐ **반드시**	꼭. 틀림없이 예 그는 반드시 올 것이다.
반듯이	기울거나 비뚤어지지 않고 바르게 예 고개를 반듯이 들어라.
☐ **반증(反證)**	어떤 사실이나 주장이 옳지 않음을 증명하는 증거 예 그 사실을 뒤집을 만한 반증이 나왔다.
방증(傍證)	직접적인 증거는 아니지만 주변의 상황을 밝히는 간접적인 증거
☐ **반출(搬出)**	운반하여 냄 예 문화재가 해외로 불법 반출되었다.
배출(排出)	안에서 밖으로 밀어 내보냄 예 오염 물질이 배출되고 있다.
☐ **받다**	❶ 다른 사람이 주거나 보내오는 물건 따위를 가지다. ❷ 머리나 뿔 따위로 세차게 부딪치다.
밭다	❶ 액체가 바짝 졸아서 말라붙다. ❷ 건더기와 액체가 섞인 것을 걸러 액체만 따로 받아 내다. ❸ 시간이나 공간이 다붙어 매우 가깝다.
☐ **배다**	❶ 배 속에 아이나 새끼를 가지다. ❷ 스며들거나 스며 나오다.
베다	❶ 날이 있는 연장 따위로 무엇을 끊거나 자르거나 가르다. ❷ 누울 때, 베개 따위를 머리 아래에 받치다. 예 베개를 베다.
☐ **배상(賠償)**	남의 권리를 침해한 사람이 그 손해를 물어 주는 일
보상(補償)	❶ 남에게 끼친 손해를 갚음 예 피해 보상 ❷ 국가 또는 단체가 적법한 행위에 의하여 국민이나 주민에게 가한 재산상의 손실을 갚아 주기 위하여 제공하는 대가

□ **벌리다**	❶ 일을 하여 돈 따위가 얻어지거나 모이다. ❷ 둘 사이를 넓히거나 멀게 하다. **예** 앞 사람과의 간격을 더 벌리다. ❸ 껍질 따위를 열어 젖혀서 속의 것을 드러내다.
벌이다	❶ 일을 계획하여 시작하거나 펼쳐 놓다. **예** 캠페인을 벌이다. ❷ 여러 가지 물건을 늘어놓다. ❸ 가게를 차리다.
□ **보전(保全)**	온전하게 보호하여 유지함 **예** 국토를 보전하자.
보존(保存)	잘 보호하고 간수하여 남김 **예** 문화재를 보존하자.
□ **봉우리**	산에서 뾰족하게 높이 솟은 부분 **예** 산의 제일 높은 봉우리에 오르다.
봉오리	망울만 맺히고 아직 피지 아니한 꽃 **예** 봉오리가 맺히다.
□ **부딪다**	무엇과 무엇이 힘 있게 마주 닿거나 마주 대다. 또는 닿거나 대게 하다.
부딪치다	'부딪다'의 힘줌말 **예** 파도가 바위에 부딪쳤다.
부딪히다	'부딪다'의 피동사. 부딪음을 당하다(무의지적인 사실). **주의** 부디치다(×) **예** 냉혹한 현실에 부딪히다.
□ **부시다**	❶ 그릇 따위를 씻어 깨끗하게 하다. **예** 물로 접시를 부시다. ❷ 빛이나 색채가 강렬하여 마주 보기가 어려운 상태에 있다. **예** 햇빛에 눈이 부시다.
부수다	두드리거나 깨뜨려 못 쓰게 만들다. **예** 집을 부수다.
□ **부치다**	❶ 부채 같은 것을 흔들어서 바람을 일으키다. ❷ 논밭을 다루어 농사를 짓다. ❸ 프라이팬 따위에 빈대떡·전 등을 익혀서 만든다. ❹ 남을 시켜서 편지나 물건을 보내다. ❺ 어떤 문제를 다른 장소·기회에 넘겨 맡기다. ❻ 어떤 일을 거론하지 않는 상태에 있게 하다. ❼ 몸이나 식사를 어떤 곳에 의탁하다. ❽ 모자라거나 미치지 못하다.
붙이다	❶ 맞닿아 떨어지지 않게 하다. ❷ 교합시키다. ❸ 불을 일으켜 타게 하다. ❹ 조건, 이유, 구실 따위를 딸리게 하다. ❺ 노름·싸움 등을 어울려 시작하게 하다. ❻ 마음에 당기게 하다. ❼ 손바닥으로 때리다. ❽ 이름을 지어 달다.

□	**붇다**	❶ 물에 젖어 부피가 커지다. 📵 오래되어 붇은 국수 ❷ 수효나 양이 많아지다. 📵 개울물이 붇다.
	불다	❶ 입을 오므려 날숨을 내어보내다. ❷ 관악기의 소리를 내다. ❸ 죄상을 그대로 말하다. ❹ 바람이 움직이다. 📵 태풍이 불다.
	붓다	❶ 살가죽이 부풀어 오르다. ❷ 성이 나서 뾰로통해지다. ❸ 액체 등을 다른 곳에 담다. ❹ 곗돈 등을 내다. 📵 매달 적금을 붓다.

□	**불가분(不可分)**	나누려야 나눌 수 없음. 📵 불가분의 관계
	불가불(不可不)	하지 아니할 수 없어. 또는 마음이 내키지 아니하나 마지못하여. = 부득불(不得不), 부득이

□	**비끼다**	❶ 옆으로 비스듬하게 비치다. ❷ 비스듬히 놓이거나 늘어지다. ❸ 얼굴에 어떤 표정이 잠시 드러나다. 📵 눈가에 웃음이 비끼었다.
	비키다	❶ 방해가 되는 물건을 한쪽으로 조금 옮겨 놓다. ❷ 무엇을 피하여 방향을 조금 바꾸다. ❸ 다른 사람을 위하여 있던 자리를 피하여 다른 곳으로 옮기다. 📵 좀 비켜 줄래?
	빗기다	남의 머리털을 빗어 주다.

□	**비추다**	❶ 빛을 보내어 밝게 만들다. 📵 조명을 비추다. ❷ 맞대어 보다.
	비치다	❶ 빛이 나서 환하게 되다. ❷ 물체의 그림자나 영상이 나타나 보이다. ❸ 남의 속을 떠보려고 말을 약간 꺼내다. ❹ 얼굴이나 눈치 따위를 잠시 또는 약간 나타내다. 📵 시간 되면 얼굴 비칠게.

□	**빌다**	❶ 바라는 바를 이루게 하여 달라고 신이나 사람, 사물 따위에 간청하다. ❷ 잘못을 용서해 달라고 간곡히 청하다. 📵 용서를 빌다.
	빌리다	❶ 남의 물건이나 돈 따위를 나중에 도로 돌려주거나 대가를 갚기로 하고 얼마 동안 쓰다. 📵 돈을 빌려 쓰다. ❷ 남의 도움을 받거나 사람이나 물건 따위를 믿고 기대다. 📵 일손을 빌려야 일을 겨우 끝내겠다.

□	**빗다**	머리털을 빗 따위로 가지런히 고르다.
	빚다	❶ 흙 따위의 재료로 어떤 형태를 만들다. ❷ 가루를 반죽하여 만두, 송편 따위를 만들다. 📵 송편을 빚다. ❸ 술을 담그다.

☐ **빡빡하다**	❶ 물기가 적어서 보드라운 맛이 없다. ❷ 국물보다 건더기가 가들막하게 많다. ❸ 여유가 없어서 조금 빠듯하다. **예** 빡빡한 스케줄 ❹ 융통성이 없고 조금 고지식하다. ❺ 꼭 끼어서 헐겁지 않다.
빽빽하다	❶ 사이가 촘촘하다. **예** 사람들이 빽빽하게 들어선 전철 ❷ 구멍이 거의 막혀 빨기가 답답하다. ❸ 속이 좁다.

ㅅ	

☐ **삭이다**	❶ 먹은 음식물을 소화하다. **예** 밥을 삭이다. ❷ 마음을 가라앉히다. **예** 울분을 삭이다.
삭히다	김치나 젓갈 따위의 음식물을 발효시켜 맛이 들게 하다. **예** 김치를 삭히다.
☐ **살지다**	❶ 살이 많고 튼실하다. **예** 살진 암소 ❷ 땅이 기름지다.
살찌다	몸에 살이 필요 이상으로 많아지다. **예** 살쪄서 바지가 작다.
☐ **세다**	❶ 힘이 많다. **예** 기운이 세다. ❷ 기세가 강하다. **예** 고집이 세다. ❸ 능력이나 수준이 높다. **예** 경쟁률이 세다.
새다	❶ 날이 밝아 오다. **예** 날이 새다. ❷ 기체, 액체 따위가 구멍, 틈으로 조금씩 흘러나오다. **예** 지붕에서 비가 샌다.
☐ **스러지다**	형체나 현상 따위가 차차 희미해지면서 없어지다. **예** 새벽빛에 별이 스러지다.
쓰러지다	❶ 힘이 빠지거나 외부의 힘에 의하여 서 있던 상태에서 바닥에 눕는 상태가 되다. ❷ 사람이 병이나 과로 따위로 정상 생활을 하지 못하고 몸져눕는 상태가 되다. **예** 과로로 쓰러지다. ❸ 기업이나 국가 따위가 제 기능을 하지 못하는 상태가 되다.
☐ **시각(時刻)**	❶ 시간의 어느 한 시점 **예** 출발 시각 ❷ 짧은 시간
시간(時間)	어떤 시각에서 어떤 시각까지의 사이 **예** 휴식 시간

□ 시험(試驗)	❶ 어떤 사물의 성질이나 기능, 성능 따위를 실제로 검사하고 평가하는 일 ◍ 시험 비행 ❷ 재능이나 실력 따위를 일정한 절차에 따라 검사하고 평가하는 일
실험(實驗)	❶ 실제로 해 봄 ❷ 과학에서, 이론이나 현상을 관찰하고 측정함 ◍ 자동차의 성능 실험

□ 실랑이	❶ 남을 못살게 굴거나 괴롭히는 일 ❷ 서로 자기주장을 고집하며 옥신각신하는 일 = 승강이 ◍ 누나와 실랑이[승강이]를 벌이다.
승강이	서로 자기주장을 고집하며 옥신각신하는 일 = 실랑이

□ 실재(實在)	실제로 존재함 ◍ 실재의 인물
실제(實際)	❶ 사실의 경우나 형편 ◍ 이론을 실제에 응용하다. ❷ 거짓이나 상상이 아니고 현실적으로
실지(實地)	❶ 실제의 처지나 경우 ❷ 사물이 현재 있는 곳 ◍ 실지 답사

□ 신문(訊問)	❶ 알고 있는 사실을 캐어물음 ❷ 법률 용어로, 법원이나 기타 국가 기관이 어떤 사건에 관하여 증인, 당사자, 피고인 등에게 말로 물어 조사하는 절차 ◍ 증인 신문
심문(審問)	❶ 자세히 따져서 물음 ❷ 법률 용어로, 법원이 당사자나 그 밖에 이해관계가 있는 사람에게 서면이나 구두로 개별적으로 진술할 기회를 주는 절차 ◍ 구속 전 피의자 심문

□ 싸이다	❶ '싸다'(① 물건을 안에 넣고 보이지 않게 씌워 가리거나 둘러 말다. ② 어떤 물체의 주위를 가리거나 막다.)의 피동사 ◍ 보자기에 싸인 음식 ❷ 헤어나지 못할 만큼 어떤 분위기나 상황에 뒤덮이다. ◍ 신비에 싸인 분위기
쌓이다	❶ '쌓다'(① 여러 개의 물건을 겹겹이 포개어 얹어 놓다. ② 밑바탕을 닦아서 든든하게 마련하다.)의 피동사 ◍ 물건들이 층층으로 쌓여 있다. ❷ 하여야 할 일이나 걱정, 피로 따위가 한꺼번에 많이 겹치다. ◍ 걱정이 쌓이면 병이 된다.

☐ **아는 척** 알지 못하면서 아는 것처럼 거짓으로 그럴듯하게 꾸밈 ◉ 모르면서 아는 척하지 말자.

알은척 ❶ 어떤 일에 관심을 가지는 듯한 태도를 보임 ❷ 사람을 보고 인사하는 표정을 지음 ◉ 친구와 싸워서 서로 알은척도 안 했다.

☐ **아득하다** ❶ 보이는 것이나 들리는 것이 희미하고 매우 멀다. ◉ 아득한 지평선 ❷ 까마득히 오래되다. ◉ 아득한 옛날 ❸ 정신이 흐려진 상태이다.

아뜩하다 갑자기 어지러워 정신을 잃고 까무러칠 듯하다. ◉ 놀라서 정신이 아뜩하다.

☐ **아무라도** 누구든지. 누구라도 ◉ 이 공원에는 아무라도 들어갈 수 있다.
아무래도 아무리 생각해 보아도 ◉ 네 꿍꿍이속은 아무래도 모르겠다.

☐ **안** '아니'의 준말 ◉ 나는 거기에 안 간다.
않- '아니하'의 준말 ◉ 일은 하지 않고 놀기만 한다.

☐ **안이(安易)** '안이하다(너무 쉽게 여기는 태도나 경향이 있다)'의 어근 ◉ 안이한 대처

안일(安逸) 편안하고 한가로움. 또는 편안함만을 누리려는 태도 ◉ 무사 안일이 최고라는 태도

☐ **안치다** 음식의 재료를 솥이나 냄비 따위에 넣고 불 위에 올리다.
◉ 솥에 쌀을 안치다.

앉히다 '앉다'의 사동사 ◉ 아이를 무릎에 앉히다.

☐ **어구(語句)** 말의 마디나 구절 ◉ 한문 어구
어귀 드나드는 목의 첫머리 ◉ 동네 어귀

☐ **어느** 여럿 가운데 어떤. 막연한 어떤 ◉ 어느 것을 골라야 하나.
여느 그 밖의 예사로운. 또는 다른 보통의 ㈜ 여늬(×) ◉ 그는 여느 사람과 다른 데가 있다.

☐ **어떻게**	'어떻다(의견, 성질, 형편, 상태 따위가 어찌 되어 있다)'의 활용형 ⓔ 어떻게 그런 일이 생길 수 있지? / 그동안 어떻게 지냈니?	
어떡해	'어떡하다('어떠하게 하다'가 줄어든 말)'의 활용형 ⓔ 이 일을 <u>어떡</u><u>해</u>. / 그럼 난 어떡하라고?	

☐ **어름**	❶ 두 사물의 끝이 맞닿은 자리 ⓔ 두 강이 어우러지는 <u>어름</u>에 산다. ❷ 물건과 물건 사이의 한가운데
얼음	물이 얼어 굳어진 물질 ⓔ <u>얼음</u>이 얼었다.

☐ **어우르다**	>아우르다 ❶ 여럿을 모아 한 덩어리나 한판이 크게 되게 하다. ❷ 윷놀이에서 말 두 개 이상을 한데 합치다.
어울리다	>아울리다 ❶ '어우르다'의 피동사. 여럿이 모여 한 덩어리나 한 판이 되다. ❷ 함께 사귀어 잘 지내거나 일정한 분위기에 끼어 들어 같이 휩싸이다.

☐ **얼김에**	어떤 일이 벌어지는 바람에 자기도 모르게 ⓔ <u>얼김</u>에 나도 사 버렸다.
얼떨결에	뜻밖의 일을 갑자기 당하거나, 여러 가지 일이 너무 복잡하여 정신을 가다듬지 못하는 판에 ㉣ 얼결에 ⓔ <u>얼떨결</u>에 승낙하다.

☐ **업다**	❶ 사람이나 동물 따위를 등에 대고 잡거나 동여매 붙어 있게 하다. ❷ 어떤 세력을 배경으로 삼다. ⓔ 여론을 등에 업다. ❸ 남을 이용하려고 끌고 들어가다. ❹ 윷놀이에서, 한 말이 다른 말을 어우르다.
엎다	❶ 밑바닥이 위로 가게 놓다. ⓔ 대접을 씻어 엎어 두었다. ❷ 없애거나 치워 버리다. ❸ 제대로 있는 것을 넘어뜨리다.

☐ **엉기다**	한데 뭉쳐 굳어지다. ⓔ 흙먼지가 엉겨 있다. ㉤ 엉키다
엉키다	'엉클어지다'의 준말 ⓔ 엉킨 실타래
엉클어지다	일이나 물건이 서로 얽혀서 풀어지지 않게 되다. ⓔ 털실이 <u>엉클어</u><u>지다</u>.
얽히다	'얽다'의 피동사 ❶ 노끈이나 줄 따위가 이리저리 걸리다. ❷ 이리저리 관련이 되다. ⓔ 사건이 묘하게 <u>얽혔다</u>.

☐ **엉덩이**	볼기의 윗부분 **예** 엉덩이에 주사를 놓다.	
궁둥이	앉으면 바닥에 닿는, 엉덩이의 아랫부분	

☐ **에다**	❶ 칼 따위로 도려내듯 베다. **예** 살을 에는 듯한 바람 ❷ 마음을 몹시 아프게 하다. **주의** 에이다(×)
에우다	❶ 둘레를 빙 둘러서 막다. **예** 절벽이 집 주변을 에우고 있어 접근이 쉽지 않다. ❷ 딴 길로 돌리다.

☐ **여의다**	❶ 죽어서 이별하다. **예** 부모를 여의다. ❷ 시집보내다. **예** 딸을 여의다. ❸ 멀리 떠나보내다. **예** 번뇌를 여의다.
여위다	몸의 살이 빠지고 수척하게 되다. **예** 몸이 여위다.

☐ **엷다**	❶ 두께가 두껍지 아니하다. ❷ 사물의 밀도·농도·빛깔 따위가 짙지 아니하다. **예** 엷은 보랏빛 ❸ 말이나 행동 따위가 깊지 아니하고 가볍다. **예** 엷은 지식
열다	❶ 수면(水面)이 밑바닥에 가깝다. ❷ 빛깔이 보통의 정도보다 흐릿하다. ❸ 생각이나 지식 따위가 깊지 아니하다. **예** 소견이 열다.

☐ **오직**	다만. 오로지 **예** 오직 공부에만 열중했다.
오죽	여간. 얼마나 **예** 오죽 못났으면 그럴까?

☐ **옹색(雍塞)**	형편이 넉넉하지 못하여 생활에 필요한 것이 없거나 부족함
인색(吝嗇)	❶ 재물을 아끼는 태도가 몹시 지나침 **예** 그는 너무 인색을 부려서 주변에 사람이 없다. ❷ 어떤 일을 하는 데 대하여 지나치게 박함

☐ **왠지**	'왜인지'의 준말. 왜 그런지 모르게 **예** 왠지 서글퍼진다.
웬지	'왠지'의 비표준어 **참고** 웬 : 어찌 된. 어떠한. **예** 이 밤중에 웬 소란일까?

☐ **유래(由來)**	사물이나 일이 생겨난 바. 내력 **예** 유래가 깊다.
유례(類例)	❶ 같거나 비슷한 예 ❷ 이전부터 있었던 사례 **예** 역사상 유례가 없는 이변

☐	의례(儀禮)	행사를 치르는 일정한 법식 **예** 행사 의례
	으레	❶ 두말 할 것 없이 당연히. **예** 학생이라면 으레 공부를 해야 한다.
		❷ 틀림없이 언제나 **주의** 의례(×), 으례(×)

☐	으슥하다	무서운 느낌이 들 만큼 깊숙하고 후미지다. **예** 으슥한 골목길
	이슥하다	밤이 한창 깊다. **예** 밤이 이슥해지도록 그는 돌아오지 않았다.

☐	이따가	조금 지난 뒤에 **예** 이따가 만나자.
	있다가	'있다'의 활용형 **예** 암전하게 있다가 가거라.

☐	이제	바로 이때에. 지나간 때와 단절된 느낌을 줌 **예** 이제 어떻게 하지?
	인제	이제에 이르러 **예** 추위가 인제 풀리는 것 같다.

☐	일그러지다	물건이나 얼굴이 비뚤어지거나 우글쭈글하여지다. **주의** 이그러지다(×) **예** 일그러진 얼굴
	이지러지다	❶ 한쪽 귀퉁이가 떨어지다. **예** 한 귀가 이지러진 지폐 ❷ 달 따위가 한쪽이 차지 않다. **예** 달이 조금씩 이지러지기 시작했다. **주의** 이즈러지다(×)

☐	일체(一切)	❶ 온갖 사물. 모든 것 ❷ 통틀어서. 모두(긍정적인 의미) **예** 내 것을 일체 가지시오.
	일절(一切)	아주. 전혀. 절대로(부인, 금지의 의미) **예** 작업 중에는 면회를 일절 금합니다.

☐	잇달다	❶ '잇따르다'의 유의어 ❷ 뒤를 이어 연결하다. **예** 끈을 잇달아 매서 줄다리기를 하였다.
	잇따르다	뒤를 이어 따르다. **예** 번개가 치더니 잇따라 비가 내리기 시작했다.

☐	잊다	알았던 것을 기억하지 못하게 되거나 신경 쓰지 않게 되다. **예** 약속을 잊다.
	잃다	가졌던 물건이 없어져 그것을 갖지 않게 되다. **예** 우산을 잃다.

☐ **작다**   길이, 넓이, 부피, 일의 규모, 범위, 정도, 중요성 따위가 비교 대상
이나 보통보다 덜하다. ⑲ 크다 ⑳ 키가 작다.

    적다   수효나 분량, 정도가 일정한 기준에 미치지 못하다. ⑲ 많다
⑳ 수입이 적다.

☐ **작렬(炸裂)**   포탄이 터지듯 극렬하게 터져 나옴 ⑳ 연속 홈런 작렬

    작열(灼熱)   불 따위가 이글이글 뜨겁게 타오름 ⑳ 작열하는 햇불

☐ **장사**   이익을 위하여 물건을 파는 일 ⑳ 우산 장사 / 사과 장사

    장수   장사를 하는 사람. 상인 ⑳ 채소 장수 / 생선 장수

☐ **장애(障礙)**   ❶ 어떤 사물의 진행을 가로막아 거치적거리게 하거나 충분한 기
능을 하지 못하게 함 ⑳ 의사소통의 장애 ❷ 신체 기관이 본래의 제
기능을 못하거나 정신 능력이 원활하지 못한 상태 ⑳ 시각 장애

    장해(障害)   하고자 하는 일을 막아서 방해함 ⑳ 별다른 장해 없이 성공했다.

☐ **-장이**   '그것과 관련된 기술을 가진 사람'의 뜻을 더하는 접미사 ⑳ 대장장이

    -쟁이   '그것이 나타내는 속성을 많이 가진 사람'의 뜻을 더하는 접미사
⑳ 겁쟁이

☐ **재연(再演)**   ❶ 다시 공연함 ❷ 한 번 일어났던 일을 다시 되풀이함(행위)
⑳ 범행 재연

    재연(再燃)   ❶ (꺼졌던 불이) 다시 타는 것 ❷ (잠잠해진 일이) 다시 문제가 되
어 시끄러워짐 ⑳ 노사 분규의 재연

    재현(再現)   다시 나타남. 또는 다시 나타냄 ⑳ 서울의 옛 모습 재현

☐ **재적(在籍)**   학적, 병적 따위의 명부(名簿)에 이름이 올라 있음 ⑳ 재적 인원

    제적(除籍)   학적, 당적 따위에서 이름을 지워 버림 ⑳ 규칙 위반 시 제적 처리됨

☐ **저리다**   살이나 뼈마디가 오래 눌려서 피가 안 돌아 감각이 둔하고 힘이
없게 되다. ㈜ 절리다(×) ⑳ 다친 다리가 저리다.

절이다	푸성귀나 생선 따위를 소금기나 식초, 설탕 따위에 담가 간이 배어들게 하다. ⓔ 배추를 소금물에 절이다.
결리다	숨을 쉬거나 움직일 때, 몸의 어떤 부분이 뜨끔뜨끔 아프거나 뻐근한 느낌이 들다. ⓔ 가슴이 결리다.

☐ **전용(專用)**	❶ 혼자서만 씀 ❷ 오로지 한 가지만을 씀 ❸ 국한된 사람이나 부문에 한하여만 씀 ⓔ 군인 전용 병원
전용(轉用)	다른 곳에 돌려서 씀 ⓔ 공금을 사적으로 전용하다.

☐ **젓**	새우·조기·멸치 등의 살·알·창자 따위를 소금에 절여 삭힌 음식 ⓔ 새우젓
젖	❶ 유방 ❷ 유방에서 분비하는 액체 ⓔ 젖먹이

☐ **젓다**	❶ 액체를 고르게 하려고 휘둘러 섞다. ⓔ 커피에 설탕을 넣고 스푼으로 젓다. ❷ 배를 움직이려고 노를 움직이다. ⓔ 노를 젓다. ❸ 어떤 의사를 말 대신 손·머리를 흔들어 표시하다. ⓔ 고개를 젓다.
젖다	❶ 물이 배어 축축하게 되다. ❷ 어떤 영향을 받아 몸에 배다. ⓔ 관습에 젖다. ❸ 어떤 심정에 잠기다.

☐ **제치다**	❶ 거치적거리지 않게 처리하다. ❷ 대상에서 빼다. ❸ 상대보다 우위에 서다. ❹ 일을 미루다. ⓔ 그는 만사를 제치고 달려왔다.
젖히다	❶ 안쪽이 겉으로 나오게 하다. ❷ '젖다'(뒤로 기울다)의 사동사 ⓔ 고개를 뒤로 젖히다.

☐ **조리다**	어육이나 채소 등을 양념하여 바특하게 끓이다. ⓔ 생선을 조리다.
졸이다	❶ 졸아들게 하다. ❷ 속을 태우다시피 초조해하다. ⓔ 마음을 졸이다.

☐ **좇다**	❶ 추구하다. ⓔ 행복을 좇다. ❷ 남의 뜻이나 규칙 등을 따르다. ⓔ 유언을 좇다. ❸ 눈길을 보내다. ⓔ 그는 하늘의 새를 눈으로 좇았다.
쫓다	❶ 뒤를 급히 따르다. ⓔ 형사가 도둑을 쫓다. ❷ 어떤 자리에서 떠나도록 몰다. ⓔ 밤새도록 모기를 쫓았다.

☐ **주르르**	❶ 발걸음을 재게 움직여 걷거나 따라다니는 모양 ❷ 굵은 물줄기 따위가 빠르게 흘러내리는 소리. 또는 그 모양 **주의** 주루루(×)
주르륵	굵은 물줄기 따위가 빠르게 잠깐 흐르다가 그치는 소리. 또는 그 모양 **주의** 주루룩(×)
☐ **주리다**	❶ 제대로 먹지 못하여 배를 곯다. ❷ 원하는 것을 얻지 못하여 몹시 아쉬워하다. **예** 정에 주리다.
줄이다	'줄다'의 사동사. 줄어들게 하다. **예** 몸무게를 줄이다.
☐ **주요(主要)**	여럿 중에서 대표적인 것. 주되고 중요함 **예** 올해의 주요 사건
중요(重要)	없어서는 아니 될 정도로 귀중함 **예** 중요 사항
☐ **중개(仲介)**	제삼자로서 두 당사자 사이에 서서 어떤 일을 주선함 **예** 부동산 매매를 중개하다.
중계(中繼)	❶ 중간에서 이어 줌 **예** 중계 무역 ❷ 경기장, 사건 현장 등의 실황을 방송국이 연결하여 방송하는 일 **예** 스포츠 중계
중매(仲買)	물건을 사고팔 때 중간에서 매매를 중개하고 이익을 얻는 일 **예** 중매인
☐ **지그시**	❶ 슬며시 힘을 주는 모양 **예** 발로 바닥을 지그시 밟다. ❷ 조용히 참고 견디는 모양 **예** 아픔을 지그시 참다.
지긋이	나이가 비교적 많아 듬직하게 **예** 나이가 지긋이 든 할아버지
☐ **지나다**	❶ 시간이 흘러 그 시기에서 벗어나다. **예** 헤어진 지 하루가 지났다. ❷ 어떤 한도나 정도가 벗어나거나 넘다. ❸ 어디를 거치어 가거나 오거나 하다.
지내다	❶ 생활하거나 살아 나가다. **예** 어떻게 지내고 있니? ❷ 서로 사귀어 오다. ❸ 어떤 의식을 행하거나 겪어 내다.
☐ **지양(止揚)**	더 높은 단계로 오르기 위하여 어떠한 것을 하지 아니함 **예** 무비판적인 사고 지양
지향(志向)	어떤 목표로 뜻이 쏠리어 향함 **예** 평화 통일 지향

☐ **지피다**	아궁이 따위에 땔나무를 넣어 불을 붙이다.
짚이다	헤아려 본 결과 어떠할 것으로 짐작이 가다. (주의) 집히다(×)
집히다	'집다'의 피동사. 무엇이 잡혀서 들리다.

☐ **질퍽하다**	물기가 많아 부드럽게 질다. '질퍼덕하다'의 준말
질펀하다	❶ 땅이 넓고 평평하게 펼쳐져 있다. ❷ 주저앉아 늘어져 있다.

☐ **집다**	❶ 물건을 잡아서 들다. ❷ 지적하여 가리키다. 예 누구라고 집지는 않았지만, 누군지 알 만하다.
짚다	❶ 벽이나 지팡이 따위에 몸을 의지하다. ❷ 손으로 가볍게 누르면서 대다. 예 맥을 짚다. ❸ 여럿 중에 하나를 꼭 집어 가리키다. ❹ 상황을 헤아려 짐작하다. 예 헛다리를 짚다.

☐ **짓다**	❶ 재료를 들여 만들다. ❷ 글을 쓰다. ❸ 딱 정해서 결정을 내다. ❹ 거짓으로 꾸미다. ❺ 논밭을 다루어 농사를 하다.
짖다	❶ 개가 목청으로 소리를 내다. ❷ 까마귀나 까치가 시끄럽게 울다.

☐ **찢다**	물체를 잡아당기어 가르다. 예 종이를 찢다.
찧다	곡식 따위를 빻으려고 절구에 담고 공이로 내리치다. 예 벼를 찧다.

ㅊ	

☐ **차마**	부끄럽거나 안타까워서 감히 예 사고 현장을 차마 똑바로 바라볼 수가 없었다.
참아	'참다'의 활용형 예 출산의 고통을 참아 냈다.

☐ **처-**	'마구', '많이'의 뜻 예 처박다 / 처먹다 / 처넣다 / 처바르다
쳐-	'치어('치다'의 활용형)'의 준말 예 쳐부수다 / 쳐들어가다 / 쳐다보다

□ **체**	그럴듯하게 꾸미는 거짓 태도. = 척 **⑩** 모르는 체하다니 기분 나쁘다.
채	어떤 상태에 있는 그대로 **⑩** 노루를 산 채로 잡았다.
-째	❶ '그대로' 또는 '전부'의 뜻을 더하는 접미사 **⑩** 뿌리째 ❷ '차례'나 '등급', '동안'의 뜻을 더하는 접미사 **⑩** 다섯 개째 / 며칠째

□ **추기다**	다른 사람을 꾀어서 무엇을 하도록 하다. 선동하다.
축이다	물 따위에 적셔서 축축하게 하다. **⑩** 샘물로 목을 축였다.

□ **추키다**	❶ 위로 가뜬하게 치올리다. **⑩** 등에 업은 아이를 추키다. ❷ 힘 있게 위로 끌어 올리거나 채어 올리다. ❸ 남을 이리저리 들쑤셔서 어떤 일을 하게 만들다. **⑩** 삼촌에게 도전하라고 추키다.
치키다	위로 향하여 끌어 올리다. **⑩** 공을 공중으로 치켰다.

ㅌ

□ **튀다**	❶ 탄력 있는 물체가 솟아오르다. **⑩** 용수철이 튀어 오르다. ❷ 어떤 힘을 받아 작은 물체나 액체 방울이 위나 옆으로 세게 흩어지다. **⑩** 흙탕물이 튀다. ❸ '달아나다'를 속되게 이르는 말
튀기다	❶ 힘을 모았다가 갑자기 탁 놓아 내뻗치거나 튀게 하다. ❷ 건드려서 갑자기 튀어 달아나게 하다. ❸ 탄력 있는 물체를 솟아오르게 하다. **⑩** 공을 튀기다. ❹ 끓는 기름이나 불에 익혀서 부풀어 오르게 하다.
퉁기다	❶ 버티어 놓은 물건을 틀어지거나 빠지게 건드리다. **⑩** 작대기를 퉁기다. ❷ 뼈의 관절을 어긋나게 하다. ❸ 다른 사람의 요구를 거절하다. ❹ 기타, 하프 따위의 현을 당겼다 놓아 소리가 나게 하다. **⑩** 기타 줄을 퉁기다.

□ **트다**	❶ 틈이 생겨서 갈라지다. **⑩** 손이 트다. ❷ (싹이나 눈 등이) 새로 돋아 나오다. **⑩** 싹이 트다. ❸ 날이 새면서 동쪽 하늘이 훤해지다. ❹ 막혀 있던 것을 치우고 통하게 하다. **⑩** 벽을 트다.

트이다	❶ 막혀 있던 것이 치워지고 통하게 되다. '트다'의 피동사 ⓓ 물꼬 가 트이다. ❷ 마음이나 가슴이 답답한 상태에서 벗어나게 되다. ⓓ 속이 다 트이다.

□ **특색(特色)**　보통 것과 다른 점 ⓓ 특색을 살린 음식

　특징(特徵)　다른 것에 비하여 특별히 눈에 띄는 점 ⓓ 우리말의 두드러진 특징

ㅍ

□ **파다**　❶ 구멍이나 구덩이 따위를 만들다. ⓓ 땅을 파다. ❷ 그림이나 글씨
를 새기다. ⓓ 도장을 파다. ❸ 전력을 기울이다.

　패다　❶ 곡식의 이삭이 나오다. ⓓ 보리가 패다. ❷ 사정없이 때리다. ⓓ 사
람을 패다. ❸ 장작 따위를 쪼개다. ⓓ 장작을 패다.

□ **폐해(弊害)**　폐단으로 생기는 해 ⓓ 장기 집권의 폐해

　피해(被害)　손해를 입음. 또는 그 손해 ⓓ 홍수로 인한 피해

□ **포격(砲擊)**　대포를 쏨

　폭격(爆擊)　항공기로 폭탄 등을 떨어뜨려 적의 군대나 국토를 파괴하는 일

□ **푼푼이**　한 푼씩 한 푼씩 ⓓ 푼푼이 모은 돈

　푼푼히　모자람이 없이 넉넉하게 ⓓ 용돈을 푼푼히 받았다.
　　　　　참고 푼푼하다 : ① 모자람이 없이 넉넉하다. ② 옹졸하지 아니하고
시원스러우며 너그럽다.

□ **피난(避難)**　재난을 피함. 재난을 피하여 멀리 옮겨 감

　피란(避亂)　난리를 피함. 난리를 피하여 옮겨 감

□ **필수(必須)**　꼭 있어야 하거나 하여야 함 ⓓ 필수 과목 / 필수 조건

　필수(必需)　반드시 있어야 함. 또는 반드시 쓰임 ⓓ 생활 필수품

□ **하노라고** | 행동에 대한 의도나 목적 표현 ❹ 하노라고 한 것이 이 모양이다.
하느라고 | 원인, 이유를 표현 ❹ 공부하느라고 밤을 새웠다.

□ **하릴없다** | ❶ 달리 어찌할 도리가 없다. ❷ 조금도 틀림이 없다.
할 일 없다 | 하고자 하는 일이나 해야 할 일이 없다.

□ **한데** | ❶ 한곳. 한군데 ❹ 한데 모아 보자. ❷ 상하, 사방을 가리지 아니한 곳. 노천(露天)
한테 | 주로 구어에서 '에게'의 뜻으로 쓰이는 격 조사 ❹ 나한테 왜 이래.

□ **한목** | 한꺼번에 몰아서 함을 나타내는 말 ❹ 돈 생기면 한목에 갚을게.
한몫 | ❶ 한 사람 앞에 돌아가는 분량 ❹ 한몫 떼어 주다. ❷ 한 사람이 맡은 역할 ❹ 한몫 거들고 있다.

□ **한참** | 시간이 상당히 지나는 동안 ❹ 그가 오기를 한참 기다렸다.
한창 | 어떤 일이 가장 활기 있고 왕성하게 일어나는 때 ❹ 공사가 한창인 아파트

□ **해지다** | 닳아서 떨어지다. '해어지다'의 준말 ❹ 옷이 해지다.
헤(어)지다 | ❶ 이별하다. ❷ 흩어지다. ❸ 살갗이 터져서 갈라지다. ❹ 입 안이 헤졌다.

□ **허술하다** | ❶ 낡고 헐어서 보잘것없다. ❷ 치밀하지 못하고 엉성하다. ❹ 허술한 일 처리 ❸ 무심하고 소홀하다.
허름하다 | ❶ 좀 헌 듯하다. ❹ 허름한 옷차림 때문에 처음에 그를 오해했다. ❷ 값이 좀 싼 듯하다.

□ **호리다** | ❶ 매력으로 남의 정신을 흐리게 하다. ❷ 그럴듯한 말로 속여 넘기다.
홀리다 | ❶ 무엇의 유혹에 빠져 정신을 차리지 못하다. ❹ 여우에게 홀리다. ❷ 유혹하여 정신을 차리지 못하게 하다.

후리다	● 휘몰아 채거나 쫓다. ❷ 휘둘러서 깎거나 베다. ❸ 남의 것을 갑자기 빼앗거나 슬쩍 가지다. ❹ 매력으로 남의 정신을 흐리게 하여 꾀다.

☐ **혼돈(混沌)** 마구 뒤섞여 있어 갈피를 잡을 수 없음. 또는 그런 상태 예 가치관의 혼돈

혼동(混同) 구별하지 못하고 뒤섞어서 생각함 예 이름이 비슷해 혼동하기 쉽다.

☐ **홑몸** ● 딸린 사람이 없는 혼자의 몸 ❷ 아이를 배지 아니한 몸 예 홑몸도 아닌 임산부의 몸으로 무리하면 안 된다.

홀몸 형제나 배우자가 없는 사람 예 그는 혈혈단신 홀몸이 되어 고향을 떠났다.

☐ **확정(確定)** 일을 확실하게 정함 예 입시 요강이 확정되었다.

획정(劃定) 경계 따위를 명확히 구별하여 정함 예 선거구 획정

☐ **흘금** <흘끔. 곁눈으로 슬그머니 한 번 흘겨보는 모양

흘긋 <흘끗. ● 눈에 얼씬 보이는 모양 ❷ 곁눈으로 슬쩍 한 번 흘겨보는 모양

흘깃 가볍게 한 번 흘겨보는 모양

☐ **흩다** 한데 모였던 것을 따로따로 떨어지게 하다. 예 아이가 장난감들을 흩어 놓고 놀고 있었다.

흩뜨리다 ● 흩어지게 하다. ❷ 태도, 마음, 옷차림 따위를 바르게 하지 못하다. 예 자세를 흩뜨리다.

흩어지다 한데 모였던 것이 따로따로 떨어지거나 사방으로 퍼지다. 예 뿔뿔이 흩어지다.

흐트러지다 여러 가닥으로 흩어져 이리저리 얽히다. 예 흐트러진 머리칼을 가다듬다.

12 잘못 적기 쉬운 말

ㄱ

☐ **가까워** ← 가까와

☐ **가랑이** ← 가랭이

☐ **가르마** ← 가리마

☐ **가짓수** ← 가지수

☐ **간질이다** ← 간지르다

☐ **갓길** ← 노견

☐ **강낭콩** ← 강남콩

☐ **강술** ← 깡술(안주 없이 마시는 술)

☐ **개다** ← 개이다 **예** 날이 활짝 개다.

☐ **개비** ← 개피 **예** 담배 한 개비

☐ **객쩍다** ← 객적다(행동이나 말, 생각이 쓸데없고 싱겁다.)

☐ **거두어들이다(거둬들이다)** ← 걷어들이다 **예** 곡식을 거둬들이다.

☐ **거르다** ← 걸르다 **예** 건더기를 <u>거르다</u>.

☐ **거슬츠레/게슬츠레** ← 거슴치레

☐ **거친** ← 거칠은

☐ **건넌방** ← 건너방

☐ **건더기** ← 건데기

☐ **걸맞은** ← 걸맞는

☐ **겁쟁이** ← 겁장이

☐ **게슴츠레하다** ← 개슴츠레하다

☐ **겹다** ← 겨웁다

☐ **고깔** ← 꼬깔

☐ **고둥** ← 고동 **예** 바다 <u>고둥</u>(소라)

☐ **고들빼기** ← 고들배기

☐ **고랭지** ← 고냉지

☐ **고수레** ← 고시래, 고시레

260 Ⅲ. 헷갈리는 어휘

□ **고이** ← 고히	□ **곤란** ← 곤난
□ **골똘히** ← 골똘이	□ **골칫거리** ← 골치꺼리
□ **곰곰이** ← 곰곰히	□ **곱빼기** ← 곱배기
□ **광주리** ← 광우리	□ **괴나리봇짐** ← 개나리봇짐
□ **괴로워** ← 괴로와	□ **괴팍하다** ← 괴퍅하다 **예** 그는 성미가 남달리 괴팍하다.
□ **구더기** ← 구데기	□ **구레나룻** ← 구렛나루
□ **구절** ← 귀절 **예** 책에서 좋은 구절을 찾아 인용하다.	□ **구태여** ← 구태어
□ **굼벵이** ← 굼뱅이	□ **굽이굽이** ← 구비구비 **예** 굽이굽이 흘러가는 강물
□ **귀걸이/귀고리** ← 귀거리	□ **귀띔** ← 귀뜸
□ **그제야** ← 그제서야	□ **금세** ← 금새 **예** 금세 돌아왔다.
□ **기어이** ← 기어히	□ **깍두기** ← 깍뚜기
□ **깍지** ← 깎지 **예** 깍지를 끼다.	□ **깔때기** ← 깔대기
□ **깨끗이** ← 깨끗히	□ **꺾꽂이** ← 꺽꽂이
□ **꼬챙이** ← 꼬창이	□ **꼭두각시** ← 꼭둑각시
□ **꼼꼼히** ← 꼼꼼이	□ **꽃봉오리** ← 꽃봉우리

□ **끄나풀** ← 끄나불   □ **끄트머리** ← 끄뜨머리

□ **끔찍이** ← 끔찍히

□ **나는** ← 날으는 ⑩ 하늘을 <u>나는</u> 새   □ **나루터** ← 나룻터

□ **나부랭이** ← 나부랑이   □ **날개 돋친 듯** ← 날개 돋힌 듯

□ **날염** ← 나염(염색 방법의 하나)   □ **남녀** ← 남여

□ **낭떠러지** ← 낭떨어지   □ **낯선** ← 낯설은

□ **내리다** ← 나리다   □ **냄비** ← 남비

□ **넋두리** ← 넉두리   □ **널따랗다** ← 넓다랗다

□ **널빤지** ← 널판지   □ **넓적하다** ← 넙적하다 ⑩ <u>넓적한</u> 얼굴

□ **넝쿨** ← 넝굴   □ **녘** ← 녁 ⑩ 새벽녘, 들녘

□ **녹록하다** ← 녹녹하다 ⑩ <u>녹록하지</u> 않다.   □ **녹슨** ← 녹슬은

□ **녹이다** ← 녹히다   □ **농사꾼** ← 농삿군

□ **누르다** ← 눌르다   □ **눈곱** ← 눈꼽

□ **눈꺼풀** ← 눈거풀   □ **눈살** ← 눈쌀

□ **눌은밥** ← 누른밥   □ **뉘엿뉘엿** ← 뉘엇뉘엇

□ 늘그막 ← 늙으막　　　　　　　　　□ 늙수그레하다 ← 늙수구레하다

□ 늦깎이 ← 늦깍이　　　　　　　　　□ 늴리리 ← 닐리리

□		

□ 담가 ← 담궈 ⑩ 장을 담가 먹는다.　　□ 더욱이 ← 더우기

□ 덤터기 ← 덤태기　　　　　　　　　□ 덥석 ← 덥썩

□ 덩굴 ← 덩쿨　　　　　　　　　　　□ 덩더꿍 ← 덩덕쿵

□ 도떼기시장 ← 돗때기시장　　　　　□ 도로 ← 도루 (본래의 상태대로. 다시)

□ 도르래 ← 도르레　　　　　　　　　□ 돌 ← 돓

□ 돌멩이 ← 돌맹이　　　　　　　　　□ 돛대 ← 돗대

□ 돼먹지 않다 ← 되먹지 않다　　　　□ 되뇌다 ← 되뇌이다 ⑩ 같은 말을 버릇처럼
　　　　　　　　　　　　　　　　　　　되뇌다.

□ 둑 ← 뚝 ⑩ 둑을 쌓다.　　　　　　□ 둘러싸다 ← 둘러쌓다 ⑩ 구경꾼들이 둘러싸다.

□ 뒤꼍 ← 뒷곁　　　　　　　　　　　□ 뒤덮이다 ← 뒤덮히다

□ 뒤치다꺼리 ← 뒤치닥거리　　　　　□ 뒹굴다 ← 딩굴다

□ 들녘 ← 들녁　　　　　　　　　　　□ 등쌀 ← 등살 ⑩ 공부하라는 등쌀

□ 딱따구리 ← 딱다구리　　　　　　　□ 딸깍발이 ← 딸각발이

☐ **딸꾹질** ← 딸국질   ☐ **땡추** ← 땡초(중답지 못한 중)

☐ **떠들썩하다** ← 떠들석하다   ☐ **떠버리** ← 떠벌이

☐ **떠벌리다** ← 떠벌이다   ☐ **떡볶이** ← 떡복이, 떡복기

☐ **똑딱똑딱** ← 똑닥똑닥   ☐ **똬리** ← 또아리

☐ **뚝배기** ← 뚝빼기   ☐ **띄엄띄엄** ← 띠엄띠엄

ㄹ

☐ **-ㄹ(을)는지** ← -ㄹ(을)런지 **예** 그렇게 할는지 모르겠다.

☐ **-ㄹ(을)쏘냐** ← -ㄹ(을)소냐 **예** 돈이 없을쏘냐.

☐ **라도** ← 래도 **예** 냄새라도 맡아 보자.

☐ **-(으)려야** ← -ㄹ려야, -ㄹ래야 **예** 아무리 이기려야 이길 수가 없다.

☐ **-렷다** ← -렸다 **예** 이 꽃병을 네가 깼으렷다.

☐ **-(으)리만큼** ← -(으)ㄹ이만큼 **예** 한 걸음도 더 걷지 못하리만큼 지쳤다.

ㅁ

☐ **말쑥하다** ← 말숙하다   ☐ **맛깔스럽다** ← 맛갈스럽다

☐ **망측하다** ← 망칙하다   ☐ **맞춤옷** ← 마춤옷

☐ **맵시** ← 맵씨   ☐ **맷돌** ← 멧돌

☐ **머리말** ← 머릿말　　　　　　　　☐ **멀찍하다** ← 멀직하다

☐ **멋들어지다** ← 멋드러지다　　　　☐ **멋쩍다** ← 멋적다

☐ **메다** ← 메이다 ⓔ 목이 메다.　　☐ **메밀** ← 모밀

☐ **며칠** ← 몇일　　　　　　　　　　☐ **목메다, 목멘** ← 목메이다, 목메인

☐ **몸뚱이/몸뚱어리** ← 몸뚱아리　　☐ **무** ← 무우

☐ **목말** ← 무등 ⓔ 목말을 태우다.　☐ **무릅쓰다** ← 무릎쓰다

☐ **물레** ← 물래 ⓔ 물레로 실을 뽑다.　☐ **뭉그적거리다** ← 뭉기적거리다

☐ **뭉뚱그리다** ← 뭉뚱거리다　　　　☐ **미루나무** ← 미류나무

☐ **미숫가루** ← 미싯가루　　　　　　☐ **밀어붙이다** ← 밀어부치다

☐ **밉살스럽다** ← 밉쌀스럽다

<table>
<tr><td>ㅂ</td></tr>
</table>

☐ **바라다, 바람** ← 바래다, 바램 ⓔ 합격하기　☐ **반짇고리** ← 반짓고리
　를 바라다.

☐ **발꿈치** ← 발굼치　　　　　　　　☐ **발부리** ← 발뿌리(발끝의 뾰족한 부분)

☐ **발자국** ← 발자욱　　　　　　　　☐ **방귀** ← 방구

☐ **밭사돈(바깥사돈)** ← 밖사돈　　　☐ **배짱** ← 베짱

☐ **법석** ← 법썩	☐ **베개** ← 벼개, 베게
☐ **베짱이** ← 배짱이	☐ **복슬강아지** ← 복실강아지
☐ **본뜨다, 본떠서** ← 본따다, 본따서	☐ **봉선화/봉숭아** ← 봉숭화
☐ **부대, 포대** ← 푸대 ⑩ 쌀 한 부대(포대)	☐ **부스스하다** ← 부시시하다 ⑩ 얼굴이 부스스하다.
☐ **부엌데기** ← 부엌떼기	☐ **부조금** ← 부주금
☐ **부지깽이** ← 부지껭이	☐ **분열** ← 분렬
☐ **불리다** ← 불리우다	☐ **불문율** ← 불문률
☐ **붓두껍** ← 붓뚜껑	☐ **붕장어** ← 아나고
☐ **-붙이** ← -부치 ⑩ 살붙이, 쇠붙이	☐ **비계** ← 비게 ⑩ 돼지비계
☐ **비뚜로** ← 비뚜루	☐ **빈번히** ← 빈번이
☐ **빈털터리** ← 빈털털이	☐ **뻐꾸기** ← 뻐꾹이
☐ **뻗대다** ← 뻣대다 ⑩ 아이가 장난감을 사 달라고 뻗대다.	☐ **뻗정다리** ← 뻗장다리
☐ **뼈다귀** ← 뼈다구	☐ **뾰두라지/뾰루지** ← 뾰두락지
☐ **뾰로통/뾰루퉁** ← 뾰루통	☐ **뿔다귀/뿔따구** ← 뿔다구 ⑩ 뿔다귀를 내다.

□ **사글세/월세** ← 삭월세

□ **사팔뜨기** ← 사팔떼기

□ **사흗날** ← 사흘날

□ **산봉우리** ← 산봉오리

□ **살육** ← 살륙

□ **살쾡이** ← 삵쾡이

□ **삼가다** ← 삼가하다 ⓓ 말을 <u>삼가</u>다.

□ **삼짇날/삼질** ← 삼짓날

□ **상추** ← 상치 ⓓ 상추 쌈

□ **상판대기** ← 쌍판대기('얼굴'을 속되게 이르는 말)

□ **샅바** ← 샷바

□ **샛별** ← 새벽별

□ **생각건대** ← 생각컨대

□ **생쥐** ← 새앙쥐

□ **생채기** ← 생체기

□ **서슴지** ← 서슴치

□ **섣달** ← 섯달

□ **설거지** ← 설겆이

□ **설렁탕** ← 설농탕, 설롱탕

□ **설레다, 설렘** ← 설레이다, 설레임 ⓓ 마음이 <u>설레</u> 잠을 못 이루다.

□ **성대모사** ← 성대묘사

□ **셋방** ← 세방

□ **소쿠리** ← 소꾸리, 소코리

□ **손뼉** ← 손벽

□ **솔개** ← 소리개

□ **솔직히** ← 솔직이

□ **송곳니** ← 송곳이

□ **송두리째** ← 송두리채

□ **수개미** ← 수캐미

□ **수꿩** ← 수퀑, 숫꿩

□ **수나비** ← 숫나비

□ **수나사** ← 숫나사(볼트. 육각이나 사각의 머리를 가진 나사)

□ **수놈** ← 숫놈

□ **수말** ← 숫말

□ **수소** ← 숫소

□ **수캉아지** ← 숫강아지

□ **수캐** ← 숫개

□ **수키와** ← 숫기와

□ **수탉** ← 숫닭

□ **수탕나귀** ← 숫당나귀

□ **수퇘지** ← 숫돼지

□ **숙맥** ← 쑥맥

□ **숟가락** ← 숫가락

□ **숫제** ← 숫쩨, 수쩨

□ **쉰** ← 쉬흔

□ **실낱** ← 실날(실의 올)

□ **싫증** ← 실증

□ **심술퉁이** ← 심술통이

□ **쌍꺼풀** ← 쌍거풀

□ **쌍둥이** ← 쌍동이

□ **썩이다** ← 썩히다 **예** 부모님의 속을 <u>썩이다</u>.

□ **쓱싹쓱싹** ← 쓱삭쓱삭

□ **씁쓰레하다** ← 씁스레하다

□ **아귀** ← 아구(생선 이름)　　　□ **아등바등** ← 아둥바둥

□ **아무튼** ← 아뭏든　　　□ **아비** ← 애비

□ **아서라** ← 앗아라(감탄사)　　　□ **아주** ← 영판

□ **아지랑이** ← 아지랭이　　　□ **악바리** ← 악발이

□ **안쓰럽다** ← 안스럽다　　　□ **안절부절못하다** ← 안절부절하다

□ **안팎** ← 안밖　　　□ **알맞은** ← 알맞는

□ **알맹이** ← 알멩이　　　□ **알쏭달쏭** ← 알송달송

□ **알아맞히다** ← 알아맞추다　　　□ **암고양이** ← 암코양이

□ **암캉아지** ← 암강아지　　　□ **암캐** ← 암개

□ **암컷** ← 암것　　　□ **암키와** ← 암기와

□ **암탉** ← 암닭　　　□ **암탕나귀** ← 암당나귀

□ **앞서거니 뒤서거니** ← 앞서거니 뒷서거니　　□ **애걔** ← 애개(감탄사)

□ **애꿎다** ← 애꿋다　　　□ **애달프다** ← 애닳다

□ **애송이** ← 애숭이　　　□ **애처롭다** ← 애처럽다

□ **야트막하다** ← 얕으막하다　　　□ **얄궂다** ← 얄굿다

□ **양수겸장** ← 양수겹장　　　□ **어깻죽지** ← 어깨쭉지

☐ **어물쩍하다** ← 어물쩡하다	☐ **어쭙잖다** ← 어줍잖다
☐ **어우러지다** ← 어울어지다	☐ **어이없다** ← 어의없다
☐ **억지** ← 어거지	☐ **언덕배기** ← 언덕빼기
☐ **얼차려** ← 얼차레	☐ **얽히고설키다** ← 얼키고설키다
☐ **업신여기다** ← 업수이 여기다	☐ **엎지르다** ← 업지르다
☐ **엎치락뒤치락** ← 업치락뒤치락	☐ **엎친 데 덮치다** ← 엎친 데 덥치다
☐ **에구머니** ← 에그머니	☐ **예부터** ← 옛부터
☐ **예삿일** ← 예사일	☐ **예스럽다, 예스런** ← 옛스럽다, 옛스런
☐ **오뚝이** ← 오똑이, 오뚜기	☐ **오랜만** ← 오랫만
☐ **오랫동안** ← 오랜동안	☐ **오므리다** ← 오무리다
☐ **올바르다** ← 옳바르다	☐ **−올시다** ← −올습니다 ❹ 이 도끼는 내 것이 아니올시다.
☐ **욱신거리다** ← 욱씬거리다	☐ **옴짝달싹/꼼짝달싹** ← 옴쭉달싹
☐ **왠지** ← 웬지	☐ **우레** ← 우뢰 ❹ <u>우레</u>와 같은 박수
☐ **움큼** ← 웅큼	☐ **웃돈** ← 윗돈
☐ **웃어른** ← 윗어른	☐ **웬만한** ← 왠만한

☐ 웬일 ← 왠일   ☐ 위짝 ← 웃짝

☐ 위층 ← 웃층   ☐ 위턱 ← 웃턱

☐ 위채 ← 웃채   ☐ 윗눈썹 ← 웃눈썹

☐ 윗니 ← 웃니   ☐ 윗도리 ← 웃도리

☐ 윗몸 ← 웃몸   ☐ 윗사람 ← 웃사람

☐ 윗입술 ← 웃입술   ☐ 윗자리 ← 웃자리

☐ 육자배기 ← 육자백이, 육짜배기(남도 지방에서 부르는 잡가의 하나)   ☐ 으레 ← 으례, 으례히

☐ 으름장 ← 어름장   ☐ 으스대다 ← 으시대다

☐ 으스스 ← 으시시   ☐ 읊조리다 ← 읖조리다

☐ 이튿날 ← 이튼날, 이틀날   ☐ 이파리 ← 잎파리

☐ 인사말 ← 인삿말   ☐ 일찍이 ← 일찌기

☐ 일컬음 ← 일컴음   ☐ 잇단/잇따른 ← 잇딴

☐ **자국** ← 자욱

☐ **자두** ← 오얏

☐ **장사치** ← 장사아치

☐ **장아찌** ← 장아치, 짱아치

☐ **재떨이** ← 재털이

☐ **절체절명** ← 절대절명 ⓓ 절체절명의 위기 앞에 놓였다.

☐ **젓갈** ← 젓깔, 젖갈

☐ **정화수(井華水)** ← 정한수

☐ **조그마하다** ← 조그만하다

☐ **조르다** ← 졸르다

☐ **주꾸미** ← 쭈꾸미

☐ **주섬주섬** ← 주엄주엄

☐ **지루하다** ← 지리하다

☐ **지푸라기** ← 지푸래기

☐ **진딧물** ← 진디물

☐ **짓궂다** ← 짖궂다

☐ **짝짜꿍** ← 짝자꿍, 짝짝꿍

☐ **짭짤하다** ← 짭잘하다

☐ **쩨쩨하다** ← 째째하다(사람이 잘고 인색하다.)

☐ **찌개** ← 찌게

☐ **찌푸리다** ← 찌뿌리다, 찌프리다

ㅊ

□ **차갑다** ← 차가웁다

□ **차치하다** ← 차지하다 **예** 그 문제는 차치하고

□ **채신머리없다** ← 체신머리없다

□ **처넣다** ← 처녛다

□ **천장** ← 천정 **예** 천장에 달린 전등

□ **철제 가구** ← 철재 가구

□ **초승달** ← 초생달

□ **총각무** ← 알타리무

□ **총부리** ← 총뿌리

□ **치르다** ← 치루다 **예** 시험을 치르다.

□ **치였다** ← 치었다 **예** 차에 치였다.

ㅋ

□ **칸** ← 간 **예** 아흔아홉 칸 집

□ **케케묵다** ← 퀘퀘묵다, 켸켸묵다

□ **켕기다** ← 캥기다

□ **쿵더쿵** ← 쿵덕쿵

□ **큰아기** ← 큰애기(❶ 다 큰 처녀 ❷ 맏딸
이나 맏며느리를 정답게 부르는 말)

☐ **타이르다** ← 타일르다   ☐ **탐탁지 않다** ← 탐탁치 않다

☐ **털어먹다** ← 떨어먹다   ☐ **통째** ← 통채

☐ **통틀어** ← 통털어   ☐ **트림** ← 트름 ^예 식사하고 <u>트림</u>을 하다.

☐ **판때기** ← 판대기   ☐ **패다** ← 패이다 ^예 움푹 <u>팬</u> 땅

☐ **편** ← 켠 ^예 우리 <u>편</u> 이겨라.   ☐ **푯말** ← 표말

☐ **퍼뜩** ← 퍼뜻   ☐ **평평하다** ← 편편하다 ^예 땅을 <u>평평하게</u> 다지
다.

☐ **풋내기** ← 풋나기   ☐ **핑계** ← 핑게

☐ **하고많은** ← 하구많은

☐ **하늬바람** ← 하니바람

☐ **-하려고** ← -할려고 **예** 공부하려고 일어나다.

☐ **하루 만에** ← 하룻만에

☐ **하마터면** ← 하마트면

☐ **해님** ← 햇님

☐ **해쓱하다/핼쑥하다** ← 핼쓱하다

☐ **햅쌀** ← 햇쌀

☐ **허드렛일** ← 허드레일

☐ **허우대** ← 허위대

☐ **허우적거리다** ← 허위적거리다

☐ **허탕 치다** ← 헛탕 치다

☐ **헝겊** ← 헝겁 **예** 헝겊으로 인형을 만들다.

☐ **헝클어지다** ← 헝크러지다

☐ **헤매다** ← 헤메다, 헤매이다

☐ **헤죽헤죽** ← 희죽희죽

☐ **홀아비** ← 홀애비

☐ **후드득** ← 후두둑 **예** 비가 후드득 떨어지다.

☐ **희한하다** ← 희안하다 **예** 희한한 소문이 돌다.

찾아보기

※ 7, 8장에 수록된 속담과 한자성어를 가나다순으로 정리하였습니다.